Tania García es educadora social e investigadora socioeducativa con más de veinte años dedicados a la educación, además de escritora, mentora y madre de dos hijos.

Creadora de la Educación Real®, abrió en 2011 su primer centro presencial de ayuda a familias y profesionales y desde 2012 se dedica a dar apoyo a través de www.edurespeta.com, la primera escuela online para familias y profesionales que desean educar a niños y adolescentes respetando todos sus derechos. En ella ha formado ya a más de cuarenta mil personas y esa labor la ha convertido en uno de los mayores referentes en educación a nivel nacional e internacional.

Es además directora y fundadora de ESDE, la Escuela Superior de Educación (www.esdeeducacion.com), en la que cientos de personas se certifican anualmente en la especialidad que les apasiona. La base de esta formación es el respeto hacia los derechos de las personas.

Papel certificado por el Forest Stewardship Council®

Primera edición en B de Bolsillo: enero de 2025

© 2019, Tania García
© 2019, Cheli Balaguer, por las imágenes del interior
© 2019, 2025, Penguin Random House Grupo Editorial, S. A. U.
Travessera de Gràcia, 47-49. 08021 Barcelona
Diseño de la cubierta: Lookatcia.com
Imagen de la cubierta: © Emma Kim / GettyImages

Penguin Random House Grupo Editorial apoya la protección de la propiedad intelectual. La propiedad intelectual estimula la creatividad, defiende la diversidad en el ámbito de las ideas y el conocimiento, promueve la libre expresión y favorece una cultura viva. Gracias por comprar una edición autorizada de este libro y por respetar las leyes de propiedad intelectual al no reproducir ni distribuir ninguna parte de esta obra por ningún medio sin permiso. Al hacerlo está respaldando a los autores y permitiendo que PRHGE continúe publicando libros para todos los lectores. De conformidad con lo dispuesto en el artículo 67.3 del Real Decreto Ley 24/2021, de 2 de noviembre, PRHGE se reserva expresamente los derechos de reproducción y de uso de esta obra y de todos sus elementos mediante medios de lectura mecánica y otros medios adecuados a tal fin. Diríjase a CEDRO (Centro Español de Derechos Reprográficos, http://www.cedro.org) si necesitas reproducir algún fragmento de esta obra.

Printed in Spain – Impreso en España

ISBN: 978-84-1314-951-6
Depósito legal: B-19.282-2024

Compuesto en Infillibres, S. L.
Impreso en Black Print CPI Ibérica
Sant Andreu de la Barca (Barcelona)

BB 49516

Educar sin perder los nervios

TANIA GARCÍA

*A mis hijos Uriel y Gadea, mis mayores maestros
y las personas más puras y bellas que conozco.
A todos los niños y niñas del mundo, los únicos
que pueden salvarlo.*

PRESENTACIÓN

La vida, tan intensa y efímera. Tan bonita y a la vez tan difícil.

Más difícil se torna, quizá, cuando nos convertimos en madres y padres, ya que es el momento en el que salen a la luz todas las emociones sentidas, pero no expresadas libremente durante nuestra infancia y adolescencia, y que habitaban, por tanto, dormidas en nuestro interior.

Nos encontramos, de repente, perdiendo los nervios por cosas que antes de nuestra maternidad/paternidad no constituían ningún problema, y que ahora se han convertido en muchas de nuestras obsesiones. Momentos que anteriormente se consideraban sosegados, como por ejemplo salir de casa para ir a trabajar, ahora son para muchos un auténtico calvario.

Parece que al convertirnos en padres tengamos que volvernos automáticamente exigentes, con normas, horarios y peticiones hacia nuestros hijos, como si creyéramos, de forma errónea, que, de lo contrario, se van a volver unas personas dependientes, irresponsables, descarriladas, sin objetivos.

Incluso, llegamos a pensar que pueden transformarse en unos adultos con malos sentimientos hacia los demás.

Y es que así nos lo ha enseñado la sociedad y la familia. Hemos integrado que los padres son superiores a los hijos, que estos, además, deben hacer en todo momento lo que sus padres digan o piensen, y que solo será aceptado aquello bien considerado por sus progenitores.

Nos han adoctrinado para no mostrar apoyo a nuestros hijos cuando se enfadan, cuando lloran, cuando no les apetece hacer algo, cuando tienen celos o rabia, o bien se muestran intolerantes... Nos han inculcado que cuanta más ayuda se les proporcione, menos resueltos serán y peores herramientas tendrán para la vida; nos han obligado a creer que la mano dura es lo que funciona, que cuanto más difícil se lo pongamos, más fuertes serán. Y nosotros, ignorantes de las emociones reales de nuestros hijos (y de nuestras propias emociones), hemos caído uno a uno, nos lo hemos creído, pese a saber que, cuando nos sentíamos enfadados, tristes, rabiosos e incomprendidos en nuestra infancia y adolescencia, lo único que necesitábamos era apoyo, diálogo, empatía y amor. Por ello, guardamos en el recuerdo como oro en paño cada vez que, en el pasado, recibimos comprensión y escucha, abrazos y guía en nuestros enfados. Y rememoraremos esos momentos y nos aferraremos a ellos con todo nuestro dolor y amor en el corazón cuando alguno de nuestros padres falte (o si quizá alguno ya nos falta).

El trabajo más grande al que nos enfrentamos, pues, es conseguir ser realmente conscientes de que esta teoría es totalmente perjudicial para los niños y las niñas. Es decir, pensar que los hijos deben ser a imagen y semejanza de sus padres es dañino para ellos: los hace sentirse seres inseguros e inferiores y con unos niveles de autoestima muy bajos. Además, estos aspectos no solo se mantienen en su vida presente, sino también en la futura.

Por supuesto, estas teorías basadas en los intereses adultos, que obvian en todo momento las emociones y necesidades reales de los niños, nos separan de nuestros hijos y nos empobrecen hasta casi hacer desvanecer el vínculo emocional entre nosotros.

En la vida nadie es mejor que nadie. De igual modo, las madres y los padres no somos superiores a nuestros hijos. Los padres estamos para guiarlos en el camino, para enseñar desde el ejemplo y la calma, para darles la oportunidad de aprender sin ser heridos, para estar a su lado sin pretender que sean como queremos que sean manipulando en todo momento sus sentimientos más profundos...

Todas y cada una de las personas necesitamos ser amadas, respetadas y aceptadas tal y como somos.

Nos han enseñado a tratar y a educar a los niños de una manera adultista y conductista. Es decir, de una forma en la que toda la importancia se deposita en el cambio de conducta de los niños sin tener en cuenta en ningún momento sus etapas de desarrollo cerebral y emocional, en la que exigimos que realicen cambios que en verdad no quieren realizar o que, simplemente, no están preparados para llevar a cabo. Además, este modo de educar solo tiene como meta el bienestar e interés adulto.

Con esta obra, vas a aprender toda la teoría y la práctica necesarias para educar a los niños y las niñas; te enseñará que el objetivo no es cambiarlos, moldearlos y modificarlos, sino que, precisamente, el trabajo radica en los padres (y en los profesionales que tratan con niños). Se trata de una transformación global de la estructura educativa para que entendamos, de una vez, que nadie puede ser feliz si se le obliga a hacer cosas que no quiere o a sentir como no desea, sin recibir atención o se le escuche cuando lo necesita; tampoco se es feliz cuando uno es controlado y vive con miedo hacia sus propios padres, es castigado o criticado por expresar lo que piensa y vive en un clima de desconfianza y represión, entre otras cosas.

Nadie se forma por completo como persona y logra convertirse en un adulto emocionalmente sano siendo alguien que no es. Porque, tal y como verás a lo largo de los capítulos, eso es justo lo que ocurre cuando no podemos expresar lo que sentimos cuando lo sentimos siendo niños y adolescentes: entonces escondemos nuestro verdadero yo y nos obligamos a ser personas que no somos.

Para ayudarte a realizar este gran trabajo, el libro te sumergirá en la historia de nuestra protagonista, Alejandra, por medio de la cual lograrás empatizar diariamente con tus hijos e incluso contigo mismo.

El primer paso, pues, radica en ser conscientes de que, como madres y padres, pretendemos mejorar y tenemos el firme deseo de unirnos a esta transformación vital, que implica, por supuesto, una labor profunda y minuciosa en la que debemos atrevernos a dejar nuestro ego adulto atrás, a conectar con nuestros hijos e hijas y a darnos cuenta de que no debemos controlar a nadie. Solo somos dueños de nuestra propia vida, no de la de nuestros hijos.

Para poder hacer todo esto, es necesario que aprendamos de nuestras acciones y, sobre todo, que conozcamos nuestras emociones. De este modo, nos daremos cuenta de lo desproporcionadas que pueden llegar a ser nuestras reacciones para con nuestros hijos en el día a día, ya que solo nos guiamos por teorías adultistas, por nuestro limitado autocontrol, por el poco conocimiento de nuestros propios procesos emocionales y el total desconocimiento de lo que precisan de nosotros los niños y las niñas cuando están experimentando sus emociones.

Muchas madres y padres son conscientes de que no son felices cuando tienen estas reacciones. Se pasan la vida intentando que sus hijos hagan lo que ellos quieren, pretendiendo que se callen, que dejen de llorar, que no tengan «rabietas» ni se enfaden, que hagan los deberes o dejen de pelearse con sus hermanos... Y son conscientes, precisamente, porque saben que para ello emplean castigos, gritos, amenazas, chantajes, exigencias, manipulaciones e incluso llegan a utilizar la agresión física (cachetes, pellizcos, tirones de pelo, etc.), maneras que son dañinas a corto y largo plazo y, además, están guiadas únicamente por lo que sienten como adultos y lo que desean, y por su necesidad de control.

Y es que el control es otro de los grandes males que nos han grabado a fuego; nos han convencido de que a los niños hay que controlarlos. Tanto es así que han surgido muchas técnicas de control «pacíficas» en las que se utilizan las consecuencias, los premios, métodos «no punitivos»... Todo esto está creando una gran confusión a los padres, a los profesionales y, por supuesto, a los niños. Se les hace creer que dichos métodos son buenos tanto para unos como para otros. Y nada más lejos de la realidad. Debemos aprender a educar sin controlar, ya que por mucho que adornemos el control con pegatinas de caras contentas, refuerzos positivos y frases estructuradas con palabras para calmar, seguimos exigiendo que hagan lo que queremos, que obedezcan, que colaboren obligatoriamente, etc. Y esto es un control disfrazado que sigue siendo un abuso emocional que hace a los niños y niñas infelices, ya que no se mueven por intereses propios, sino por intereses puramente adultos.

Lo único que demostramos al controlar a los hijos e hijas es que no sabemos controlarnos a nosotros mismos, que perdemos los nervios constantemente, ya que no conocemos nuestras propias emociones. Ponemos de relieve, por tanto, que necesitamos domar y manejar a los hijos para mejorar nuestra propia autoestima. De esta forma sentimos que, por fin, alguien tiene en cuenta nuestras palabras y cumple nuestras expectativas. Nos olvidamos por completo de las suyas y seguimos retroalimentando esta rueda: los niños también se convertirán en unos adultos que no conocerán sus propias emociones y que necesitarán controlar a sus hijos.

Los niños deben aprender a tomar sus propias decisiones, a quererse a sí mismos por lo que son y por lo que sienten, a saber decir «no», a autoconocer sus emociones y sentimientos, sus gustos y sus intereses más internos. Para conseguirlo, deben poder ser y sentir en cada momento desde el corazón sin que se los juzgue por ello y sin tener miedo a la reacción o desaprobación de sus padres, y no deben ser manipulados para hacer o sentir otra cosa distinta de la que sienten. Deben aprenderlo junto a su madre y su padre, que apoyarán su causa educando desde el amor, la guía, el respeto, la empatía, la conexión, la tolerancia y el ejemplo, y no desde el rencor y el control.

Solemos pensar que los niños no controlados tendrán problemas presentes y futuros, y el único problema, precisamente, estriba en ser educados mediante el control, dejando así la verdadera esencia de los niños y niñas escondida.

Cuando hablo con familias sobre esto y les pregunto qué es lo que quieren lograr para sus hijos y sus vidas, todas suelen coincidir en un mismo objetivo: la felicidad. Sí, las madres y los padres seguimos apostando por la felicidad como meta principal para la vida de nuestros hijos. Ni la mejor carrera universitaria, ni el mejor trabajo, ni dinero, ni la mejor casa... Que sean felices es lo único que deseamos conseguir en realidad.

Además, la mayoría de estos padres aseguran que les encantaría lograr la felicidad de sus hijos educándolos de un modo respetuoso, pero tienen miedo. Miedo de ser permisivos, miedo de que se les vaya de las manos. Creen que, si dejan de castigar, de gritar, de hacer que se sienten en la silla de pensar y de instruirlos para que hagan lo que ellos quieran, van a fracasar como padres y que, por tanto, sus hijos —y ellos mismos— van a ser personas infelices siempre. Coinciden en que, si tuvieran la certeza de que estos se van a convertir en personas responsables con ellos mismos y con los demás, los educarían desde el respeto y la empatía sin dudar.

Este miedo es totalmente lógico: las creencias sociales están muy arraigadas y nos cuesta mucho salir de las mareas integradas incluso cuando tenemos pruebas fehacientes de que son incorrectas. Desde hace muchos años, se vienen realizando investigaciones y estudios en diversas áreas (neurociencia, psicología, biología, psiquiatría, medicina...) en los que se concluye que controlar y educar con el miedo, sin tener en cuenta las emociones y necesidades de los niños y adolescentes, genera una serie de consecuencias negativas en su desarrollo cerebral que cuesta mucho superar, a veces toda una vida. A lo largo de este libro iremos viendo algunas de estas consecuencias.

Para poder integrar la educación emocional en tus hijos y que entiendan así que las emociones forman parte de la vida, primero vas a tener que incorporar esta educación en ti, ya que, como sabes, no hay manera más eficaz de enseñar que hacerlo mediante el ejemplo. Debes entenderte, sabiendo qué son las emociones y dónde está su origen, e identificar en cada momento cómo te sientes y las reacciones que tienes; has de saber calmarte y controlarte, así como comprender el papel tan importante que juegan tus emociones en el desarrollo de la personalidad y autoestima de los niños, etc. Solo de esta manera vas a proporcionar a tus hijos las herramientas necesarias para que puedan conocer sus emociones, superar con resiliencia las adversidades que la vida les tenga preparadas, ser asertivos, respetarse a sí mismos y a los demás, disfrutar de la vida en toda su inmensidad, tener la positividad, el respeto y la empatía como piezas principales en sus relaciones... Y, al fin y al cabo, para sentirse afortunados de ser quienes son y de ser guiados por quienes más los aman: sus madres y sus padres.

Este es el camino que vas a emprender con este libro que he preparado con todo mi amor, profesionalidad y experiencia, después de haber ayudado durante años —y seguir ayudando— a miles de familias y profesionales a generar su propio cambio.

Todo lo que aquí vas a aprender lo podrás poner en práctica en cualquier etapa de desarrollo de tus hijos e hijas, ya que voy a ofrecerte unas pautas aplicables a cualquier edad y que te servirán para siempre.

Al principio de esta presentación te indicaba que la vida se nos vuelve más difícil, si cabe, cuando nos convertimos en padres. Pero la verdad es que cuando uno educa siguiendo el son de sus hijos, al tiempo que comprende sus ritmos, escucha sus necesidades, les ofrece tranquilidad, apoyo y respeto, les deja ser y expresar sus emociones y los ve como seres humanos iguales a nosotros (y, además, los seres que más queremos), no solo la vida se vuelve mucho más sencilla, sino que, además, cobra mucho más sentido y logramos sentirnos realmente felices.

Como dijo John Ruskin: «No hay otra riqueza que la vida.» Disfrutémosla, pues, junto a nuestros hijos. Todas las etapas pasan, los momentos difíciles se superan y todo el amor incondicional (aquel amor que se demuestra, sin juicios, tanto cuando están enfadados como cuando están alegres) que les aportemos hoy es el que llevarán mañana.

Muchas gracias por tener este bello libro entre tus manos. Deseo que guíe tu corazón y tus emociones, y que puedas conectar así con tu verdadera esencia y la de tus hijos.

Un beso y feliz vida.

PRIMERA PARTE

Era el último día del año 1986 y la casa de Alejandra se encontraba abarrotada de gente: tíos, primos y primas, abuelos, vecinas..., además de su hermana Carolina y sus padres.

A sus seis años recién cumplidos, Alejandra, con su larga trenza morena y los tirabuzones despeinados que caían sobre su frente, se sentía muy nerviosa por el cambio de año. Todos estaban muy exaltados y ella se dejaba llevar por el nerviosismo del hogar. Sus primas mayores se acicalaban en el baño cantando a voz en grito la canción de moda, «A quién le importa», de Alaska y Dinarama.

Aquella canción le resultaba graciosa, y en su interior sentía que estaba hecha para ella. Alejandra solía sentir que las cosas que a ella le preocupaban no tenían importancia, que pasaban desapercibidas para sus padres. Cuando lloraba, fuese por el motivo que fuese, solo le decían que debía dejar de hacerlo, o bien los oía reírse por el motivo de su llanto y decir la frase que menos le gustaba del mundo: «Llorar no es de valientes.» Nunca encontraba consuelo, y su tristeza interior iba siendo cada vez más notable.

Su hermana Carolina, tres años mayor que ella, era muy diferente de Alejandra. El pelo, como a su madre, parecía no crecerle nunca; además, era de un intenso rubio y muy lacio. Sus padres aparentaban sentirse muy orgullosos de Carolina, ya que no lloraba nunca, y, si tenía ganas, se aguantaba apretando los dientes con fuerza.

A las dos les gustaba estar juntas y jugar, hablar sobre las cosas del colegio y sus amistades y esconder la verdura en la servilleta entre risas cómplices...

Dormían en habitaciones separadas y, aunque les habían pedido a sus padres muchas veces dormir juntas en una misma habitación, ellos se negaban diciéndole a Carolina que a ver si, al dormir en un mismo cuarto, se le iba a pegar eso de ser una «llorica» como su hermana pequeña y que, además, ya eran mayorcitas para dormir acompañadas.

Llorar estaba muy mal visto en su casa. Alejandra era la única que parecía hacerlo, pero nunca se sintió libre en esos momentos; siempre era criticada, y se sentía vacía, sola y frustrada.

Empezaba un nuevo año, y entre los fuegos artificiales del vecindario, el griterío que había en su casa y las copitas de más de los adultos, Alejandra empezó a sentirse fuera de lugar, más sola que nunca, triste, sin nadie a quien abrazar. La situación empeoró porque no le apetecía comer gambas y por la consiguiente discusión entre su abuela y su abuelo: la primera decía que era una niña desagradecida, porque pocos niños podían disfrutar de las gambas, y el segundo comentó que las mujeres se ponían muy feas al comerlas. A Alejandra le habría gustado estar cerca de su hermana, pero ella estaba sentada muchas sillas a la izquierda y se reía divertida junto a sus primos. No podía explicarle a nadie cómo se estaba sintiendo y la impotencia la invadía, y se echó a llorar sin articular palabra. Todo el mundo parecía ser tan feliz y ella todavía no entendía qué era la felicidad, al menos tal y como pensaba que debía ser. La mandaron a su habitación para que se le «pasara la tontería». Ella insistió en quedarse en el salón con todos viendo las campanadas, pero sus padres se negaron.

Traspasada la frontera de las doce de la noche, y sin haberse comido las uvas, Alejandra empezaba 1987 secándose las lágrimas con su sábana. Esa misma mañana, su madre, mientras le peinaba el pelo suavemente y le hacía la trenza, le había comentado que siempre se tenía que empezar el año con un nuevo objetivo. En ese momento, mientras lloraba tumbada en su cama, solo lograba tener uno en mente que deseaba con todo su corazón: sentirse siempre querida y comprendida por sus padres.

1
El origen de las emociones

> He aprendido que la gente olvidará lo que dijiste, también olvidará lo que hiciste, pero jamás olvidará cómo les hiciste sentir.
>
> MAYA ANGELOU

¿Qué son las emociones?

No hay ni un solo ser humano en el mundo que pueda vivir su vida separado de sus emociones. Y esto es, básicamente, porque las emociones forman parte de nuestro ser y se encuentran alojadas en nuestro sistema cerebral.

Todo lo que una persona piensa, dice, decide y hace está regido de manera expresa por sus emociones. Experimentar una emoción es, por tanto, tan esencial e imprescindible para nosotros como comer y dormir.

No obstante, aunque esto sea así (y esté demostrado científicamente), hay un gran desconocimiento en la sociedad referente a las emociones y sus particularidades. Tenemos muy poca cultura emocional, y esto impacta de modo negativo en todos los niveles, tanto en las relaciones entre padres e hijos como en cualquier relación social o afectiva.

Las emociones interfieren siempre en nuestra vida, las veinticuatro horas del día. Porque, aunque parezca increíble, hasta durmiendo sentimos emociones.

Durante décadas, hemos sufrido una especie de aversión a dejarnos llevar por lo que sentimos. Las emociones están mal vistas, seguimos juzgando como «flojo» o exagerado a quien se conmueve escuchando una canción; les decimos a los niños que se callen cuando lloran, y nos reímos de quien sufre insomnio porque al día siguiente tiene un acontecimiento importante y siente incertidumbre y nervios.

Sigue habiendo, hoy en día, una separación abismal entre la emoción y la razón. Muchísimas personas continúan pensando que las decisiones deben tomarse únicamente teniendo en cuenta la razón, mientras que las emociones son solo algo que ahora está muy de moda. Lo cierto es que las dos facultades se encuentran alojadas en nuestro cerebro y comparten hogar, y lo más relevante de todo es que trabajan juntas. Ambas son imprescindibles para poder tener una vida emocional plena.

¿Cómo funciona nuestro cerebro?

Como sabemos, nuestro cerebro es una máquina perfecta. Tiene diferentes partes, cada una con sus funciones, a cada cual más importante. Aun así, voy a centrarme en exponer las dos áreas que participan activa y diariamente en las emociones y en cómo nos relacionamos con nuestros hijos: el córtex cerebral (corteza cerebral) y el sistema límbico.

El córtex cerebral se ocupa de la razón. Es la parte racional de nuestro cerebro y la que se encarga de llevar a cabo los pro-

cesos complejos del ser humano, tales como el habla, la memoria y el entendimiento. Toda la información que se procesa en el córtex cerebral ha sido recibida anteriormente por otras áreas cerebrales. Está dividido en dos partes muy diferenciadas: el hemisferio derecho y el hemisferio izquierdo. Al primero le suelen llamar «el hemisferio imaginativo» (sentido musical, intuición e imaginación, sentido artístico...) y al segundo, «el hemisferio lógico» (razonamiento, habilidad científica y numérica...). Los dos hemisferios están conectados entre sí a través del cuerpo calloso. Lo ideal sería saber equilibrarlos para estar mucho más conectados con el mundo que nos rodea y ser estables emocionalmente con nuestros hijos y nuestras hijas.

Al sistema límbico se lo suele denominar «el cerebro emocional», ya que se ocupa de las emociones. Consta de una red de neuronas perfectamente conectadas entre sí. Si el córtex es toda la parte rugosa que envuelve nuestro cerebro y que protege los dos hemisferios, el sistema límbico se encuentra justamente debajo y abarca núcleos cerebrales tan importantes como el tálamo, el hipotálamo, el hipocampo o la amígdala central. Además, esta área emocional tiene conexiones con muchas más partes del cerebro. Esto implica que casi todo nuestro sistema cerebral está unido al sistema límbico, y, por tanto, las emociones tienen un impacto en todo nuestro funcionamiento humano. Ni el córtex cerebral ni el sistema límbico pueden trabajar correctamente de manera individual. Por ello, ambos se necesitan para funcionar.

No podemos separar, pues, emoción y razón, sino que lo que debemos hacer es integrarlas para que ambas procedan juntas en nuestra manera de relacionarnos con los demás. En consecuencia, hay que conocer en profundidad esta simbiosis para poder educar a nuestros hijos emocionalmente.

La emoción y la razón trabajan unidas

Como se acaba de ver, el cerebro emocional se ocupa de ayudarnos a asegurar nuestra supervivencia y salud. Por su parte, el cerebro racional es el que, una vez que ha llegado la información sobre las emociones que estamos experimentando, racionaliza y, por tanto, piensa la situación. Por eso es esencial que empecemos a integrar que debemos prestar la misma atención a nuestras emociones que a nuestro pensamiento.

Lograr el equilibrio es, de hecho, el objetivo principal que tenemos no solo para relacionarnos óptimamente con nuestros hijos, dando lo mejor de nosotros en cada situación y siendo coherentes de verdad, sino que así, además, les transmitimos ese mismo aprendizaje a ellos: emoción + razón = decisión.

El equilibrio entre ambas facultades es lo que nos ayudará a reconocer, comprender y regular, si es necesario, nuestras emociones. Sabremos qué nos pasa en cada momento y por qué, y tomaremos las decisiones que creamos oportunas sin dejarnos llevar por un primer impulso primitivo, después de haber reflexionado sobre lo que sentíamos.

Como resultado de sumar emoción y razón, también seremos capaces de saborear cada situación y de conocernos a nosotros mismos íntegramente, seremos conscientes en cada momento de quiénes somos y cuáles son nuestros objetivos. Gracias a ello podremos tomar decisiones rigiéndonos siempre por nuestra propia reflexión, no por lo que puedan pensar los demás o para tener la aprobación de otros.

Vamos a ver un ejemplo claro de para qué y cómo utilizar este proceso en un conflicto cotidiano con nuestros hijos.

Imagina que tu hija de ocho años no quiere lavarse los

dientes. Se lo has dicho ya muchas veces y ella sigue jugando con su castillo medieval. Sin conexión entre emoción y razón, así es como solemos actuar:

- Se lo dices una vez con amabilidad y ella ni siquiera contesta (trataremos más adelante sobre ello, pero te adelanto que los niños no «se hacen los sordos» o «pasan de su madre o su padre», simplemente están inmersos en el juego y en su imaginación, que, además, es lo que retroalimenta su cerebro. El juego es la gasolina de los niños y las niñas).
- Se lo dices una segunda vez y ella no responde. Aquí, tu cerebro emocional envía señales de enfado. Este primer aviso está relacionado con nuestro bienestar; el cerebro avisa de que hay algo que puede estar en peligro porque nuestro bienestar está siendo alterado.
- Se lo dices una tercera vez y, como ella no responde ni hace lo que tú deseas en ese momento, estallas. El enfado se ha apoderado de tu cerebro, y aunque tu parte racional está ahí, no sabes utilizarla ni eres consciente de ella cuando la emoción te tiene absorbida. Coges a tu hija del brazo, la llevas al cuarto de baño, le dices que estás harta de que no te haga caso y que la próxima vez vas a coger el castillo medieval y se lo vas a regalar a la vecina. Ella rompe a llorar, se lava los dientes, intenta explicarte sus motivos, pero ni tan siquiera la escuchas. El corazón te va a mil por hora, el enfado se ha convertido en rabia y le dices que se vaya directa a la cama sin rechistar.
- Cuando tu hija ya está dormida y has recuperado la calma, empiezas a hacer uso de la razón. Te das cuenta de que tus acciones y palabras han sido del todo des-

medidas y dañinas, que te has dejado llevar únicamente por esa emoción que te invadía, primero por el enfado y después por la rabia, y que tu hija no merecía ese trato. Entonces la culpa te invade, te empiezas a sentir fatal y retroalimentas un estado de ansiedad que te hará estar de nuevo alerta cuando debas informar a tu hija, otra vez, de que hay que lavarse los dientes.

Y así es como actuaríamos si conociéramos nuestras emociones y entendiéramos lo que nos quieren decir en cada momento:

- Consideras que es la hora de dormir y que tu hija debería lavarse los dientes e irse a la cama. Ella juega tranquilamente con su castillo medieval e intentas empatizar con cómo le ha ido el día: entró temprano en el colegio, se tuvo que quedar en el comedor porque no podíais ir a recogerla y luego, al salir, tuvo que ir a clase de inglés y de piano. Es el primer ratito para jugar que tiene en todo el día. Decides ir a avisarla amablemente de que, dentro de poco, deberá irse a la cama y que antes tendrá que lavarse los dientes. La besas y le dices que, si quiere, te quedarás mirando cómo juega.
- Ella accede; le gusta que su mamá la observe jugando sin emitir juicios ni enfadarse. Pasáis unos minutos juntas y la invitas a dejar el juego e ir a lavarse los dientes. No quiere, te dice que no le apetece dormir ni lavarse los dientes, que desea seguir jugando un rato más. Tú consideras que el rato ha sido suficiente; se ha hecho tarde y no va a descansar lo necesario. El día siguiente será muy duro para tu hija.
- Te acercas, la abrazas y le verbalizas la importancia de

irse a dormir, siempre hablándole de beneficios reales y del momento presente (no de años posteriores), y sin amenazarla con todo lo malo que le va a pasar si no lo hace. Le dices que vas a acompañarla y vas a estar con ella hasta que se duerma.
- Ella se enfada, no quiere irse a la cama. En este momento, tú, que habías llevado todo el proceso de manera pausada, te encuentras llena de enfado; lo mejor es que sabes reconocer este enfado y que eres consciente de lo que te provoca y lo que puede desencadenar. Respiras[*] y te calmas; sabes cómo ayudar a tu hija a salir de su propia emoción y a orientarla hacia una buena comprensión de esta. Tranquilizas su frustración y le haces ver la parte positiva de tener que abandonar su juego e irse a dormir.
- Vais juntas al baño, hacéis bromas sobre el cepillado de dientes y la acompañas hasta que se duerma. Una vez dormida, te sientes dichosa de cómo has podido manejar tu enfado, dándole así pautas a ella para manejar el suyo.

Como ves, el trabajo en equipo de emoción y razón consta de dos etapas. La primera, en la que obtenemos la información sobre nuestro propio bienestar, sentimos la emoción y valoramos qué nos pasa. Y la segunda, en la que debemos valorar si realmente este peligro o aviso del que nos informa nuestra emoción es real o no, para poder decidir sobre nuestros actos y palabras. A esta segunda etapa no solemos llegar nunca en la relación con nuestros hijos, y ello hace que tengamos una comunicación basada en las exigencias, los casti-

---

[*] Más adelante aprenderemos qué hacer cuando ellos se enfadan y tienen explosiones emocionales, y cómo guiarlos en su propio proceso gestionando correctamente el nuestro.

gos y las amenazas, y que el vínculo afectivo vaya disminuyendo poco a poco.

Por eso, en el caso del ejemplo, vemos que cuando la madre ha reflexionado y ha llevado a cabo la segunda etapa, ha podido valorar que no existe peligro real en su vida y que todo se puede conseguir haciendo las cosas bien, sin dañarnos a nosotros mismos y sin dañar a los demás. Un enfado, por ejemplo, puede avisarnos de que nuestra vida corre un riesgo real, o bien puede mostrarnos que lo que percibimos es una exageración multiplicada de algo que pone en peligro nuestro bienestar. La clave está en saber identificar de qué se trata y en saber qué hacer con ello cuando ya se sabe.

Debemos aprender a colocar cada emoción que sentimos cuando estamos con nuestros hijos en el lugar que le corresponde para poder educarlos como ellos necesitan y merecen, y como nosotros también necesitamos para poder sentirnos bien con nosotros mismos y con la vida en general todos los días, unos mejor, otros peor, pero siempre estables emocionalmente. Para poder conseguirlo, debemos dejar fluir las emociones dentro de nosotros, sentirlas como una parte más del cuerpo, ya que el arte radica en conocernos a nosotros mismos, en comprender las propias emociones y en saber moderarlas y organizarlas en función de lo que nos indican.

> Cualquiera puede enfadarse, eso es algo muy sencillo. Pero enfadarse con la persona adecuada, en el grado exacto, en el momento oportuno, con el propósito justo y del modo correcto, eso, ciertamente, no resulta tan sencillo.
>
> ARISTÓTELES

¿Qué función tienen las emociones?

La sociedad en la que vivimos es una sociedad a la que le gusta etiquetar. Nos hemos habituado a hablar de las cosas antes de conocerlas, a ponerles un adjetivo y a juzgar sin ni siquiera experimentar de primera mano aquello de lo que hablamos.

El aspecto emocional es una de las áreas de la vida humana en la que hemos cometido ese error. Tanto es así que nos hemos atrevido a dividir las emociones entre buenas y malas, positivas y negativas.

La ira, la rabia y el enfado, por ejemplo, son catalogadas como emociones malas. Si nuestros hijos las sienten, enseguida queremos que dejen de sentirlas, mientras que, si somos nosotros los que las experimentamos, llegamos a despreciarnos una vez que ha pasado la tormenta. Si sentimos alegría o felicidad, que están etiquetadas como emociones buenas, entonces es agradable para todos. Aunque también es verdad que cuando alguien las expresa muy efusivamente, tendemos a mirarlo por encima del hombro como si estuviese haciendo algo ilegal. Si son nuestros hijos los que manifiestan estas emociones así, les pedimos que se calmen y que dejen de evidenciarlas tanto. La expresión de las emociones de nuestros hijos nos hace avergonzarnos continuamente, y esto nos pasa porque nos han enseñado a escondernos.

Ha llegado el momento de que nos demos cuenta de que no hay emociones ni buenas ni malas. Hay simplemente emociones. Y todas ellas nos ayudan a adaptarnos al mundo, a tomar decisiones, a solucionar conflictos... A vivir, en definitiva.

Las emociones, todas, son necesarias y ejercen un papel muy importante en nuestra vida. Por un lado, nos aportan la información de quiénes somos y de cómo queremos ser, de cómo vemos y percibimos el mundo interiormente, y, por último, de lo que pasa en él exteriormente. Hacen de nexo entre lo que sentimos dentro y lo que está sucediendo en realidad. Si no trabajamos en profundidad las emociones, podemos acabar tergiversando esta realidad y amoldándola a nuestro antojo para adecuarla a lo que nos gustaría que ocurriera o para aferrarnos a la emoción que nos invade en ese momento, sin procesar la información.

El quid de la cuestión reside en no buscar constantemente la perfección —tanto nuestra como la de nuestros hijos e hijas— y en no idealizar las situaciones; debemos centrarnos en conocernos a nosotros mismos y en lograr equilibrar nuestro mundo interior en conexión con el exterior. Las emociones son señales que, de manera automática, hacen reaccionar a nuestro cuerpo cuando el cerebro las detecta, y están programadas para asegurar la supervivencia. Velan por nuestra seguridad y nos avisan de que hay algo que debemos tener en cuenta y a lo que hay que prestarle atención.

El planteamiento sería el siguiente:

Vivimos una situación → el cerebro experimenta una emoción y nos informa de en qué estado se encuentra nuestro bienestar → nuestro cuerpo se expresa según la información recibida activando una serie de mecanismos que varían en función de cada emoción y de cada persona (sudor de manos, falta de aire, mejillas sonrojadas, aceleración del pulso...) → si actuáramos solo desde la emoción, en este punto reaccionaríamos con palabras, gestos y acciones; sin embargo, con emoción y razón unidas, es el momento de procesar las emociones, reflexionar sobre ellas y filtrarlas sabiéndonos escuchar a nosotros mismos → actuamos ante la situación con calma, sentido común, coherencia y respeto, así como buscando soluciones si son necesarias.

Cuando, por ejemplo, tu hijo de catorce años te pide, por favor, que le dejes salir hasta la madrugada los viernes porque todos sus amigos lo hacen, la emoción que experimentas es miedo, un miedo atroz. No quieres que salga por nada del mundo porque crees que no tiene edad. Este miedo te hacer proceder con un primer impulso y decirle de malas maneras que qué se ha creído, que no tiene edad, y cerrarle la puerta a cualquier tipo de diálogo y entendimiento. Si lograras establecer una conexión real con lo que está pasando, te darías cuenta de que tu hijo se encuentra en pleno desarrollo social, ya que la adolescencia constituye esa etapa evolutiva en la que el cerebro empieza a realizar miles de conexiones y cambios, y que basa muchas de sus emociones y decisiones en lo que hace su entorno social. Para un adolescente, no poder ir al lugar adonde van todos sus amigos es algo tremendamente doloroso; por tanto, las emociones que él sentirá son totalmente diferentes de las tuyas: él experimentará tristeza, frustración y rabia, mientras tú te dejas llevar por el miedo, un miedo que te nubla y que evita que puedas empatizar con tu hijo.

Aunque tu hijo no pueda salir los viernes hasta la madrugada porque tienes motivos de peso basados en su seguridad (y no en tu bienestar), debes conectar con sus emociones. No puedes basar una relación tan importante como la de madre e hijo en tus miedos y en las acciones primitivas que tus temores te impulsan a realizar, sino que debes basarla en vuestra conexión y vínculo. Por tanto, aunque la respuesta a su petición deba ser negativa, todo cambiará si logras filtrar tu miedo, sopesarlo, reflexionar sobre él y calmarlo sabiendo que no hay ningún peligro *ipso facto*, siendo consciente de que puedes dialogar con tu hijo siempre que tengas en cuenta en todo momento lo que siente y cómo, siendo amable y empática, acompañando su frustración y rabia, aunque sea intensa, desde la tranquilidad y el respeto.

Una de las claves de las emociones es, precisamente, no solo saber entender, comprender y expresar nuestras emociones, sino también conectar y empatizar con las de las personas, sobre todo con las de nuestros hijos.

Las emociones y su impacto social

Los seres humanos somos todos diferentes, cada uno con su genética, la educación recibida, sus experiencias vividas, la propia personalidad, las particularidades..., pero tenemos algo en común (además de la humanidad): las emociones. Todos las experimentamos y las adaptamos a nuestras circunstancias; todos las vivimos de manera diferente en función de nuestras características, pero existen de igual manera en cada uno de nosotros.

Las personas tenemos necesidad de estar en un grupo, de sentirnos integrados en el mismo y de saber que formamos parte de él. Esto comenzó como una cuestión de supervivencia de nuestros antepasados. Solo los que integraban un grupo aseguraban su vida, ya que una persona sola, ante animales con dientes de sable y otros depredadores, poco podía hacer para no ser capturada, así como difícilmente podía cazar y, por supuesto, en ningún caso le hubiese sido posible reproducirse. Por consiguiente, la cuestión social es intrínseca a nuestra genética. Por eso, las emociones están íntimamente relacionadas con los vínculos sociales. Si tenemos un bonito romance, sentimos una felicidad extrema; si pertenecemos a un grupo en donde nuestras ideas se tienen en cuenta, nos sentimos alegres y dichosos; si tenemos una amistad que nos arropa en los momentos difíciles, sentimos agradecimiento... y así sucesivamente.

Las emociones en el ámbito social se pegan. Nos acoplamos a las emociones de los demás y estas van pasando de unos a otros a la velocidad del rayo. Por ejemplo, si estás de excursión en un parque natural con tu familia y de repente alguien grita aterrorizado y empieza a correr, tú actuarás instintivamente, correrás e instarás a tu familia a alejarse de allí, con el corazón a mil y mirando hacia el frente como si no hubiese un mañana. Después, resulta ser que aquel hombre solo se ha echado a correr porque ha creído ver una serpiente, a las que tiene pánico desde pequeño, pero tú no has racionalizado nada, simplemente te has contagiado del pánico de la otra persona. Y así puede ocurrir con todas y cada una de las emociones. Observamos a otras personas, nos empapamos de su modo de expresar las emociones y nos dejamos llevar con el objetivo de salvaguardarnos o garantizar nuestro bienestar.

Al ser seres sociales y contagiarnos de lo que sienten y expresan los demás, somos muy débiles en lo que se refiere a dejarnos llevar por lo que piensen los demás. La presión del grupo y lo que opine todo un conjunto nos puede, y, a veces, aunque dentro de nosotros pensemos algo muy diferente del resto, no nos atrevemos a decir o hacer lo contrario por miedo a la reacción emocional de los demás. En concreto, por miedo a dejar de pertenecer al grupo, porque por cuestiones puramente genéticas relacionamos el hecho de encajar en un grupo con nuestra supervivencia. Esto pasa, por ejemplo, cuando estamos en el trabajo y un grupo de personas se ríe de otro compañero porque se le ha caído el café y ha manchado toda su mesa. El pobre se disgusta, pero el resto se jacta de su situación y, al ser el nuevo, hace mofas sobre lo torpe que es y el poco garbo que tiene. Tú empatizas con él y te sientes muy mal con la situación; te gustaría echarle una mano, decirle que esté tranquilo y, con una sonrisa, ayudarle a limpiar la mesa. Pero no te atreves, temes perder tu trabajo si tomas esa decisión, si actúas diferente. Luego, una vez que estás en casa, te culpabilizas tremendamente por no haber hecho lo que en realidad te decía tu interior.

Está bien pertenecer a un grupo si nos hace felices; lo que no es correcto para nuestro bienestar emocional es dejarnos llevar por lo que piensen, digan o hagan los demás por miedo al rechazo. Para modificar esto, debemos trabajar en profundidad en nuestra autoestima. Y para que nuestros hijos no se eduquen bajo el manto de la presión social, debemos educarlos mediante el respeto y la confianza, para que tengan una buena autoestima y no sientan que pierden nada por tomar decisiones diferentes de las del resto de la gente, y, por tanto, no teman hacer y decir lo que sienten.

Entender las emociones para conectar con hijos e hijas

Cuando somos adultos, no filtrar las emociones y, en consecuencia, actuar impulsivamente y sin ningún tipo de control daña a los que más queremos y por quienes daríamos la vida: nuestros hijos.

¿Cuántas veces te has arrepentido de cómo has tratado a tus hijos por no haber controlado esa emoción desmedida que te dominaba? ¿En cuántas ocasiones te hubiese gustado volver atrás en el tiempo para remendar situaciones que se te han ido de las manos?

Somos humanos, claro que sí, y no somos perfectos, pero lo cierto es que tener hijos constituye una gran ocasión que nos brinda la vida para crecer, avanzar, mejorar, no quedarnos anclados y darnos cuenta de que es totalmente posible conocer nuestras emociones, entenderlas, templarlas cuando sea necesario y comunicarnos con nuestros hijos desde el sentido común y la tranquilidad. ¿Va a seguir habiendo momentos difíciles? Claro, la vida no es siempre lineal, hay adversidades y nada es de color de rosa, pero los llevaremos, tanto nosotros como ellos, de manera por completo diferente. Los sabremos manejar con naturalidad y madurez, con coherencia, y conectando siempre con lo que sienten, piensan y necesitan emocionalmente ellos.

Comprender nuestras emociones ayudará a nuestros hijos a entender las suyas y a conocerse a sí mismos, a respetarse y amarse física y mentalmente, y a respetar a los demás.

El papel de la infancia en nuestras emociones y las de nuestros hijos e hijas

El pasado de una persona siempre interviene en su presente. Las experiencias vividas, las decisiones tomadas, nuestras relaciones... nos influyen y forman parte del ahora. No solo somos quienes somos en el momento actual, sino que además somos la suma de todas las circunstancias de nuestra vida.

Sin embargo, tal y como indican cientos de estudios científicos,[*] la infancia es el molde sobre el que vamos creando y definiendo nuestra propia personalidad, las emociones que sentimos y cómo las sentimos y las acciones que realizamos. En definitiva, el molde sobre el que se sostiene toda la

---

[*] Podrás encontrar algunas referencias a medida que avances en la lectura. También en el apartado «Enlaces y estudios interesantes» que figura al final del libro.

base de nuestra vida. Intentar obviar que hay una relación inseparable y profunda entre lo que somos hoy y lo que vivimos en nuestra infancia y adolescencia no solo es un error, sino que, además, al cometerlo perdemos una gran oportunidad para desarrollarnos emocional y personalmente, vivir la vida con otra conciencia y, por supuesto, mejorar la relación con nuestros hijos y evitarles ciertas carencias emocionales que nosotros sí arrastramos.

> Todos los mayores han sido primero niños, pero pocos lo recuerdan.
>
> ANTOINE DE SAINT-EXUPÉRY

A menudo nos preguntamos cómo es posible que tengamos tan poco autocontrol —o casi nulo— con nuestros hijos. No entendemos cómo es posible que podamos dominar nuestros nervios y reflexionar en cualquier circunstancia con un amigo, familiar e incluso algún desconocido, pero ser incapaces de poner freno a nuestras emociones más intensas con los que más queremos.

Lo cierto es que, cuando somos padres, se abre un gran mundo ante nosotros. Este mundo nos ofrece dos posibilidades: quedarnos anclados en el pasado y educar a nuestros hijos como nos educaron o según los estigmas adquiridos socialmente o las modas, o bien agarrar bien fuerte la batuta y empezar a dirigir nuestra vida en función de los grandes aprendizajes que la maternidad o la paternidad nos va ofreciendo.

A muchísimos de los adultos de hoy en día no nos prestaban atención cuando sentíamos emociones. Por ejemplo, en el caso de alguien que llegaba triste de la escuela porque no había logrado superar un examen muy importante, nadie le preguntaba qué le pasaba y, si lo hacían, lo único que escuchaba eran reprimendas por aquel suspenso. Hay personas que sentían miedo a la oscuridad y que lo único que obtenían eran críticas y charlas sobre cómo debían ser los niños valientes; también está el caso de los que tenían celos de sus hermanos y escuchaban por todas partes (profesoras, abuelas...) que eran unos celosos y que ya se les pasaría la tontería. Son muchos los que, al llorar, por el motivo que fuese, recibían burlas y mofas y el famoso: «Cállate ya de una vez.»

Cuando estábamos experimentando una emoción, no nos escuchaban, no sentíamos apoyo ni comprensión, no éramos respetados, ni tan siquiera nos sentíamos amados como necesitábamos. Porque cuando uno es niño o adolescente y está sintiendo algo, necesita el máximo respeto y comprensión hacia lo que siente para lograr entender qué está sintiendo y poder racionalizar la acción que está realizando o que va a realizar; es decir, para poder ponerle templanza y coherencia a la situación, precisa respeto hacia lo que siente y sostén, sin juicios, sin prisas, sin importar el motivo, sin importar nada más.

La consecuencia directa de no haber tenido lo que necesitábamos en el aspecto emocional en nuestra infancia es, precisamente, no saber qué debemos aportarles a nuestros hijos y a nuestras hijas para que sean, en el presente y en el futuro, personas emocionalmente sanas. No sabemos escucharlos sin hacer una crítica o decir con soberbia lo que pensamos nosotros; no tenemos paciencia ni sabemos aportarles serenidad y confianza; no sabemos ofrecerles un amor sin condiciones, siempre buscamos que se lo ganen; no tenemos ni idea de cómo enseñarles a conocer sus emociones porque no conocemos las nuestras, ya que a nosotros no nos ayudaron a conocerlas.

Cuando nuestros hijos están experimentando una emoción, si esta conlleva expresiones externas como llantos, gritos, malos modos y palabras feas, nos sentimos invadidos y queremos controlarlos como si fueran marionetas. No podemos evitarlo, queremos que dejen de hacer lo que hacen porque nos desestabilizan. Esto ocurre porque cuando ellos viven la emoción a su manera, esta impacta de lleno en cómo vivimos las nuestras en la infancia.

Pongamos por caso que estás en el parque con tu hijo de siete años y tu hija de nueve. Cuando es la hora de marcharos a cenar a casa, el primero no quiere irse. A consecuencia de ello, llora, patalea, grita y se tira del pelo, ya que está muy enfadado y siente una inmensa frustración por no poder quedarse. A ti te hierve la sangre. Para empezar, todo el parque os mira, te sientes juzgada, criticada. Lo que puedan pensar los demás, y que incluso te imaginas, hace que te irrites todavía más. No quieres que tu hijo sienta lo que siente, no quieres que haga lo que está haciendo y no ves más allá de tu emoción. La rabia te invade, le estiras del brazo y lo acabas metiendo en el coche de muy malas maneras. Durante el trayecto, él sigue llorando y verbalizas lo pesado que es y le amenazas con no llevarle más al parque. Cuando ya ha pasado una media hora, él va corriendo a abrazarte y te pide perdón. Tú le besas, le dices que se ha portado muy mal y que no debe volver a ponerse a llorar por irse del parque, que eso son tonterías y que debe entenderlo. Cuando le acuestas te sientes mal, pues piensas que quizá podrías haber llevado la situación con más tranquilidad y que, al fin y al cabo, solo es un niño; pero has necesitado horas para rebajar tu ansiedad generada por la situación vivida y para entenderlo un poco.

Te dejo estas preguntas a modo de reflexión:
- ¿Era lícito que el niño sintiera frustración al no quererse ir del parque o era inadmisible?
- ¿Lo que pensase el resto de las personas era relevante o, por el contrario, lo que digan los demás debe importarnos poco?
- ¿La rabia del niño necesitaba la rabia de la madre o más bien la coherencia de esta?
- ¿Sirven las amenazas para algo más que para añadir también el miedo a lo que siente el hijo?
- ¿Crees que un niño merece que su madre le hable en mal tono e invadida por la ira cuando él está sintiendo una emoción (o en cualquier otra situación)?
- ¿Debe el niño pedirle perdón a su madre por haber expresado y sentido frustración?
- Y la madre, ¿debería disculparse con su hijo?
- ¿Es correcto que la madre haga referencia a que se ha portado mal, o lo que enseña de este modo es que sentir emociones es malo?
- ¿Ha tenido un mal comportamiento el niño o ha sentido una emoción que ha expresado de manera inmadura, ya que está en ese proceso de su vida?
- Y su madre, ¿podría haber actuado mejor?
- ¿Tiene que decirle a su hijo que no vuelva a llorar por irse del parque, o bien será totalmente normal que vuelva a ocurrir?

En nuestra infancia nos han enseñado a reprimirnos, a no llorar, a no enfadarnos, a no frustrarnos ni sentir rabia, a ni siquiera quejarnos... Nos han enseñado a esconder emociones, y eso es lo que hacemos con nuestros hijos. Tenemos cero empatía por sus emociones, no comprendemos lo que les pasa ni lo compartimos, y esto ocurre porque no somos capaces de entender las nuestras, ya que nunca hemos aprendido a hacerlo.

Emocionalmente somos como niños. Ellos son inmaduros respecto a sus emociones debido a la etapa vital en la que se encuentran. Se supone que, a medida que van creciendo, el cerebro en desarrollo va comprendiendo las emociones y estableciendo las conexiones necesarias para equilibrar emoción y razón. Esto se consigue correctamente con una buena guía emocional. Su madre y su padre (o en su defecto aquellas personas con las que hayan establecido un vínculo de apego, confianza y amor puro) deben proveerles de buenas herramientas de comprensión emocional, y para empezar ellos mismos deben saber controlarse cuando los hijos se desestabilizan ante una situación.

El problema llega cuando no tienen esa guía; entonces son incapaces de seguir las pautas adecuadas y crecen con la gran carencia de conocimiento emocional que suele manifestarse en la vida adulta y que normalmente surge y se acrecienta al tener hijos.

Lo que sentimos hoy establece una conexión mediante nuestro sistema límbico con lo que sentíamos de pequeños. En consecuencia, cuando nuestros hijos lloran porque quieren un juguete, nuestro cerebro conecta instantáneamente con aquella vez en la que nuestro llanto no fue atendido y además fue tomado a broma. Y no somos capaces de dar lo que no nos dieron porque dentro de nosotros sentimos rabia, impotencia y tristeza; seguimos siendo aquel niño o niña que esperaba un abrazo en su desesperación y que necesitaba escucha y atención. Esta rabia interior hace que nos frustremos con las personas más importantes para nosotros y que no contemos con estrategias emocionales que nos ayuden a calmarnos y a hacer lo que nuestros hijos precisan.

Así pues, el primer paso y el más esencial de todos los que debemos dar para poder entender y ayudar a nuestros hijos cuando están enfadados, llenos de frustración, rabia e ira, etc., es, sin ir más lejos, reflexionar sobre nuestra propia historia de infancia y adolescencia, ser consciente de cómo fueron atendidas, o no, nuestras emociones, de cuántos sentimientos escondimos por miedo a no ser aceptados en nuestro hogar por nuestros padres, de cuántas veces necesitamos un abrazo o un beso y palabras de cariño ante nuestra rabia o tristeza... Solo de esta manera podremos conocernos en profundidad y podremos ofrecer a nuestros hijos lo que requieren emocionalmente en cada momento, al tiempo que evitaremos que crezcan reprimiendo sus emociones y que repitan las mismas carencias emocionales que tenemos nosotros.

> La madurez significa recordar la seriedad que uno tuvo en su infancia mientras jugaba.
>
> FRIEDRICH NIETZSCHE

La base del cerebro emocional

La vida emocional da comienzo ya con los primeros latidos de vida dentro del vientre materno. Durante el embarazo, el cerebro se va formando en función de los nutrientes de la madre, de sus hormonas y también de sus neurotransmisores cerebrales.

El estado de ánimo que tiene una madre durante el embarazo es la primera base emocional de su bebé. Es decir, el bebé no solo nota las emociones que ella experimenta mientras está en su barriga, sino que, además, calca exactamente estas emociones y las vive en primera persona. Las emociones de su madre son las suyas.

Casi todas las madres intentamos vivir el embarazo de la mejor manera posible física y emocionalmente, ya que es un período donde las carencias emocionales y los mitos sociales nos pasan factura. Empezamos a sentir miedos de forma muy intensa, la incertidumbre nos reconcome, sale a flote la culpabilidad y nos sentimos mal si comemos más chocolate de la cuenta o un trocito de jamón...* Debido a los cambios hormonales y físicos que va sufriendo el organismo cuando estamos embarazadas, además de las circunstancias que cada una experimenta, es una etapa sensible en la que las emociones se intensifican. Casi todas las madres pasan por momentos estresantes, ansiosos o tristes para los que su cerebro está realmente preparado, ya que sabe las modificaciones que su cuerpo está experimentando debido a que hay un ser en su interior, y el sistema cerebral se va acoplando a las necesidades de madre e hijo.

También el cerebro del bebé está preparado para vivir diferentes situaciones emocionales dentro de su madre y va adaptándose y creciendo en función del impacto de estas en su interior. No obstante, existen algunas situaciones altamente estresantes para una madre durante el embarazo, como son, por ejemplo, la muerte de algún ser querido, la separación de la pareja, un problema con la salud del bebé..., que hacen que

---

* Se hace un guiño al miedo que inculcan algunas matronas y ginecólogos respecto a comer jamón serrano o embutidos durante el embarazo, ya que esto podría conllevar sufrir una enfermedad llamada toxoplasmosis (si no se ha pasado anteriormente), que podría ser muy perjudicial para el bebé. Estudios recientes indican que hay que tener mucho más cuidado, si cabe, con las ensaladas o frutas (hay que lavarlas adecuadamente incluso con productos especiales) y también con los quesos y demás productos lácteos sin pasteurizar, y sin embargo esto tan relevante no se suele aconsejar.

la situación se agrave. Al cerebro de su hijo ya no le están impactando unos niveles normales y naturales de estrés, de nervios o de un continuo vaivén de emociones, sino que, además, se le están añadiendo dosis extra que tienen consecuencias no solo en la vida intrauterina del bebé, sino también en la extrauterina.

Se han hecho muchísimos estudios respecto a la relación entre las vivencias dentro del vientre de la madre y la vida fuera. Uno que me gusta especialmente por la calidad de la investigación fue el realizado por la psicóloga y bióloga Vivette Glover y su equipo en el Imperial College de Londres, en el que se centraron en descubrir la relación entre el embarazo y el mundo emocional posterior del bebé. Descubrieron cosas tan interesantes como que los niños cuyas madres habían tenido altos niveles de estrés durante el embarazo eran más propensos a padecer ansiedad o depresión en la vida adulta. Incluso detectaron una asociación entre los niveles extremos de cortisol (hormona del estrés) de la madre durante la gestación y el coeficiente intelectual de los niños en su vida fuera del útero.

Como ves, en la vida no hay nada fortuito: todo está íntimamente ligado con nuestros primeros días de vida dentro del vientre materno, con nuestro nacimiento y con nuestra infancia. El amor sentido y recibido durante este período es trascendental para todo el desarrollo de la vida de una persona. Una madre puede demostrar amor hacia su hijo durante estos meses: sentirse dichosa de tenerlo dentro, acariciar su tripa, bailar con él, alimentarse feliz porque lo hace también para él, visualizarse abrazada a él... Hay muchas maneras de demostrar amor al bebé que llevamos en el vientre; el caso es demostrarlo y sentirlo de manera sincera dentro del corazón.

> Para ser un adulto independiente y seguro, debió ser un bebé dependiente, apegado, sostenido... en pocas palabras, AMADO.
>
> Sue Gerhardt

Trabajo con muchas familias que han adoptado a sus hijos y que, al conocer la importancia de esta etapa, se desconciertan y entristecen. Hemos de saber que cuando los seres humanos nacemos somos los mamíferos más inmaduros e incompletos que hay. Por tanto, es totalmente posible recuperarse de la falta de amor en la primera etapa si se obtiene a grandes dosis durante los primeros años de vida.* Cuanto antes tratemos con respeto, afecto y amor a nuestros hijos, antes los libraremos de las consecuencias negativas de no haberlo hecho en esta etapa inicial, o las atenuaremos en gran medida.

Todas las personas somos emociones en nosotras mismas. Es imposible creer que nuestros hijos viven impasibles a ellas y que dichas emociones no ejercen ningún impacto en ellos. Si los tratamos con amabilidad, paciencia, empatía y amor, y rellenamos su cerebro de hormonas (como la oxitocina, la serotonina, la endorfina, etc.) y sus efectos, les aportaremos las herramientas de vida. Y si, por el contrario, los tratamos con ira, frustración, impotencia e impaciencia y sienten continuamente que solo reciben amor cuando hacen lo que los

---

* Buss y Cols confirmaron mediante sus estudios científicos en 2012 que durante el primer año de vida se puede recuperar el hipocampo —parte del sistema límbico— afectado por el estrés durante el embarazo mediante el contacto positivo, directo, constante y de amor incondicional con su madre (o en su defecto, con su figura de vínculo de apego).

padres vemos correcto, para lo que reprimimos día tras día sus verdaderas emociones, les estaremos enseñando a tratarse a sí mismos y al resto de la gente de esa misma manera.

Genética y emociones

Todas las personas nacemos con una genética concreta, con nuestro ADN. Este ADN va madurando, mejorando y perfeccionándose a medida que el cerebro se va desarrollando y adaptando. En general, se ha tendido a pensar que la genética se encarga de todo. Por ejemplo, si alguien en su vida adulta tiene tendencia a los estados depresivos, decimos que es genético; si una persona tiene problemas de obesidad, también, o si alguien presenta dificultades para relacionarse, explosiones de ira... Sea el inconveniente que sea, solemos echarle la culpa a su carga genética, aunque desconocemos qué es en realidad. Lo cierto es que la genética es la responsable de un 50 por ciento aproximadamente de lo que somos; un 10 por ciento se debe a las experiencias y situaciones vividas, y luego el otro 40 por ciento, a la actitud que tomemos ante las diferentes situaciones que nos encontramos en la vida.

Cuando indico que el 10 por ciento de lo que somos y de quienes somos lo constituyen las experiencias vividas, excluyo las experimentadas en el hogar, ya que la ciencia ha demostrado que las experiencias vividas en la infancia y adolescencia con nuestros padres y el amor incondicional recibido por su parte durante dichas etapas forman parte también del 50 por ciento correspondiente a la genética. Por tanto, nuestra genética no solo se compone del ADN con el que nacemos, sino que, además, se va construyendo y afinando en función del cómo nos educan y de cómo nos sentimos de queridos, de respetados y de acompañados durante toda la fase inicial —y principal— de la vida.

Para poder lograr un buen desarrollo cerebral, en todos los sentidos, debemos atender y cuidar a nuestros hijos e hijas no solo físicamente, sino también psíquica y emocionalmente. Nos han enseñado desde muy pequeños a ocuparnos solo de lo superficial, de lo que los demás pueden ver o decir, de lo que parece que todo el mundo hace... De nada sirve, sin ir más lejos, que te preocupes por el nivel de inglés de tu hija y la apuntes a una academia para que el día de mañana pueda estar bien preparada si la castigas, te muestras exigente, no atiendes a sus emociones ni a los enfados y la culpas de tu decepción cuando suspende los exámenes de inglés... Quizá logre hablar y comprender a la perfección este idioma cuando sea adulta, pero ¿a qué precio?

Porque lo que mueve y alimenta a los seres humanos es el amor, es la emoción. Si nos preguntaran a todos nosotros: «¿Qué harías si hoy fuera el último día de tu vida?», sin duda la respuesta siempre sería aprovecharlo junto a nuestros seres queridos: hijos, pareja, padres, familia... Nunca nos preocuparíamos por nada que no fuera sentir, abrazar y amar incondicionalmente a los que más queremos. Bien, pues tenemos dos maneras de vivir la vida, con sus subidas y bajadas: una es de manera negativa, oscura, lineal, con malestares constantes con nuestros hijos, sin salida, con ansiedad, tristeza, rabia interior..., mientras que la otra consiste en buscar el lado positivo de las situaciones, ver aprendizajes en cada rincón, amar a nuestros hijos por lo que son, no por lo que hacen, y darles todo el amor y el respeto que necesitan, porque solo así podrán llegar a ser unos seres adultos libres, empáticos, solidarios, responsables y positivos. Es por eso por lo que el 40 por ciento de lo que somos lo constituye nuestra disposición ante la vida, ya que depende mucho de si lo que hacemos lo hacemos desde la coherencia, el respeto, la buena energía y el corazón, o desde la frustración, la maldad y la rabia contenida, entre otras posibilidades.

Sin embargo, nuestra disposición ante la vida va a depender de nuestra genética y de la infancia y adolescencia. Es decir, se trata de una rueda interminable que gira constantemente. La manera como nos educan es, pues, la piedra angular de nuestra vida emocional.

Necesidades emocionales durante la infancia y la adolescencia

Los siete primeros años en la vida de una persona son los más relevantes a nivel emocional. Es entonces cuando se forma toda la base de nuestras emociones y cuando establecemos la plantilla sobre la que fundamentamos las relaciones sociales y emocionales. La manera en la que nos tratamos a nosotros mismos y a los demás se encuentra siempre cortada por el patrón de estos primeros años.

No obstante, los humanos tenemos la gran suerte de que nuestro cerebro es flexible. Se puede modificar esta plantilla inicial poco a poco y con mucho trabajo, sobre todo si estamos acompañados por al menos una persona que nos trate con amor, respeto, empatía y que se ocupe de estar a nuestro lado y que confíe en nosotros —preferiblemente, nuestra madre o padre—. Cuanto antes nos pongamos a trabajar en la restauración, mucho mejor. Si lo hacemos en la segunda parte de la infancia y adolescencia (de los ocho a los dieciocho años, más o menos) e incluso antes, como todavía nuestro sistema cerebral se está desarrollando y componiendo, es mucho más sencillo recuperar la parte emocional afectada. Si, por el contrario, somos ya adultos, el trabajo resulta más complejo y confuso, porque, aunque somos seres preparados para superar adversidades y situaciones complejas y difíciles, cuando crecemos ya tenemos muchas cosas integradas en nuestro cerebro como normales, que en realidad no lo son, pero no somos capaces de verlo o de cambiarlo. Es el caso, por ejemplo, cuando se ve el llanto de los niños como algo fastidioso o vergonzoso, cuando no se deja que se expresen con independencia de lo que sienten, no se escucha sus emociones, no se los abraza si están enfadados, se ignora sus peticiones, se piensa que deben comportarse como sus padres consideran oportuno en cada momento... Y nos cuesta mucho deshacernos de ello, ya que primero debemos reconocer que esta normalización es incorrecta, y, en segundo lugar, tenemos que esforzarnos consciente y eficazmente para poder cambiarla.

Durante todas las etapas de desarrollo de los hijos, se van generando nuevas conexiones neuronales y procesos de transformación cerebral. En cada fase evolutiva de su crecimiento, hay que saber cómo actuar para poder ayudarlos, apoyarlos y ofrecerles emocionalmente lo que necesitan para no crearles así plantillas erróneas.

En incontables ocasiones, no tenemos en cuenta el momento vital por el que pasan y anteponemos nuestros propios intereses a los suyos. Solemos juzgarlos diciendo que no quieren hacer esto o lo otro, que no nos escuchan o que pasan de nosotros..., pero lo cierto es que les exigimos más de lo que pueden dar. No es que no quieran, es que no pueden, no están preparados ni deben estarlo; tienen sus propios tiempos y biorritmos. Y las únicas obligaciones que deben tener durante la infancia y adolescencia son las de jugar, conocerse, entenderse, disfrutar, sentir, investigar, vivir..., siempre cuidando de sí mismos y respetando a las demás personas. Estas etapas nunca se recuperan, y, sin embargo, pocas veces somos conscientes de que son las más importantes de la vida, ya que de ellas depende todo, y cuanta más empatía tengamos sobre sus emociones más preparados estarán para la vida. No hay mejor preparación que cuando uno tiene el apoyo de sus padres y sabe que puede confiar en ellos en cualquier situación, que puede sentir lo que siente sin ser señalado, etiquetado o maltratado, que no tiene que ganarse el amor de sus padres constantemente, sino que lo recibe sin más tanto en las buenas situaciones como en las malas.

Todos los años de infancia y adolescencia de nuestros hijos y todas las fases por las que pasan se tienen que respetar sin poner condiciones. Debemos saber qué hacer como padres en cada momento, entender que los niños son personas, no robots, y que todo conlleva trabajo y evolución; además, hemos de comprender que ellos tienen unas necesidades cerebrales y emocionales muy distintas de las nuestras, ya que los niños y adolescentes no son adultos, ni adultos en construcción, son solo niños, personas en desarrollo. Por ello, son los únicos que pueden tener explosiones emocionales descontroladas y desequilibradas. Por ejemplo, ante algún acontecimiento importante como su cumpleaños, un día de excursión o unas vacaciones en familia, es normal que estén llenos de felicidad y alegría y que lo expresen con un tono de voz más alto, que les cueste conciliar el sueño, que se muevan en exceso, etc. Puede que estén más irritables y se enfaden con más facilidad, o que dejen ver su frustración llorando, tirándose del pelo, dando patadas... Frente a este tipo de situaciones, lo que necesitan los hijos es templanza, comprensión, escucha y pautas para que cuando sientan emociones intensamente las sepan reconocer, se comprendan a sí mismos cada vez más, aprendan a relativizar, a respirar y a poner nombre a aquello que les pasa para poder actuar de una manera más reflexionada y calmada. Lo que no necesitan en ningún caso en estos momentos es que sus padres les griten, les digan palabras hirientes, los ignoren e insulten, les digan que se callen o cataloguen sus emociones como «tonterías».

En todas y cada una de las etapas, los niños y los adolescentes necesitan emocionalmente de sus progenitores:

- Un apego y un vínculo afectivo estrecho.
- Sentirse protegidos y cuidados.
- Escuchar mensajes positivos hacia su persona (que son amados, que nunca van a estar solos, que siempre van a tener apoyo...).
- Poder expresar las emociones en libertad y tener una buena guía por parte de sus padres cuando lo hacen.
- Empatía y comprensión hacia sus emociones, aunque no se compartan los motivos.
- Disponer de tiempo a solas con sus padres, sin hermanos.
- Palabras de amabilidad y de cariño en cualquier situación.
- Que no se burlen de sus sentimientos.
- No ser etiquetados ni comparados.
- Que se los tome en serio y, por tanto, tomar en serio todas sus emociones.
- Obtener atención.
- No ser forzados ni obligados a nada.
- Que se les escuche en todo momento.
- Tener buen ejemplo de calma emocional y de respeto.

- Amor sin condiciones, sentirse amados sea cual sea su actitud.
- Tomar decisiones adecuadas a su edad.
- No aguantar reprimendas ni opiniones sobre lo que sienten o sobre por qué lo sienten.
- Que los miren a los ojos, con gesto amable.
- No soportar sermones ni charlas sobre lo incorrectas que han sido sus emociones; estas nunca son incorrectas.
- Menos «noes» y más sentido común.
- Tener su propio espacio.
- Hablar de todo con naturalidad y tranquilidad, sin tabúes.
- Que sus preguntas sean respondidas con respeto.
- No tener que esconder sus emociones por miedo a decepcionar a sus padres.
- Contacto físico siempre que así lo quieran, y, si no quieren, recordarles que estamos ahí posando una mano en su hombro, dispuestos a abrazarlos cuando lo necesiten.
- Sentirse seguros al expresar sus emociones.
- Que nadie les prohíba sentir emociones.
- Que ellos sepan gestionar sus emociones y que, además, respeten el espacio emocional de sus hijos cumpliendo todos los puntos anteriores.
- Respeto en todos y cada uno de los momentos.

Con estas necesidades emocionales cubiertas, nuestros hijos lograrán ser unos adultos que sabrán expresar y vivir sus emociones sin dañarse ni dañar a nadie; además, serán sensibles y empáticos; vivirán la vida con alegría y motivación; cuidarán a los más débiles y superarán las adversidades con recursos y tranquilidad, sin necesidad de utilizar la violencia ni esconder sus emociones, pues sabrán qué hacer con ellas en cada momento al conocerse en su integridad.

> Alguien que te ama cree en ti, incluso cuando tú has dejado de creer en ti mismo.
>
> Anónimo

Los adultos, por norma general, no recibimos ninguna, o casi ninguna, de las atenciones emocionales necesarias cuando fuimos niños, y ahora no somos capaces de aportárselas a nuestros hijos. Es más, cuando ellos están sintiendo, solo estamos pendientes de nuestras emociones porque no tenemos capacidad para nada más. Los nervios y la frustración nos dominan; no tenemos recursos para afrontar la rabia que sentimos y la impotencia que nos perturba cuando ellos tienen explosiones emocionales. Realmente, dentro de nosotros seguimos necesitando a alguien amado que en esos momentos nos venga a «rescatar», a abrazar, a escuchar, en quien nos podamos apoyar, en sus palabras, en su amabilidad, para entender y calmar nuestras emociones y conectarnos con nuestros hijos... Seguimos necesitando lo que no tuvimos de niños.

Consecuencias de no haber tenido las necesidades emocionales cubiertas durante la infancia y adolescencia

La forma en la que nos educaron nos guía a la hora de educar a nuestros hijos y nuestras hijas. ¿Cuántas veces hemos verbalizado que jamás haríamos eso que nos hizo una vez nuestro padre, como, por ejemplo, castigarnos sin salir con los amigos, obligarnos a comer lentejas o llevarnos a la peluquería a que nos cortasen el pelo a pesar de que no queríamos cortárnoslo, pero a su entender era demasiado largo? Muchas, muchísimas. Son ideas que hemos tenido muy claras hasta que nos convertimos en padres. Cuando ya lo somos, nos vemos, inesperadamente, pidiendo hora al peluquero porque ese pelo es demasiado largo... Entonces, en vez de pensar y reflexionar sobre ello, y empatizar con nuestro hijo y deshacer el plan, lo único que se nos ocurre es aquello de: «Ya me decía mi madre que cuando yo fuera madre lo entendería»; es decir, nos ponemos, sin dudarlo, de parte de los adultos. Lo que tendríamos que hacer es empezar a viajar en el tiempo y darnos cuenta de la pena que sentimos el día que tuvimos que cortarnos el pelo, aunque no queríamos, la tristeza profunda que tuvimos, de la que, encima, se burlaron, y del recuerdo tan vivaz que guardamos en la mente como si ese día fuera ayer.

Puede ser, por otra parte, que tengamos muy claro que ese tipo de cosas que nos dolieron nunca las haríamos, pero, como tampoco cubrieron nuestras necesidades emocionales, no hacemos esas, pero realizamos otras. Quizá nunca le llevamos a cortar el pelo si no quiere, pero desde hace tres años le apuntamos a una extraescolar a la que no desea ir solo porque nosotros consideramos que es bueno para nuestro hijo, cuando, en realidad, ir a un sitio a disgusto nunca es bueno para nadie. Lo que en verdad es bueno para nuestros hijos y para su futuro es atender adecuadamente sus necesidades emocionales.

El tenerlas cubiertas y atendidas es algo vital y, por consiguiente, las consecuencias negativas de no haber sido acompañados emocionalmente como necesitábamos durante la infancia y adolescencia son muchas y se muestran de diversas maneras.

Como comenté en páginas anteriores, cada uno de nosotros somos únicos, especiales, diferentes, tenemos nuestra propia mochila, nuestra propia historia personal, familiar y emocional, nuestra genética, nuestra manera de ser, nuestra actitud ante la vida y una determinada forma de ver las cosas. Por tanto, el hecho de que a una persona le dijeran constantemente que no llorara, que se callara y que los valientes nunca lloran puede haberle afectado en la vida adulta, entre otras formas, haciendo que sea alguien que llora mucho, que no puede controlarse, al que todo le afecta y que se siente siempre triste o fracasado, o, por el contrario, tal vez siendo alguien que esconde todas sus lágrimas, que cree que lo correcto es siempre reprimirlas ya que así todo es mucho mejor. Quizá sea alguien que expresa su contención ingiriendo comida, o puede que sea una persona que crea que nada le importa y todas las relaciones amorosas le resulten fallidas...

En todo caso, lo que sí tienen en común todas estas personas es que no saben atender ni escuchar emocionalmente a sus hijos de manera correcta. Cuando los hijos de estos adultos sienten, por ejemplo, ira, rabia, impotencia o celos, ellos no son capaces de guiarlos hacia el entendimiento desde la amabilidad y el respeto por sus emociones, ya que, como adultos, se contagian de esta misma emoción. Dentro de sí se ven como aquellos niños en los que nadie tenía en cuenta sus sentimientos y, por tanto, se meten en un bucle del que no pueden salir. Ni ellos se ayudan a sí mismos ni por supuesto ayudan a sus hijos.

> Puedes llorar, no hay vergüenza en ello.
>
> WILL SMITH

El resultado de haber censurado los sentimientos toda la vida son, precisamente, las carencias afectivas y emocionales. Por un lado, te ha comportado una autoestima débil y baja y te ha hecho sentir continuamente en una lucha emocional, así como creer que eres inferior a los demás, incapaz de controlar tus emociones, ya que te encuentras en un estado difícil de reconocer y con facilidad puedes caer en la depresión o la ansiedad. Por otro, eres propenso a las adicciones; no tiene por qué ser a las drogas, al tabaco o al alcohol, puede que seas adicto a la comida, a tu *smartphone* e incluso a alguna persona... De esta manera, intentas rellenar ese vacío emocional con todos estos condimentos que lo que hacen es, precisamente, alejarte más de tu objetivo de conocerte y de conectar con tus hijos.

Toda esta carga emocional nos pesa y nos domina el corazón muchas veces en forma de violencia: violencia contra otros, violencia contra nosotros mismos, violencia contra nuestros hijos... La rabia interior, la culpa y la desazón nos invaden continuamente en nuestro interior y a veces, por desgracia, no sabemos valorar de dónde proviene todo este desequilibrio emocional.

Para educar a nuestros hijos desde el respeto, la atención hacia sus emociones y la comprensión es indispensable la empatía. Esta propiedad está íntimamente ligada al amor y a la seguridad emocional que obtuvimos durante los primeros años de vida por parte de nuestros padres. Es por ello que si no nos dieron suficiente amor y seguridad, las consecuencias para la vida adulta pueden dividirse, por lo general, en dos: o bien nos cuesta muchísimo ponernos en la piel de los demás, somos desconfiados y nos creemos además con la potestad de reírnos de los demás, o, por el contrario, empatizamos muchísimo con todo y llegamos a sufrir con diferentes situaciones sociales (pero, aun así, somos incapaces de empatizar con nuestros hijos cuando están sintiendo algo). Para aprender a empatizar en cada situación con ellos, debemos practicar, todos los días, desapegándonos de nosotros mismos y logrando ponernos en su lugar.

¿Cómo repararse de estas atenciones no recibidas?

La mejor manera de poder recuperar el equilibrio emocional y, por supuesto, de aportar a nuestros hijos este mismo equilibrio consiste en atender a sus emociones diariamente.

Debemos empezar con un trabajo profundo y personal para entender nuestras emociones, saber de dónde provienen y poder aportarnos razón y quietud, como si nosotros mismos fuéramos los que nos abrazamos y nos diéramos apoyo y ánimo en esas situaciones, sin necesitar ni a nada ni a nadie más que a nosotros mismos, ya que ahora hay alguien que depende emocionalmente de nuestro equilibrio y ejemplo emocional. Nosotros, como adultos, podemos reeducarnos emocionalmente a medida que educamos a nuestros hijos en el conocimiento de sus propias emociones.

Conforme seamos capaces de hacer esto, veremos muchos cambios en la manera en la que nos relacionamos con nuestros hijos y nos daremos cuenta de la influencia tan grande que tenemos sobre ellos, de lo importante que es estar bien para que ellos estén bien, de lo bello que es realizar un buen acompañamiento en los momentos intensos y ver el resultado de este. Si nos esforzamos a diario en esto, lograremos empatizar y escuchar en cada situación, seremos conscientes en cada momento de lo que sentimos, de lo que sienten nuestros hijos y de la importancia de nuestra tranquilidad sin juicios para que ellos se calmen; con ello ganaremos así dos cosas: nuestra calma y la suya, sin que ninguno sea una carga para el otro.

Todo este trabajo no es fácil y hay mucha tela que cortar, pero, no por casualidad estás leyendo este libro para el que no todo el mundo está preparado pero que tú tienes entre tus manos, y vas a poder aprender en cada capítulo las herramientas adecuadas para transformarte. Estoy segura de que lo conseguirás.

El mundo solo mejorará si somos capaces de tratar a los niños y a las niñas con cariño, atención, amor, comprensión y respeto.

> El aprendizaje es el resultado de escuchar, que a su vez conduce a escuchar aún mejor y poner atención a la otra persona. En otras palabras, para aprender del niño, hay que tener empatía y la empatía crece a medida que aprendemos.
>
> ALICE MILLER

¿Recuerdas la fiesta de fin de año de 1986 en casa de Alejandra? A continuación, te explico qué hicieron incorrectamente sus padres y abuelos y cómo deberían haber actuado de manera correcta:

INCORRECTO	CORRECTO
Las preocupaciones de Alejandra no tenían importancia para sus padres.	Todo aquello que es importante para los hijos e hijas tiene que ser importante para nosotros. Con independencia del motivo, de nuestra opinión, de lo que pensemos como adultos..., todo lo que a ellos les preocupe debe preocuparnos. Tenemos que ser capaces de darnos cuenta de todas y cada una de las emociones de nuestros hijos, investigar las situaciones, poder saber qué les inquieta, el porqué, y ayudarlos a solucionar las situaciones de manera pacífica y coherente. No hay nada que no debamos atender de la vida de nuestros hijos.
Siempre le decían eso de que «llorar no es de valientes».	Jamás debemos decirle a un hijo que no llore. Llorar es natural, normal y necesario. Lo no natural es pedirle a un niño (o a cualquier persona) que deje de hacerlo si su cerebro y su corazón así lo necesitan. Debemos escuchar con paciencia sus motivos sin reírnos de ellos y sin meterle prisa al niño para que se le pase. Cuando llore, tenemos que observar, abrazar, comprender, apoyar, reflexionar y ayudar a buscar soluciones, si es que existen, pero sin pretender que calme su emoción al instante, ya que cada emoción y cada niño necesita su proceso. Cuanto mayor sea la comprensión y el apoyo, antes se recuperará de la emoción que le invade.
En ninguna situación recibía consuelo.	Los hijos deben recibir consuelo siempre, en todas las situaciones. Hay que erradicar de nuestro vocabulario el «no ha pasado nada», porque si un niño llora, se queja, siente dolor, tristeza, rabia..., sí que pasa algo, y ese algo necesita ser atendido. Es inviable que como padres no sepamos ver cuándo nuestros hijos están tristes o se sienten solos, cuándo necesitan ser escuchados, comprendidos y consolados. El consuelo forma parte de nuestro trabajo como padres y el recibirlo forma parte de sus derechos como hijos.

Eran constantes las comparaciones con su hermana Carolina.	Aunque el dicho nos lo sabemos todos y somos conscientes de que no nos gusta nada ser comparados, lo seguimos llevando a cabo con nuestros hijos. Compararlas solo genera rabia, ira y desconfianza entre estas dos hermanas. Fomenta los conflictos y rebaja la autoestima de ambas. Estas comparaciones, además, hacen que la relación entre ellas se vea dañada no solo en el presente, sino también en el futuro. Hay que valorar a cada hijo por igual, sin compararlos ni etiquetarlos, y ayudándolos a encontrar su propio camino en la vida para que sean siempre ellos mismos.
Se la obligaba a dormir sola.	Los seres humanos necesitamos sentirnos acompañados durante la noche, sobre todo cuando somos pequeños. Es una cuestión de supervivencia que llevamos en nuestra genética desde los primeros humanos. Por ello, no debemos ofuscarnos en que nuestros hijos duerman solos creyendo que, si duermen acompañados, serán menos autónomos, porque es justo lo contrario de lo que ocurre. Como todo en la vida, cuanto más apoyo, más fuerte y libre te sientes, así como más independiente y con más ganas y motivación para vivir a tu manera. Los padres debemos permitir que nuestros hijos duerman juntos si así lo desean.
Se emitían juicios porque no quería comer.	Entender que el estómago de nuestros hijos no es el nuestro es una pieza fundamental para respetar sus ritmos fisiológicos. Igual que con las emociones, no podemos pretender que ellos cambien lo que están sintiendo porque nos incomoda en ese momento, ya que ello es imposible porque, básicamente, su cerebro no es el nuestro; lo mismo ocurre con el estómago. Los abuelos de Alejandra la hicieron sentir realmente mal por no querer comer gambas, en vez de ayudarla a encontrar aquello que pudiera apetecerle en ese momento o estrategias para calmar su nerviosismo, su tristeza y la soledad que sentía desde el respeto y la comprensión hacia sus sentimientos.

No fomentaban la confianza.	Nuestros hijos e hijas siempre deben sentir que tienen a sus padres para lo que necesiten, que pueden contar con ellos en todo momento y que estos les responderán correcta y amorosamente, con independencia de si están de acuerdo o no con lo que quieren, piensan o proponen. Los niños no deben temer constantemente al adulto; por el contrario, deben confiar en el adulto que se supone que los guía, y este debe fomentar dicha confianza. Primero, confiando en sus hijos y, segundo, entendiendo sus etapas y ofreciendo atención, escucha, respeto y tolerancia.
La castigaron en su habitación.	Cuando más apoyo necesitaba Alejandra, menos tuvo. El castigo no es positivo en ninguna situación, ni siquiera cuando pensamos que es correcto porque creemos que así nuestro hijo aprenderá, ya que no aprende a otra cosa más que a sufrir, a sentirse profundamente solo, triste y desamparado; además, una vez pasado este primer tramo, experimentará rabia, ira y rencor. Castigar a los hijos nunca nos va a ayudar a enseñar nada positivo, sino que la frustración que les va a generar les va a repercutir de forma negativa en todos los sentidos. Un castigo nunca va a hacer que los hijos aprendan o va a ayudarlos a que se sientan mejor. A ti puede darte la impresión de que te «funciona» porque consigues, quizá, alguna vez, que tu hijo deje de hacer o haga lo que deseas, pero no estás llegando a su corazón y a su emoción, no le aportas nada para desarrollarse como persona; solo piensas en ti y en llevar a cabo tus estrategias. Solo le enseñas que debe obedecer y ser sumiso, habilidades que luego empleará con los demás en su vida o que verá normal que utilicen con él. Alejandra no necesitaba llorar sola, necesitaba abrazar a sus padres o a su hermana, que alguien estuviera junto a ella consolándola, demostrándole tranquilidad; necesitaba un hombro donde desahogarse y amor, mucho amor. Con ello, poco a poco habría ido tranquilizándose, sintiéndose mejor, más dichosa y con ganas de integrarse en la fiesta y unirse a la alegría de los demás.

En este capítulo hemos aprendido...

- Las emociones forman parte de nuestro ser y se encuentran alojadas en el sistema cerebral.
- El cerebro emocional se ocupa de ayudarnos a asegurar nuestra supervivencia y nuestra salud. Y el cerebro racional es el que, una vez que ha llegado la información sobre las emociones que estamos experimentando, permite racionalizar y, por tanto, pensar la situación.
- El equilibrio entre ambas facultades es lo que nos ayudará a reconocer, comprender y regular, si es necesario, nuestras emociones. Sabremos qué nos pasa en cada momento y por qué, y tomaremos las decisiones que creamos oportunas sin dejarnos llevar por un primer impulso primitivo, después de haber reflexionado sobre lo que sentíamos.
- Si no trabajamos en profundidad nuestras emociones, podemos acabar tergiversando la realidad y amoldándola a nuestro antojo para adecuarla a lo que nos gustaría o para aferrarnos a la emoción que nos invade en ese momento, sin procesar la información.
- Una de las claves de las emociones es, precisamente, conectar y empatizar con las de las personas, en especial con las de nuestros hijos.
- Los siete primeros años en la vida de una persona son los más relevantes a nivel emocional. Es entonces cuando se forma toda la base de nuestras emociones y cuando establecemos la plantilla sobre la que fundamentaremos las relaciones sociales y emocionales. La manera en la que nos trataremos a nosotros mismos y a los demás se encuentra siempre cortada por el patrón de estos primeros años.

- Si tratamos a nuestros hijos con amabilidad, paciencia, empatía y amor, rellenaremos de esas hormonas y sus efectos su cerebro y les aportaremos esas herramientas de vida. Si, por el contrario, los tratamos con ira, frustración, impotencia e impaciencia y sienten continuamente que solo reciben amor cuando hacen lo que sus padres ven correcto, para lo que reprimen día tras día sus verdaderas emociones, les estaremos enseñando a tratarse a sí mismos y al resto de la gente de esa misma manera.
- La consecuencia directa de no haber tenido lo que necesitábamos en el aspecto emocional en nuestra infancia es, precisamente, que no sabemos qué debemos aportarles a nuestros hijos para que sean, en el presente y en el futuro, personas emocionalmente sanas.
- Todos los años de infancia y adolescencia de nuestros hijos y todas las fases por las que pasan se tienen que respetar sin poner condiciones. Debemos saber qué hacer como padres en cada momento, entender que los niños son personas, no robots, y que todo conlleva trabajo y evolución; además hemos de comprender que ellos tienen unas necesidades cerebrales y emocionales muy distintas de las nuestras, ya que los niños y adolescentes no son adultos, ni adultos en construcción, son solo niños, personas en desarrollo.
- El resultado de haber censurado los sentimientos toda la vida son, entre otras cosas, carencias afectivas y emocionales.
- La mejor manera de poder recuperar el equilibrio emocional, solventar las carencias y, por supuesto, aportar a nuestros hijos este mismo equilibrio es atender a nuestras emociones diariamente.

—¡Alejandra! —le instó su madre—. ¡Deja de canturrear y ponte de una puñetera vez a estudiar!

Ella sabía que su hija pequeña tenía facilidad para los estudios incluso sin esforzarse; de hecho, había pasado hasta cuarto de primaria aprobando sin hacer casi nada pese a las múltiples peleas que tenían continuamente por ello. Ese año, tras haber acabado quinto y en plenos exámenes finales, la idea de que suspendiese corroía diariamente por dentro a su madre. Ella era la presidenta de la Asociación de Madres y Padres del colegio y no quería por nada del mundo tener una hija que suspendiera exámenes en quinto o a la que la tutora le tuviera que llamar la atención porque no había presentado los deberes...

—¿Estás sorda? Abre el libro y ponte a hacer un resumen del examen de mañana, pero ya. He llamado a la madre de María (como su hija siempre saca excelentes, sabía que me daría la información), y me ha dicho que el examen que tienes mañana es de matemáticas, justo de la asignatura en la que peores notas sacas, pero a ti te da igual, ¿verdad?, te importa un bledo. —Cogió la agenda de Alejandra de la mochila con desdén y la increpó—: No lo tienes ni apuntado en la agenda, pasas de todo. —Tiró la agenda al suelo, cerró la puerta de un portazo y se fue lanzando gritos por el pasillo como si estuviese poseída.

Alejandra se tumbó en su cama; sabía que se la jugaba relajándose un poco, pero lo necesitaba. Había aprendido esa técnica uno de esos días en los que su padre la envió a su habitación a empujones. Aquel día, en concreto, fue porque ella no quiso llevarle su café al sofá, alegando que podía levantarse él mismo...

Esa técnica la ayudaba a no sentirse sola ni a tener miedo pensando que su padre iba a darle una bofetada. Al ponerla en práctica, recuperaba la calma y lograba imaginarse cosas bonitas, aunque fuera de la habitación escuchara cómo le gritaban.

No había compartido con nadie el secreto de su técnica, porque sabía que se reirían de ella. A veces, estaba tentada de contársela a Carolina, pues pensaba que a ella también le iría bien, pero no podía confiar cien por cien en su hermana. Puede que en una de sus charlas con mamá a la hora de dormir se lo acabase contando y la dejase en ridículo.

Alejandra procedió entonces a poner sus brazos cruzados encima de su pecho como si ella misma se abrazara, y con las piernas totalmente estiradas y los ojos bien cerrados contó hasta veinte. Después, abrió sus ojos, miró hacia arriba y se imaginó un cielo estrellado, de esos que solo salían por la televisión, para intentar relajar la tristeza que la invadía.

Más sosegada, se levantó, cogió su agenda del suelo y la ojeó. Su madre no había visto una pequeña pi azul (p) que ella misma había escrito estratégicamente para recordar su examen de matemáticas. La aburrían eternamente las divisiones de cinco cifras; además, estaba convencida de que no servían para nada, pero se puso a practicarlas para que su madre, al asomarse de nuevo, la dejase tranquila.

—Menos mal que te has dignado estudiar, cariño —le dijo en tono rudo—; si no, te hubiese tenido que castigar sin ir a la excursión que tienes la semana que viene al Museo de Ciencias.

—Gracias, mamá, por no castigarme, estoy deseando ir al museo.

—Pues ya sabes, no te la juegues.

Alejandra creía que si había otra cosa peor que el hecho de que se rieran de ella cuando lloraba era, precisamente, que la castigaran. Juró que nunca castigaría a sus hijos si algún día los tenía; también juró que jamás les haría estudiar cosas aburridas.

2

La importancia de no controlar emocionalmente a los hijos e hijas

> Tal vez la tarea más difícil de ser padres no es la de controlar el comportamiento de los hijos, sino controlar el propio.
>
> Jefe indio Luther Lakota

Controlar no es educar

Las personas huimos del control. Si una pareja, un compañero de trabajo o una jefa intenta controlarnos, no lo toleramos: nuestro interior se revela, se remueve y no lo acepta. Y es que el ser controlados por otras personas que no seamos nosotros mismos es antinatural, va en contra de nuestra especie.

Los adultos, cuando nos damos cuenta de que estamos

siendo manipulados, lo cortamos de raíz, pero a veces (tal y como hablaremos en capítulos posteriores), tenemos tan poca autoestima que no nos atrevemos a frenar a las personas que nos controlan, que no nos hacen ningún bien y que se creen nuestros dueños. Seguimos queriendo controlar a nuestros hijos. Sin embargo, aunque somos conscientes de que no aceptamos ser manipulados por nadie, no somos capaces de dejar de controlar a nuestros hijos.

Queremos controlarlo absolutamente todo de ellos, como si llevaran unos grandes hilos cosidos en sus hombros, igual que los títeres, y nosotros fuéramos los encargados de moverlos, realizando acciones y reacciones por nuestros hijos.

Cuando los hijos se enfadan, gritan, patalean, se quejan del cansancio, lloran, están irascibles e irritables, se frustran, tienen rabietas, etc., necesitamos cambiar lo que están sintiendo; no soportamos estas explosiones emocionales y queremos controlarlas, y, además, emitimos un juicio y una opinión sin importarnos nada más que lo que nosotros estamos sintiendo.

Deseamos que modifiquen su estado anímico, solo nos importa el nuestro. Necesitamos que se tranquilicen para poder tranquilizarnos nosotros porque, de otro modo, no sabemos serenarnos. No nos damos cuenta de que debe ocurrir justo lo contrario. Es decir, cuando nuestros hijos se encuentran invadidos por sus emociones, lo que necesitan es una guía adulta, su madre o su padre —concreta y especialmente—, que les aporte serenidad, lucidez, apoyo y calma, no que desee con todas sus fuerzas que se callen ya y que paren su emoción de una vez.

Imagina que es uno de esos días en los que has dormido poco porque el insomnio ha hecho de las suyas, te has levantado y has discutido con tus hijos porque llegabais tarde al colegio, en el trabajo has tenido que lidiar con unos cuantos clientes soberbios, tu jefe no te ha dado el día libre para el cumpleaños de tu madre, te has enfadado con tu pareja porque no ha comprado nada de la lista que hicisteis conjuntamente la noche anterior. Entonces, llegas a casa deseando que todo vaya como la seda porque necesitas desconectar e irte a dormir pronto. Todo va medianamente bien hasta que llega la hora de acostar a los niños y observas que están muy nerviosos y que no quieren irse a la cama todavía (recuerda que las emociones se contagian y que, cuanto más irritados estemos nosotros, más lo notarán ellos, y pronto se propagará el nerviosismo en el hogar). Pero tú solo quieres que se acuesten ya; no piensas en ellos, ni en su día, ni en lo que han hecho, ni en si han tenido tiempo para jugar o no. Ni tan siquiera te das cuenta de que es media hora más temprano que de costumbre y que además es viernes, y ellos tienen ganas también de desconectar. Tú no piensas en nada; solo deseas que se duerman para irte a la cama, leer unas páginas de la novela que estás a punto de terminar y dormirte plácidamente sin pensar en nada más. En ese momento, pierdes los nervios y estallas. Tu cansancio acumulado sumado a todos los acontecimientos negativos del día se apodera de ti y no sabes contenerte: los metes en la cama de malos modos, les gritas, los haces callar, los comparas con sus primos diciéndoles que ellos son unos niños buenos y que ya están durmiendo, les apagas la luz, no prestas atención a su llanto ni sus reclamos, no atiendes sus necesidades físicas y emocionales; solo te reafirmas en que quieres silencio, y si no, ya verán... Los amenazas, estás tan alterada que les das miedo, pero a ti no te importa; no logras ver su interior ni eres capaz de mirar sus ojos vidriosos porque quieres que se duerman y poder descansar ya. Se duermen, por fin, y cuando vas a cerrar los ojos, ¡zas!, te preguntas: «Pero ¿qué he hecho?» Y vuelves a tener insomnio una noche más.

La mayoría de las madres y los padres se sienten reflejados en este tipo de situaciones en las que no pueden ver más allá. Solo quieren controlar y manipular a sus hijos para que hagan lo que ellos, como padres, necesitan en ese momento; no piensan en lo que pueden necesitar los hijos porque no son capaces, pues sus reacciones emocionales de adultos les poseen y su espíritu de control actúa por ellos. No saben relacionarse con sus hijos si no es controlándolos. En efecto, pretendemos controlar absolutamente todo de ellos: lo que comen, lo que dicen, lo que sienten, cuándo deben dejar de llevar pañal o el chupete, el momento de hacer los deberes, la hora exacta de irse a dormir e incluso la ropa que deben ponerse.

En el caso del ejemplo, el adulto, en primer lugar, debería haber podido trabajar en sus emociones durante todo el día para identificarlas desde el inicio y poder decirse a sí mismo: «Eh, no has dormido nada, estás cansado y con ganas de descansar y acabas de empezar el día; ten paciencia.» Identificar lo que sentimos, ponerle nombre y saber el motivo de por qué lo sentimos es una de las metas que debemos tener como padres y como personas. Este simple hecho nos ayudará a conocernos mejor y frenarnos; nadie debe llevarse la carga de nuestras emociones, y nosotros, como adultos, debemos saber pausarlas.

El ser consciente de su cansancio, de sus ganas de terminar el día, ayudaría a esta madre a no crearse expectativas; es decir, le permitiría cambiar el discurso de «quiero que se vayan a dormir pronto y que todo vaya como la seda para poder dormir yo misma» por el de «soy consciente de que estoy cansada y de que mis hijos no son responsables de lo que a mí me pasa, solo lo soy yo; no puedo proponerme que ellos hagan lo que yo necesito, sino que debo entender sus necesidades y esperar pacientemente a que se duerman. Sé que cuanto más paciente sea, antes se relajarán y antes conciliarán el sueño, y además sin malos rollos para ninguno». No podemos responsabilizar ni culpabilizar a los hijos de lo que nosotros sentimos. Si estamos cansados y hemos pasado un día nefasto, eso es algo que nos ha ocurrido a nosotros, pero los niños no tienen la culpa de ello. No podemos reclamarles que se acuesten ya tan solo porque nosotros ansiamos estar en silencio.

Cuando tenemos hijos no los tenemos para controlarlos;

los tenemos porque queremos que sean libres, que vivan sus vidas y que lleguen a ser felices. Es imposible ser feliz si vives en una cárcel en la que no tienes ni voz ni voto, en la que cuando te enfadas debes dejar de estar enfadado por imposición, en la que nadie te escucha, nadie te da su abrazo ni su calor, nadie te comprende ni busca contigo soluciones, solo te impone su idea, te guste o no.

Debemos recordar que, como todo en la vida, lo importante no es el destino, sino el viaje; por tanto, cada etapa de nuestra existencia cuenta, cada año de la infancia y adolescencia de nuestros hijos es importante para el presente y para el futuro. Sin embargo, nunca podrán disfrutar del trayecto si son controlados, manipulados y dirigidos.

¿Cómo educar sin controlar?

Cuando las familias empiezan a formarse conmigo, en un primer momento ven imposible dejar de controlar a sus hijos. Describen la necesidad de control como algo que les sale de dentro, que les empieza en el estómago y que sube por su garganta en forma de una frustración que les invade. Afirman que, aunque intentan no controlar, ese impulso es muy grande y poderoso.

Parece que las madres y los padres sabemos cuidar a la perfección a nuestros hijos en cuanto a necesidades básicas: comer, beber agua o dormir, pero nos sentimos perdidos del todo a la hora de cuidarlos emocionalmente. No obstante, el cuidado emocional es otra de las necesidades básicas de las personas, ya que sin un bienestar emocional influimos negativamente en el estado mental de los niños y las niñas, algo que a su vez impacta en su estado físico (tal y como muchos estudios científicos corroboran),* pues las emociones moldean incluso nuestro sistema inmune; por tanto, estos cuidados son tan importantes como la buena alimentación, las horas de sueño adecuadas y la hidratación.

Debemos percatarnos de que, educándolos mediante el control, los castigos y la obediencia, abandonamos totalmente su desarrollo emocional óptimo. Solo les ponemos piedras en el camino que se tornan muy difíciles de superar y que deterioran su verdadera personalidad (la cual limitan y esconden para agradarnos y hacer las cosas como nosotros les pedimos), y además disminuimos sus defensas. De nada sirven la jalea real, la verdura y la fruta si los tratamos de modo incorrecto. Asimismo, solemos justificar siempre nuestras conductas y maneras de hacer diciendo cosas como «Te castigo por tu bien», «Me tienes que obedecer para aprender»... No nos engañemos: con esto, los niños solo aprenden a sufrir, a callarse, a ocultar la rabia interior, a ignorar sus emociones, a sentirse queridos solo si hacen lo que los padres quieren, a desilusionarse con la vida al creerla injusta... No hace falta herir para enseñar, no necesitamos controlar para educar: el control no educa, solo daña.

Te puede parecer que tus hijos «te hacen caso», que logras que se comporten como tú quieres, y con eso te contentas, pues crees que lo que haces funciona y que no es negativo para su vida en ningún caso. Pero lo único que hacen es obe-

---

* La doctora Viviola Gómez (Latinoamérica), por ejemplo, en el año 2000, estudió e identificó las relaciones entre el sistema nervioso y el límbico con el sistema inmunológico, apoyándose además en otros estudios científicos que se venían haciendo desde décadas atrás. En su estudio concluyó que las situaciones estresantes continuas y los estados depresivos, entre otros, provocan cambios en las células y anticuerpos de nuestro sistema inmune, con lo que rebajan y empeoran sus funciones.

decerte por miedo y sumisión, porque no se les da otra opción, y dejar escondidos sus sentimientos, sus ideas y sus deseos. Esto provoca en ellos insatisfacción, tristeza, falta de autoestima y rabia, que a veces demostrarán de puertas para dentro: pueden gritarte, desconectar y perder el vínculo contigo, ser agresivos con sus hermanos o contigo, bajar su rendimiento escolar, volver a perder el control de los esfínteres, tener insomnio repetitivo, tener miedos constantes, buscar la soledad, padecer problemas digestivos, someterse a la madre o al padre... Otras veces, estos sentimientos negativos se manifiestan de puertas para fuera: pueden aislarse en el colegio o ser agresivos con los compañeros, tener problemas con profesores, experimentar mutismo selectivo, ansiedad y desconcentración, mostrar sumisión ante otros niños y adultos, etc. En definitiva, la disciplina y la obediencia nunca es positiva para los hijos, ni siquiera en forma de métodos supuestamente benévolos, ya que el objetivo sigue siendo el mismo: querer cambiar lo que hacen, dicen y sienten los hijos en vez de dejarlos hacer, decir y sentir lo que necesiten, es decir, en vez de guiarlos siempre desde la comprensión, la aceptación y el no juicio.

Al disciplinar a los hijos, lo que vamos a conseguir es, por el contrario, generar las conductas que queremos extinguir. Es decir, nosotros queremos que hagan lo que nosotros les pedimos, pero ellos van a seguir procurando ser ellos mismos hasta que desistan. Puede que se cansen de intentarlo y todo su malestar salga al exterior con los comportamientos y actitudes mencionados antes, o puede que este se manifieste en forma de sumisión. Empezarán a crear su propia personalidad en cuanto puedan (suele ser cuando se marchan de casa de los padres), lo cual es tremendamente injusto tanto para ellos como para nosotros, que, como madres y padres, en vez de disfrutar, nos pasamos la infancia y adolescencia de nuestros hijos deseando que crezcan, que pasen rápido estas etapas, que acaben ya, que sean adultos..., sin valorar que el tiempo va a pasar, eso es seguro, y que hay que disfrutar de ellos y ellos de nosotros. Que se pueden hacer las cosas de manera que los respetemos y que conectemos con ellos, que el control no debe ser la base de ninguna relación.

> Es un abuso cualquier comportamiento encaminado a controlar y subyugar a otro ser humano mediante el recurso al miedo y la humillación, y valiéndose de ataques físicos o verbales.
>
> SUSAN FORWARD

Recuerdo cuando una mamá a la que ayudé a mejorar la relación con sus hijas empezó a practicar el dejar de controlar, tal y como todos debemos comenzar: siendo conscientes de que utilizamos el control y de que queremos dejar de hacerlo. Ella enseguida fue consciente de las innumerables ocasiones en las que deseaba controlar a sus hijas. Esta conciencia en cada una de las situaciones la ayudó a frenarse y a darse cuenta de todo lo que debía cambiar, así como del agradecimiento espontáneo y real que vio en los ojos y en las sonrisas de sus hijas, que a partir de entonces se sintieron libres y guiadas en todo momento, en vez de obligadas, chantajeadas y manipuladas.

Nos echamos unas risas cuando me explicó una anécdota que le ocurrió en los primeros días: una de sus hijas, la de cinco años, había elegido la ropa que llevaría para ir al colegio mientras tarareaba una canción de lo contenta que estaba por poder decidirlo ella. Cuando iban a salir por la puerta, a esta mamá le entraron las ansias de control. Su hija llevaba una camiseta verde y un pantalón marrón, y a ella le dio la impresión de que parecía un árbol. Entonces su mente empezó a divagar y a preocuparse: «Se van a reír de ella, parece un pino, y encima es la más alta de la clase...» En ese momento, quiso cambiar a su hija de ropa e incluso pretendió decirle lo que pensaba a sabiendas de que le haría daño. No obstante, su conciencia la ayudó; respiró y logró conectar con los intereses inocentes y lícitos de su hija, y ambas se fueron tranquilas al colegio. Esta madre se sintió dichosa cuando vio a su hija entrar en el centro satisfecha, alegre y feliz por un hecho tan simple como ese, elegir su propia ropa.

Como ves, queremos controlar tanto a nuestros hijos que hasta observamos con detalle su aspecto físico. No queremos que nadie se ría de ellos, que los insulte o que los etiquete, y este temor hace precisamente que lo hagamos los mismos padres. Decimos: «Con esas ojeras pareces un mapache, se van a reír de ti en el colegio», y nos obsesionamos con que nuestra hija tenga un descanso adecuado para lograr hacer desaparecer esas ojeras e incluso alguna vez le ponemos un poquito de antiojeras. Opinamos que «con la camiseta amarilla se te marcan los michelines, no puedes salir así; ve a cambiártela por la de los botones negros», y decidimos que se ponga la que nosotros consideramos correcta. Y como estas, existen muchas situaciones en las que lo único que hacemos es darles a nuestros hijos unas herramientas de vida totalmente alejadas de las que nos gustaría que tuviesen en realidad, con lo que fomentamos la falta de amor propio, las inseguridades, los prejuicios, la desigualdad, los miedos y la poca esperanza en el ser humano.

Cuando empezamos a dejar de controlar a los hijos, la

situación se nos hace cuesta arriba y sentimos tristeza y falta de motivación, ya que, por un lado, hay algo que nos hace dudar continuamente de si es o no el camino correcto, y por otro, nos da la impresión de que, como dice mi hijo Uriel cuando se enfada, nos va a «explotar la cabeza» (él describe que cuando se siente rabioso o enfadado tiene la sensación de que le va a «explotar la cabeza»). Esa misma sensación nos ocurre a nosotros cuando debemos superar la barrera de no controlar y abrir nuestra mente y nuestro corazón a la confianza y a las atenciones emocionales hacia nuestros hijos. Queremos, pero nos cuesta horrores, y esto se debe a que nos han enseñado así, a que es algo que parece que debemos asumir cuando tenemos el rol de madres/padres o educadores. El control hacia los niños, aunque los estudios científicos demuestren las consecuencias nefastas y de por vida que genera, está en todas partes: en los colegios se pretende conseguir las cosas con exigencias y chantajes (castigos sin recreo, sin excursión o sin aprobar la asignatura); hay poco entendimiento sobre las necesidades infantiles y se les presta poca atención, y a los niños se les ponen etiquetas de forma masiva, como si todos debieran ser iguales en cada etapa y como si tuvieran un mismo molde.

En los pediatras o médicos, por ejemplo, abundan las pegatinas si se «portan bien o mal», que dan el mensaje de que un niño no puede, como cualquier persona, tener miedo o quejarse cuando va al médico; por el contrario, debe modificar sus sentimientos para conseguir la pegatina que le hará sentir que está dentro de la plantilla en la que parece que todos los niños deben encajar. Hasta en la frutería les plantean preguntas manipuladoras a los niños, como si se han portado bien o mal. Pero ¿quién decide si lo que hace un niño es bueno o malo?, ¿quién juzga?, ¿por qué si un niño corre por la frutería le catalogan como malo cuando solo es un niño que juega? Son los adultos los que pierden las formas y los nervios cuando ven a un niño jugar, y de este modo es imposible enseñarle valores, respeto y a cuidar de su integridad.

El control nos invade y rompe las buenas y sanas relaciones entre padres e hijos.

> Siempre parece imposible hasta que se hace.
> NELSON MANDELA

No obstante, todo es cuestión de confianza y de motivación. El primer paso, pues, radica en ser conscientes de que este cambio es necesario para todos los miembros del hogar.

El segundo paso, igual de importante que el anterior, se basa en cambiar el objetivo que tenemos para con nuestros hijos. Nuestra meta no debe ser que hagan lo que nosotros queremos, sino que ellos puedan (ya que es su derecho) conocerse a sí mismos, tomar sus propias decisiones, saber escuchar su conciencia y su voluntad, respetarse y vivir plenamente pese a los momentos difíciles. Y nosotros, como padres, cuidaremos de que estén siempre seguros y protegidos, de que no corran peligro y de guiarlos desde el respeto a pesar de las explosiones emocionales que puedan tener.

El tercer paso consiste en descubrir, de una vez por todas y para siempre, que los niños no son buenos o malos. Son niños o adolescentes y no se les debe colocar un cartel, ya que estamos tan acostumbrados a hacerlo, a etiquetarlos, que cuando los niños no hacen lo que queremos los catalogamos de malos, y si hacen lo que queremos, entonces son buenos. Además, lo hacemos en función de lo que nosotros sentimos en ese momento, de nuestras emociones desequilibradas. ¿No te ha pasado nunca que un día te molesta mucho algo que hacen tus hijos y otro día exactamente la misma acción te hace hasta gracia? Esto es porque educamos en función de cómo estamos nosotros, no en función de lo que ellos requieren de verdad. Nos pasamos la vida rogando que nuestros hijos sean libres de adultos y no obedezcan a nadie, pero durante toda su infancia es lo que les enseñamos: a obedecer.

Si le pedimos a nuestro hijo que deje de jugar a la consola porque es hora de comer y él sigue jugando, enseguida pensamos que nos está desafiando, que nos reta, que es un ser manipulador que juega a ver quién puede más..., sin caer en la cuenta de que precisamente los manipuladores somos nosotros. Si él no deja la consola es porque no quiere. No es lo que desea en ese momento, y eso no es solo lícito, sino también normal y un indicativo de que está sano y de que se desarrolla correctamente, porque es un ser independiente de nosotros, una persona con sus propios sentimientos e intereses, una persona que tiene el derecho de querer hacer lo que le apetezca. Si consideramos que ya ha jugado mucho esa tarde y que, por su salud y bienestar, debe dejar de hacerlo, entonces tendremos que aconsejarle con paciencia y explicarle la situación, entendiendo en todo momento su necesidad emocional y siendo capaces de empatizar, de seguir demostrando amor, aunque creamos que está haciendo algo que no queremos que haga. Tendremos que animarle y ayudarle con amabilidad y respeto a que deje de jugar, y, por supuesto, entenderemos su enfado, porque se enfadará. Es un ser humano que quiere seguir haciendo algo que le gusta y no puede, y, aunque le expliquemos el motivo, no lo va a comprender. Como es un niño, estará sumergido en su emoción y frustración; lo importante, pues, será prestarle atención a su enfado y ser su paño de lágrimas.

No hay color entre guiar a tus hijos hacia algo que realmente necesitan mediante el control o hacerlo a través de la empatía y la conexión. Al principio, esta puesta en práctica puede costarte y tendrás que luchar contra ese fuero interno que quiere dominarte, pero cuando vayas ganándole la batalla día tras día, llegará un momento en el que te saldrá solo. Entonces, el control se dejará ver en contadas ocasiones y sabrás superarlo y pedir perdón a tus hijos con sinceridad y tras una reflexión por los errores que has cometido.

Es importante percatarse, por tanto, de que nuestros hijos no nos pertenecen. Se pertenecen a sí mismos, y por ello su misión no es hacer lo que sus padres quieren que hagan, no es obedecer, sino formarse como personas, desarrollarse emocionalmente atendiendo a sus razones, escuchando sus deseos y obteniendo sostén emocional por parte de sus padres, siempre con la certeza de que sus motivos son tan valiosos como los de los adultos. Algunas veces aquello que desean podrá realizarse, otras no, ya que la vida no es un camino en línea recta, pero siempre tendrán la seguridad de que van a disfrutar de la oportunidad de ser atendidos y escuchados en todo momento, sin ser coartados ni controlados como si sus sentimientos no valiesen nada.

El cuarto paso para aprender a educar sin controlar sería identificar como adultos nuestras emociones, ponerles nombre, saber qué nos pasa y el motivo, y, ante todo, equilibrar nuestras reacciones. Esto solo lo conseguiremos con mucha práctica y esforzándonos en cada situación difícil con nuestros hijos, logrando separar lo que sentimos nosotros de lo que sienten ellos y alejándonos de la necesidad de control.

Imagina, por ejemplo, que estás barriendo el salón de tu

casa. Tienes toda la basura en el recogedor y, de repente, tus dos hijos de cinco y ocho años pasan corriendo con los brazos abiertos en horizontal como si fueran aviones y tiran el recogedor, por lo que toda la basura y el polvo recopilado se esparcen por la habitación. Entonces, tú tienes dos opciones: la primera consiste en sacar toda la rabia que eso te genera sin filtrarla; decir todo lo que se te pasa por la cabeza sin pensar en nada más que en lo que tú sientes y mandar a tus hijos que paren de jugar para pedirles explicaciones y hacerles un juicio diciendo que lo han hecho para fastidiarte y que solo piensan en ellos mismos, y finalmente castigarlos sin ver la televisión después de cenar, ya que tu emoción no te deja ver y necesitas descargarla con alguien, precisas culpabilizar a alguien para salir de ahí. En cambio, la segunda y correcta opción consiste en ser consciente de que no ocurre nada del otro mundo: tienes hijos que son niños, y como niños que son juegan porque su cerebro así lo necesita, porque es tan importante para ellos como el comer, porque están afianzando su relación como hermanos, dejando volar su imaginación, experimentando con su curiosidad, y no ocurre nada que ponga en peligro ni tu vida ni la suya como para tener que defenderte y atacar. Después, le pondrás nombre y valorarás el motivo, pero mientras respiras profundamente e intentas rebajar tu ansiedad. Te preguntas: «¿Qué me pasa? Siento rabia, llevaba un rato barriendo y tenía ganas de acabar, ahora está todo sucio de nuevo. ¿Por qué me pasa? Porque mis hijos han tirado el recogedor. ¿Cómo voy a solucionarlo? Entendiendo que mis hijos son niños y personas y que nadie merece ese trato.» En ese momento, te tranquilizas, vuelves a recogerlo todo y te sientes victorioso.

Podrías explicarles ahora a tus hijos que vas a dejar el recogedor un momento en el salón, ya que vas a coger la bayeta, y les pides que si es posible miren al pasar para que no vuelva a caerse, pero siempre con amabilidad, respeto, confianza y empatía, y sin rencor ni enfado. Si volviese a ocurrir, esa sería tu segunda prueba de fuego. Deberías volver a hacer el mismo procedimiento correcto entendiendo que los niños necesitan una guía amable y aprenden mediante el ejemplo. De nada sirve estallar con los niños, eso no va a solucionar nada y va a estropear muchas cosas entre ellos y tú.

El quinto paso constituye una de las esencias para educar prescindiendo del control, los gritos, los castigos, la pérdida de los nervios y la obediencia. Se pone en práctica en el momento en que los adultos debemos adaptarnos a las situaciones en vez de pretender que sean los niños quienes lo hagan. Es bastante común subirte a un avión para irte de viaje con tu familia y advertir cómo las personas de alrededor resoplan al verte con niños, miran de reojo con desdén y se quejan o chistan si alguno llora, grita o juega. O bien ir a un restaurante y notar que las personas que están en las mesas cercanas os acechan cada vez que tus hijos hablan alto o se mueven mientras comen; o ir a comprar un puzle a una tienda de juguetes y que los dependientes os miren mal a ti y a tus hijos si estos tocan alguno de los juguetes expuestos, etc.

Definitivamente, ¿vivimos en el mundo al revés? Hemos llegado a un punto en el que todo lo referente a los niños molesta, y esto no hace más que llenar hasta arriba el saco del adultismo, tanto que rebosa. Fomentamos el rechazo hacia los niños, así como las ganas de manipularlos, de hacerlos callar, de controlar sus movimientos, de querer que dejen de ser niños y que sean pequeñas personas domesticadas, que se conviertan en adultos lo antes posible y que dejen atrás ese mundo en el que viven. Los adultos somos los que debemos adaptarnos a las situaciones de los niños y los que tenemos que dejar nuestros intereses atrás y empezar a empatizar con ellos, pensar en ellos y acoplarnos a sus necesidades; no hay que llevarlos forzados hacia los intereses adultos, ya que, en un futuro, ya les tocará vivir como adultos, pero la infancia nunca vuelve y tienen derecho a vivirla como niños, no como adultos.

Dentro de los deberes de los adultos está el de respetar los derechos de los niños, y esto se nos olvida a diario. Si vas en avión con tu familia y alguien os mira con desdén, el problema es de ese alguien. Desde luego, en ningún momento debemos coartar a nuestros hijos por la presión que sintamos de otros adultos no respetuosos con ellos, sino que debemos poner sus necesidades emocionales y físicas por encima de todo. Si alguno llora porque siente miedo en el avión, puedes abrazarle, calmarle, sin prestar atención a las miradas o comentarios de la gente; puedes aportarle confianza, respeto por su miedo y amor, y lo que sientan los demás que se lo trabajen ellos interiormente, porque sin duda tendrán mucho por trabajar. En el caso del restaurante, es cuestión de plantearse si realmente vamos a un sitio en el que los niños van a divertirse y a estar cómodos. Podemos preguntarles a ellos si ese plan les apetece o no, sin sobornos ni coacciones. Si no van a estar cómodos ni quieren ir, es mejor buscar un lugar en el que ellos tengan libertad de movimientos y puedan jugar a sus anchas, como un parque con árboles y flores, el mar o la montaña, y además se llevarán los beneficios de estar en contacto con la naturaleza.*

---

* Hay muchos estudios científicos que confirman los beneficios que les aporta a los niños el estar en contacto con la naturaleza, entre otros, los de Wells y Evans (2003), que ratificaron que reducía el estrés, y el de Kellert (2005), que consideró que los ayudaba a aumentar su creatividad, su capacidad de resolución de problemas y el desarrollo intelectual. La Ame-

En eso consiste adaptarse a las necesidades emocionales y físicas de los hijos: en valorar en todo momento qué necesitan y acoplarnos a ellos. Puede que a tus hijos les apetezca ir al restaurante porque les encantan los tallarines que allí hacen; bien, entonces deberemos actuar como en el avión: centrarnos en ellos y olvidarnos de la poca capacidad de empatía de los demás. Y si en algún momento hacen algo que resulta negativo de verdad para el resto de las personas, no hay que tratar de frenar sus movimientos, sus risas o sus juegos, sino que hay que ayudarlos a poner fin a comportamientos que son realmente perjudiciales para ellos o para los demás; para ello puedes ofrecerles alternativas, diálogo y comprensión, así como hablarles con sinceridad y darles herramientas para trabajar su empatía, pero siendo consciente de que nunca van a llegar a ser empáticos con los demás si nosotros, como padres, no lo somos con ellos, es decir, si ven continuamente cómo defendemos a adultos que son incoherentes y profesan faltas de empatía constantes hacia ellos. Por tanto, es importante que, para ayudarte en este quinto paso, intentes comprender y saber interpretar siempre los motivos de tus hijos, no centrarte en los tuyos.

Puede que hayas estallado y que después ellos tengan unos comportamientos concretos. Sin embargo, ahora, sin querer controlar, eres capaz de entender que están cansados o aburridos, o han tenido un mal día en el colegio y necesitan más comprensión que nunca. Solo recibiendo empatía se aprende a empatizar.

Por último, en la tienda, es incoherente e ilógico que expongan juguetes para que los niños los pidan y sus padres los

---

rican Academy Ophtalmologhy (2011) certificó que los niños y adolescentes que están en contacto con la naturaleza tienen una mejor vista y, por tanto, menores tasas de miopía.

compren y que además pretendan tenerlo todo impoluto. Los niños desean probar eso que tanto ansían, tocar, ver que es real... Podemos guiarlos como padres para que lo hagan con respeto, sin romper nada, con delicadeza, pero, desde luego, meter a unos niños en una tienda de juguetes y querer que se estén quietos es como pretender que una abeja esté parada frente a una flor.

Todos estos momentos son grandes oportunidades para demostrarnos y demostrarles a nuestros hijos que ellos son más importantes que cualquier otra persona, que estamos aquí para guiarlos y no para juzgarlos, que somos capaces de ayudarlos a encontrar soluciones, si es que se precisan, desde la calma, la seguridad emocional, la sinceridad, la amabilidad y el amor. Reflexiona en cada momento si estás pidiéndoles a tus hijos que encajen en el mundo adulto o si, por el contrario, estás adaptándote tú a su mundo infantil y adolescente, con lo que estarás capacitándoles, pues, no solo para su propio mundo actual sino también para su mundo futuro.

El sexto paso se basa en el acompañamiento emocional. En realidad, es el más esencial de todos y por ello hablaré de él íntegramente y con detalle en el siguiente capítulo. Pero, para que se entienda en primera instancia de qué se trata, debemos saber que, básicamente, consiste en estar tranquilo mientras ellos están nerviosos y poderles aportar así pautas de equilibrio emocional. Es decir, este acompañamiento lo tendremos que poner en práctica cuando nuestros hijos estén enfadados, tristes, rabiosos, frustrados o sientan cualquier emoción. Nosotros deberemos estar ahí para apoyarlos (compartamos o no sus motivos), para ser el hombro en el que llorar si lo precisan o ser los que animemos sus alegrías. Es saber ser y estar junto a nuestros hijos en todos los momentos, mantener nuestras emociones adultas a raya y conectar con lo que necesitan emocionalmente ellos.

En muchas ocasiones, tal y como muchas madres y padres me han confesado al inicio de trabajar conmigo, hacemos las cosas de manera incorrecta con nuestros hijos porque tememos que se enfaden. Me dicen: «Tania, yo lo que hago es dejarle que vea los capítulos que quiera, aunque se hagan las doce de la noche con tal de que no me la líe.» Hasta con esto pensamos en nosotros mismos en vez de en ellos. Preferimos, a veces, hacer cosas que sabemos que son perjudiciales para su salud o su bienestar físico o mental con tal de no enfrentarnos en un conflicto emocional con ellos. Si tu hijo debe irse a dormir para descansar, y ya ha tenido tiempo de jugar, de exprimir el día y de ver algunos capítulos de lo que le gusta en la televisión, es hora de ayudarle a que se vaya a la cama. Lo haremos con mucha paciencia y amor, y siendo tolerantes en el caso de que se enfade, ya que, cuando tenemos que dejar de hacer algo que nos gusta, nos molesta, y más cuando eres un niño y no entiendes la lógica de cada situación y solo vives en el ahora.

En el área emocional, como sabes, seguimos siendo como niños. Por tanto, cuando uno de nuestros hijos se enfada, grita o se frustra por no conseguir lo que desea, nos ponemos a su nivel, nos convertimos de repente en niños que necesitan una guía emocional, enfurruñados porque queremos llevar la razón. Estamos metidos en nuestra burbuja sin que nadie nos rescate, esperando que mediante el control y la exigencia nuestros hijos se calmen para poder salir de nuestro enfado y de nuestra rabia, en vez de ser nosotros, las madres y los padres, los que los rescatemos a ellos, los que logremos sacarlos de su burbuja sin hacerles daño, los que permanezcamos fuera de ella desde el inicio y les aportemos seguridad emocional, al tiempo que sabemos estar manteniendo la razón, el amor y el sentido común ante estos enfados, gritos y frustraciones. En definitiva, siendo así los padres que ellos realmente necesitan y merecen.

El séptimo y último paso en este proceso de iniciación para dejar de controlar a los hijos nos ayudará en todos los ámbitos de la vida. Se trata de aprender a saborear el presente, a vivir en el ahora. Parece algo muy lógico y al leerlo puede que pienses que ya lo hacemos, pero la verdad es que no lo hacemos, y menos, por desgracia, con nuestros hijos. Con ellos tenemos la sensación de que las etapas van a durar siempre y nos pasamos los días quejándonos, deseando que se acaben, contando lo que falta para vacaciones, pero muchas veces, cuando llegan, queremos que se reinicie la época escolar porque los continuos conflictos emocionales que tenemos en nuestro hogar se nos hacen cuesta arriba. Esto es algo que no nos merecemos nosotros como padres, ya que cuando deseamos tener hijos lo hacemos para ser felices y poder ayudar a conseguir la felicidad a nuestros hijos y con nuestros hijos; y por supuesto tampoco se lo merecen ellos.

No vivimos eternamente, todos nos morimos, y no sabemos cuándo. Es importante ser conscientes de ello para aprender a vivir el día a día con nuestros hijos con intensidad y para superar adversidades, pero sin dejarnos llevar por la rabia, la ira o la impotencia que a veces nos generan algunas situaciones, y, de esta manera, poder enseñar esta poca pasión por la vida a nuestros hijos. No podemos controlar lo que pasará mañana, ni tampoco podemos cambiar el pasado, pero sí que podemos vivir conectados con el presente, con el hoy, y ser felices por lo que tenemos en este justo momento y hacer lo mismo en todas las circunstancias.

No se trata de vivir en una nube *happy* ni de ver el mundo

de color rosa; se trata de ser realistas, de advertir que las cosas por las que queremos controlar a los hijos no tienen razón de ser, que podemos educar y guiar desde el respeto y la escucha y que no los hemos traído al mundo para manejarlos. Es como quien tiene una pareja y le está diciendo constantemente lo que tiene que hacer, y además le grita, le exige, la coarta, la instruye, pierde los nervios todos los días, le rebaja la autoestima, la amenaza, se ríe de ella... Es probable que esa persona quiera salir de esa jaula, que se sienta pequeña y que trate de adaptarse a ese entorno en el cual es injusto que viva (nadie se merece eso), pero, al mismo tiempo, sentirá que quiere escapar y ser libre y que no tiene posibilidad ni se ve capaz de ello.

Los hijos no tienen que vivir en jaulas, deben sentirse en sus casas profundamente respetados y amados, con padres que vean la vida de manera positiva, que no estén siempre quejándose ni se sientan desdichados simplemente por tener intereses encontrados con sus hijos. La vida es demasiado bonita para eso; hay que aprender a apreciar todos los momentos, incluso los malos. No pienses en nada más que en el día de hoy, en cómo vas a hacer para vivirlo de manera provechosa y auténtica, con humor y risas, con amor, sin quejas y comprendiendo siempre sus razones, intereses y procesos naturales, al tiempo que encontráis soluciones juntos; es decir, sin invadir con tu negatividad a tus hijos. Valora que estáis juntos y ocúpate de que todos los días haya un buen ambiente pese a las dificultades.

Es cierto que es muy difícil controlar nuestras emociones cuando estamos enfadados. Recordemos que nos han educado reprimiendo las emociones y que nos cuesta mucho entender a nuestros hijos y prestar atención a sus emociones antes que a las nuestras. Nadie nos enseñó a hacerlo de este modo, pero es posible con esfuerzo y aceptando sus particularidades, tan diferentes de las nuestras, si se tiene una relación sana y comprensiva con ellos, en vez de una relación basada en querer controlar y en obligarlos a ser como no son, sin saber nada de sus sentimientos ni de sus pensamientos e impidiendo así su libertad emocional.

Recuerda que solo podremos ser felices y tener bienestar emocional conectando y amando a nuestros hijos por lo que son y no por lo que hacen o dejan de hacer. Y de esta manera ellos también lo serán.

> Si cambias el modo en que miras las cosas, las cosas que miras cambian.
>
> WAYNE DYER

Deja tu ego atrás

Cuando empiezan a trabajar conmigo, la mayoría de las familias y los profesionales me corroboran que sienten la necesidad de controlar a los niños porque consideran que esto les va a hacer sentirse seguros, con menos nervios; por tanto, suponen que van a ser más felices porque creen que el tenerlo todo controlado les generará mayor bienestar y felicidad. Y el caso es que el hecho de centrarnos en controlar a los hijos nos activa el estrés y nos aleja de la felicidad; es decir, controlar a los hijos nos aporta totalmente lo contrario a lo que deseamos.

No solemos pensar en nuestros hijos cuando educamos mediante el control, las exigencias, los castigos, los gritos, la falta de empatía, etc. Anteponemos que estemos nosotros bien anímicamente al creer que lo tenemos todo bajo control y sentir que nada va a desmoronar nuestro mundo interior. En consecuencia, el peor enemigo que se interpone entre nuestros hijos y nosotros es nuestra propia persona, somos nosotros mismos.

El ego que tenemos de adultos es la herencia directa de que nos hayan educado mediante el control y sin atendernos emocionalmente, con juicios, castigos y gritos, así como de no tener nuestras necesidades reales cubiertas. Cuando durante nuestra infancia y adolescencia no nos dejaban respirar y nos decían constantemente qué teníamos que hacer y cómo debíamos expresarnos, cuando juzgaban lo que sentíamos y manejaban nuestra vida, cuando decidían por nosotros desde la ropa que debíamos ponernos hasta la cantidad de comida que teníamos que comer y los amigos con los que podíamos ir, se ocuparon de esconder nuestra propia personalidad, y nosotros creamos diferentes «yos» adecuando cada uno de ellos a distintas situaciones.

¿Te has dado cuenta, tal vez, de que si estás con tus padres eres de una manera y con tus amigos de otra? También en el trabajo eres de un modo y con tu pareja de otro distinto, igual que te ocurre con tu familia política... Vas formando tu ego en función de estas adaptaciones y, por tanto, sin saber de verdad quién eres y qué quieres para tu vida en realidad. Y nos anclamos a esta forma de ser adaptada en función de cada lugar y de las personas que nos rodean, sin saber salir de ella, sin abrir nuestro corazón a ser realmente quienes deseamos ser sin importar lo que puedan pensar, siempre respetando al prójimo y a nosotros mismos.

Esta manera de educarnos hizo que construyéramos nuestro ego adulto igual que el de nuestros padres, y ahora creemos que debemos hacer lo mismo con nuestros hijos: crear su personalidad en función de nuestras necesidades. Tenemos que alejarnos de nuestro ego adulto tal y como lo entendemos ahora mismo, ese que nos hace, por un lado, no ser fieles a nosotros mismos (ya que nos escondemos tras las apariencias de lo que socialmente pueda ser aceptado o no) y, por otro, nos lleva a pensar que somos superiores a nuestros hijos e hijas, que tenemos poder sobre su persona. Debemos acercarnos al amor propio, a la autoestima personal, que nos ayudará a ser quienes realmente queramos ser y que hará que seamos capaces de unirnos a nuestros hijos e hijas y de ver, escuchar y comprender sus necesidades sin alejarnos de las nuestras. Una de las claves de este camino se basa en saber conectar con las necesidades de nuestros hijos y prestarles atención en primer lugar, calmando nuestras reacciones emocionales.

Pongamos por caso que tu hija de nueve años no quiere comerse la verdura que le has preparado, a pesar de que tú le habías preguntado antes de cocinar si le apetecían las judías verdes con patatas y ciruelas pasas y ella te había dicho que sí. Pero llega el momento de comer, se irrita mucho, grita que no quiere eso y se enfada. Tú crees que hasta ese momento lo habías hecho todo correctamente. Estuvisteis genial en la piscina del barrio bañándoos y jugando a cartas. Al llegar a casa le ofreciste varias opciones sanas de comida, entre las que ella pudo elegir, e interactuasteis juntas en la cocina cuando peló las patatas contigo; luego jugó un ratito con sus dinosaurios; a continuación, os lavasteis las manos juntas y charlasteis con tranquilidad hasta que ella, al ver el plato de judías, se negó a comer.

Lo primero que tenemos que pensar es que es del todo normal que una persona quiera comer algo y que, cuando se sienta a la mesa, se le hayan quitado las ganas de comer eso. A todos nos ha pasado, es normal, sobre todo en verano, cuando parece que solo apetecen cosas frescas. Por tanto, para empezar, comprendemos que es una persona y, como tal, puede tener cambios en lo que le apetece. Además, reflexionamos interiormente y nos damos cuenta de que, hasta ahora, no hemos controlado ni manipulado, lo hemos hecho todo juntas, hemos contado con su opinión y le hemos ofrecido varias opciones y ha escogido esa; es decir, hemos tenido en cuenta sus sentimientos y derechos. Ahora que ella se ha enfadado, lo que no podemos hacer es tirarlo todo por la borda, ponernos a decir barbaridades, perder los nervios y exigir sumisión. Si hasta ahora te has centrado en sus necesidades, las has hecho bailar con las tuyas y has conseguido conectarlas entre sí, respetando a tu hija como ser humano, con paciencia y respeto, ¿por qué fallar ahora cuando está enfadada?

El enfado es una gran oportunidad para aprender no solo de ellos, sino también de nosotros mismos. En vez de llenarte de impotencia y rabia por su reacción, puedes aprender a manejar y calmar la tuya. Ahora ya no podéis preparar otra comida porque es demasiado tarde; ella eligió entre varias opciones sanas y diferentes y se decantó por esta. Debe comprender que no la puede dejar, pero sin ser juzgada ni criticada por su enfado. Podéis buscar soluciones pacíficas y coherentes con lo que está pasando, que conecten con ella y con lo que le ocurre y su motivo; decirle quizá que si quiere un platito de gazpacho fresco que sobró de ayer y unas pocas judías... Podéis encontrar entre las dos algo que le haga sentir bien, atender su enfado, pero de manera que entienda que fue su decisión. Cuando haces esto, estás dejando atrás el pensamiento de rabia, ese que te hace creer que tu hija actúa así para fastidiarte la comida, para comportarse mal, «por tocar las narices», y te acercas cada vez más a la empatía, hacia sus motivos y a la búsqueda de soluciones. De esta forma, encajaréis emocionalmente, porque no estarás inmersa en tus necesidades emocionales y en lo que a ti te invade, sino que estarás capacitada para atender las suyas.

Recordemos que el hecho de que nuestros hijos tengan intereses, ideas, motivos y sentimientos diferentes de los nuestros no quiere decir que quieran llevarnos la contraria o cargarse nuestro bienestar, quiere decir que son personas con un mundo interior vivo y con objetivos y pensamientos únicos y personales. Trabajando nuestro ego en todas y cada una de las situaciones, abriendo nuestro corazón a una vida junto a nuestros hijos en la que no convirtamos en enfrentamiento cada momento en el que tengamos emociones distintas de las de ellos, conseguiremos que esta diferencia sea en nuestro hogar tan natural como el respirar.

Nunca podemos justificar el trato incorrecto (gritos, castigos, amenazas, manipulaciones, chantajes, insultos, violencia física...) que le damos a los hijos por su comportamiento, porque con cada conducta diferente de la nuestra o de la que nos gustaría que tuvieran nos transmiten algo, un interés interno, y hay que atenderlo. En definitiva, debemos entender que nosotros somos los dueños de nuestros pensamientos y comportamientos, y que podemos modificarlos. Tenemos la potestad de aprovechar cada situación para avanzar como personas y para dar este buen ejemplo a nuestros hijos.

Si utilizamos constantemente nuestro ego para educar, si intentamos que las reacciones, actitudes, acciones y emociones de nuestros hijos y nuestras hijas se amolden a nuestras necesidades, lo que conseguiremos es que creen su personalidad en función de lo que nos parezca bien o no a nosotros como padres, algo que los marcará y que arrastrarán de por vida.

> El enfado es un regalo que nos inspira para cambiar.
>
> WILLIAM RIVERS PITT

¿Cómo transformar el ego en conexión?

Es inevitable tener días en los que los pensamientos negativos y el afán de control nos invaden. Somos personas imperfectas. Sin embargo, lo importante es saber qué hacer con estos pensamientos y emociones que imperan y nos hacen violentarnos y violentar a nuestros hijos.

Cuando deseamos controlarlos, o directamente los controlamos, nuestro ego se enciende como una llama; se activa y quiere hacerse notar cada vez más. Si, por el contrario, empatizamos e intentamos conectar con nuestros hijos y sus emociones, nuestro ego se recoloca y se siente en paz. Por ello, solo nosotros podemos elegir entre dejar el ego atrás junto a los malos pensamientos o dejarnos arrastrar por él. Todo es cuestión de unas decisiones conscientes. Si decides decantarte por cambiar la negatividad por la positividad y agradecer cada día lo que tienes y a quién, te sentirás relajado y con ganas de seguir aprendiendo para hacerlo cada vez mejor, tanto que forme parte de tu día a día como algo natural.

Para lograrlo es necesario que dispongas todos los días de tiempo para ti, un tiempo en el que estés tú solo y puedas reflexionar, pensar, tomar decisiones, permanecer en silencio, dejar el ego atrás, valorar qué aciertos has tenido ese día o el día anterior y qué errores; en el que puedas disfrutarte a ti, pidiéndote perdón si te has fallado a ti mismo y a los tuyos. Para reconectar con nuestros hijos es importante reconectar con nosotros mismos y aprender a respirar y a disfrutar de cada instante.

Cuando propongo este ejercicio diario, las madres y los padres suelen decirme que ven impensable sacar tiempo para ellos de manera individual, ya que el trabajo, los horarios laborales que no son «conciliadores» con la vida familiar, los niños y sus deberes, la casa, la comida, etc., hacen esta meta inalcanzable en la práctica. Lo cierto es que eso es un autoengaño. Todos podemos sacar tiempo para nosotros, empezando por cinco minutos diarios, para trabajar en nuestra calma mental y, por tanto, en nuestra salud, pero hay que organizarse y quererlo profunda y conscientemente. Puedes aprovechar cuando te des un baño o una ducha, o a la vuelta del trabajo en tren o en coche, pero no pongas música, has de estar solo contigo, en silencio, y con tus pensamientos. Si te paras a observar tu día a día, comprobarás que pierdes muchos minutos mirando las redes sociales, hablando con familiares e incluso viendo la televisión, y son minutos que pueden ser de oro para respirar y reflexionar sobre tus ideas y emociones, para relajarte, para transformarlos en positividad, en la búsqueda de soluciones y en plantearte cómo quieres que sea el día de mañana en cuanto a tu estado emocional.

Al tener esta cita con nosotros mismos, cada día vamos a estar más preparados para trabajar la empatía. Esta es imprescindible para apartar el ego y acercarnos a nuestros hijos; hay que practicarla sí o sí cuando ellos están sintiendo una emoción, si no, nunca vamos a zafarnos del juicio. Empatizar nunca es negativo, todo lo contrario: siempre va a ser positivo para reforzar el vínculo que estamos creando con nuestros hijos.

Ponernos en el lugar de nuestros hijos nos ayudará a ver las cosas de otra forma, de su forma, a sufrir menos estrés, a valorar soluciones que antes eran inconcebibles para nosotros en los momentos emocionalmente intensos con ellos; también nos ayudará a calmarnos y a ser amables pese a no darles la razón si pensamos que no la tienen. Simplemente, los entenderemos y nos pondremos en su lugar desde lo más profundo de los pensamientos.

Para empatizar deberemos:

- Respirar profundamente y soltar el estrés, lo que es posible gracias al tiempo diario dedicado a la reflexión.
- Escucharlos sin expresar críticas ni opiniones sobre la situación.
- Poner en ellos y en su emoción toda nuestra atención.
- Ser respetuosos y pacientes.
- No interrumpirlos.
- No pensar en el futuro ni en nada más, solo centrarnos en ese momento.
- Comprender lo que les pasa sin pensar en nosotros mismos, solo intentando entender sus emociones.
- No manipular sus sentimientos ni ideas, simplemente escuchar e intentar ayudarlos a salir del pozo.

Solo empatizando con nuestros hijos los ayudaremos a resolver sus conflictos internos y a templar sus emociones, y, por supuesto, las nuestras. Como puedes ver, la clave está en saber elegir: o vivir pendiente de tu ego, de lo que tú crees y sientes, de lo que tu mente agobiada te indica, de la negatividad que te asalta, o vivir en calma, eligiendo conectar con tus hijos y siendo positivo ante las adversidades.

> Primero comprende, para poder ser comprendido.
>
> STEPHEN COVEY

A medida que vayas desapegándote de tu ego y de querer llevar siempre la razón y, en consecuencia, de creer estar en posesión de la verdad absoluta, vas a ir experimentando tu propia revelación. Poco a poco irá saliendo sola la predisposición a no controlar a tus hijos e hijas, a entender sus emociones y enfados, aunque no los compartas, a ver la vida como el vaso medio lleno en vez de como el vaso medio vacío. Dejarás de justificarte en cada ocasión, de echar la culpa de todos tus males al resto de la gente y de autodefenderte.

Vas a vivir una metamorfosis en toda regla.

Abandona tus miedos infundados

El miedo es una emoción primaria del ser humano y está perfectamente diseñada para protegernos, para avisarnos de un peligro y que podamos zafarnos de él. El miedo es una herramienta de supervivencia. Por ello, como nos ayuda a sobrevivir, lo que experimentamos físicamente cuando tenemos miedo son sensaciones incómodas como sudores, tensión muscular, insomnio, ansiedad, taquicardias, estrés, bruxismo, alucinaciones... Vivir sin ningún tipo de miedo es imposible, y aunque solemos verbalizar que nos gustaría vivir sin miedo, debemos saber que sin él básicamente nos moriríamos, ya que nuestro cerebro no nos protegería en absoluto de ninguna amenaza.

El problema que existe socialmente con el miedo es cuando tememos cosas que en realidad no ponen en peligro nuestra vida ni nuestra integridad o bienestar, ni tampoco el de las personas que amamos. Simplemente, son temores generados en nuestra mente que suelen ir relacionados con el futuro y la incertidumbre, y que nos hacen desconectar y perder el control de lo que, de hecho, está pasando.

Con nuestros hijos e hijas, además de tener los miedos normales de cada madre/padre, aquellos relacionados con su salud y seguridad, tenemos varios miedos extra, que se convierten en miedos disfuncionales, es decir, un tipo de miedo que hace que, cuando lo estamos sintiendo, nos muestre una desproporción entre lo que ocurre en realidad y lo que sentimos. Es un miedo que nos inhibe y domina y que distorsiona la mente; por tanto, nos dificulta que podamos aprender de lo que sentimos, ya que estamos muy ocupados en sentirlo y regocijarnos en él, y, por supuesto, nos impide afianzar el vínculo con nuestros hijos de manera correcta y positiva.

El miedo a hacerlo mal como madres y como padres

Este es el miedo más recurrente, el miedo a fracasar como padres, a meter la pata y a hacerlo de manera tan incorrecta que todo el mundo nos señale y nos reitere lo malos padres que somos.

El miedo a hacerlo mal es, precisamente, el que nos hace hacerlo mal. Nos dejamos influenciar por nuestra propia presión interior, aquella que nos marcamos en función de lo que puedan pensar los demás o de aquello que la sociedad dice que debe ser. Cometemos un error tras otro porque no escuchamos nuestra voz interior, nuestros pensamientos verdaderos, nuestro instinto, lo que dentro de nosotros sentimos que debemos hacer.

Por eso, aunque tu recién nacida llora y llora porque necesita estar en los brazos de su mamá, en tus brazos, para sentirse protegida, física y emocionalmente, tú la tienes en un moisés porque ha venido la vecina a casa a visitarte y ha verbalizado: «Huy, esta niña te ha salido protestona, ¿eh? Como la cojas en brazos se va a acostumbrar mal y va a ser una niña repelente y exigente.»

Y tú no has escuchado ni a tu emoción ni a tu corazón, las cuales te están indicando con claridad que cojas a tu bebé, que os necesitáis mutuamente, que ningún bebé ni niño es exigente ni protestón, sino que esta es la manera que tiene de decirte que te necesita por una cuestión de supervivencia, porque nuestros hijos precisan de nosotros para vivir, y no solo por una cuestión básica, va mucho más allá de lo básico. Por el contrario, te pesa más lo que pueda pensar o decirte la vecina, aunque en el fondo sabes que no tiene ni pies ni cabeza, pero el miedo a que en realidad tenga razón, a ser una madre que fracase, que lleve a su niña a la deriva precisamente por cogerla y atender sus demandas emocionales te reconcome. Y en esos momentos no eres capaz de darte cuenta de que la llevarás a la deriva precisamente si no la coges.

Para poder atender de manera correcta y estar tranquilos ante las explosiones emocionales de nuestros hijos e hijas, debemos soltar estos pensamientos incómodos guiados por el miedo interior y centrarnos en conectar con ellos, viviendo el día a día sin pensar en nada más, solo en lo que necesitan emocionalmente en estos momentos, sin importar lo que puedan opinar los demás; al mismo tiempo, se ha de dejar de pensar en unas consecuencias negativas (irreales) que nuestra mente, influenciada por la forma en la que nos educaron, proyecta junto a los estigmas sociales.

El miedo a que nuestros hijos e hijas fracasen

Muchos madres y padres van rellenando su autoestima y reavivando su ego en función de los logros que consiguen sus hijos. Es muy normal ver, por ejemplo, a un niño harto de estudiar violín. Ni siquiera le gusta y tampoco es su pasión, pero, como lo hace bien, a sus padres les encanta que lo toque. O también que una niña estudie cada día seis horas diarias cuando llega a casa, a pesar de haberse pasado todo el día en el colegio y haciendo actividades extraescolares, solo para contentar a sus padres, ya que ellos así lo demandan.

El miedo a que nuestros hijos se conviertan en unas personas que «no lleguen a ser nada» en la vida, infelices y poco o nada respetuosos con el prójimo, hace que nosotros como padres no seamos respetuosos con ellos. Nos lleva a crear un mundo imaginario en el que marcamos su camino mediante exigencias, gritos y control, solo para zafarnos de este miedo que nos invade a que nuestros hijos fracasen, lo que, por ende, querría decir que como padres hemos fracasado. Es un círculo vicioso, en el que ni viven ni les dejamos vivir.

El clima en nuestro hogar no debe llevarnos a imponer o pautar la vida de nuestros hijos en función de lo que queremos para ellos, sino que debe ser un clima de respeto en función de lo que ellos necesitan y desean de verdad para su vida. Un hogar en donde no sean juzgados por sus gustos, sus enfados o sus motivaciones y en el que tengan una confianza plena para ser quienes son. Donde sientan que nadie es mejor que nadie y que todas las personas son consideradas por igual. Debemos tener en cuenta que ellos, como niños o adolescentes, están en unos procesos emocionales de desarrollo que nosotros hemos de tener superados. De este modo, los únicos que tienen derecho a expresar sus enfados y a ser guiados y acompañados en los mismos son nuestros hijos. Es obvio que nosotros, como adultos, tenemos derecho a enfadarnos, somos humanos, pero siempre que nuestro enfado no falte al respeto o aplaste los sueños de nuestros hijos.

Cuando queremos que nuestros hijos hagan siempre lo que les demandamos y ellos no cumplen nuestros objetivos, llegan a experimentar una culpabilidad muy grande dentro de sí; se sienten tristes de verdad e invadidos emocionalmente por no haber conseguido lo que su madre o padre querían. Si los padres desean que saque cinco sobresalientes y él, por más que se ha esforzado, no lo ha logrado, sentirá que pierde a sus padres, que les ha fallado, que no ha cumplido como hijo. Los que debemos cumplir como padres somos nosotros siendo capaces de dar amor, respeto, tolerancia y empatía, y de no interponer nuestros intereses a los suyos.

Para perder el miedo a fracasar hay que relajarse, hay que empezar a darse cuenta de que crear objetivos para los hijos en función de lo que a nosotros nos gustaría no es coherente ni natural. Precisamente, lo que ellos necesitan es que los acompañemos con respeto en todas sus etapas, y cuanto más apoyo y amor les demos, más alejados estarán del fracaso, pero no de tu modo de ver el fracaso, sino del suyo. Puede que tú veas como fracaso que tu hijo trabaje de adulto conduciendo un camión de la basura, mientras que otra madre lo considerará la mejor opción porque tendrá un buen sueldo, estabilidad laboral, buen horario, y por la habilidad exigida de conducir un camión, que no todo el mundo tiene. Lo importante es cómo se sienta el hijo con sus decisiones y modo de vivir, no los padres.

En la vida es cuestión de perspectivas. Se trata, pues, de que sepamos mirar por la suya en vez de centrarnos en la nuestra, ya que para llevar a cabo nuestra propia perspectiva tenemos nuestra vida, no debemos manipular la suya.

El miedo a dar demasiado amor

Cuando educamos a nuestros hijos mediante el miedo a darles libertad y cariño, es decir, presionándolos con amenazas, chantajes y castigos para conseguir nuestro propósito, ponemos en práctica una forma de educar en la que nos dan igual sus sentimientos y emociones porque nos centramos únicamente en lo que anhelamos nosotros.

Si vamos en el autobús y lloran porque están cansados, asustados o enfadados, no nos centramos en lo que les pasa y en proporcionarles ese contacto que necesitan para calmarse y recuperarse emocionalmente; no nos metemos en su mundo sin importarnos nada más, porque solo nos preocupa que podamos estar dándoles demasiada libertad y que nuestros hijos vayan a convertirse en unos seres sin escrúpulos ni normas vitales. No nos damos cuenta de que los hijos, en los buenos y en los malos momentos, solo necesitan una cosa: el amor. Si educas desde tus miedos, vas a dejar el amor totalmente aparcado, por surrealista que parezca.

Educar dejándote llevar por tus miedos irreales, con preocupaciones egocentristas que creas como madre o padre, equivale a imponer mediante la sumisión, el sometimiento y la pérdida de los nervios. No es educar desde el amor.

> El amor es el océano, el miedo es solo una gota.
>
> ISHA JUDD

Lo importante de los miedos es saber que están ahí, que los llevamos dentro y que solo nosotros mismos podemos superarlos. Los miedos, como cumplen su función, nos paralizan y nos hacen tomar medidas extremas con tal de no tener ese catastrófico resultado que nuestra mente nos muestra.

Cuando mi hijo Uriel tenía casi tres años, tuvo una convulsión febril,* algo que nosotros, como padres, no teníamos ni idea de lo que era. En ese momento, su padre llegaba del trabajo y yo estaba a punto de irme a mi centro presencial, en el que daba soporte a las familias. Estábamos despidiéndonos cuando de repente nuestro hijo, que tenía una febrícula de 37,2 grados, se desvaneció. Le cogimos y estaba con la mirada perdida, el cuerpo como un muñeco de trapo, inerte, con los labios lilas, y se escuchaba un intento muy fino de querer respirar. Nosotros lo hicimos todo mal al no saber qué estaba pasando ni conocer las medidas correctas que debíamos tomar: intentar mantener la calma, poner al niño sobre una superficie plana y estable, no moverlo, ponerlo sobre su lado izquierdo si se ve que está vomitando, no introducir nada en su boca ni darle ningún medicamento, retirar todo lo que

---

* Condición neurológica que se presenta en el 2-5 % de los niños y niñas entre 6 meses y 6 años. Son episodios benignos, más comunes en niños que en niñas, y casi una tercera parte de los niños que han padecido una convulsión vuelve a tenerla una o más veces. Es importante que los padres sepan las medidas que hay que tener en cuenta para no generar problemas donde no los hay y que visiten siempre un centro médico después de pasar una convulsión.

haya a su alrededor, soltarle la ropa del cuello si le oprime o molesta, llamar al 112 si la convulsión dura más de cinco minutos, no salir con el niño en brazos al médico sino esperar a que ceda... Pues con la convulsión febril de nuestro hijo tuvimos la sensación de que se estaba muriendo en nuestros brazos y de que no podíamos hacer nada para salvarle. Al no saber lo que sucedía realmente, actuamos desde el miedo y el terror. Bajamos por el ascensor con el niño en brazos, corrimos al coche y, al llegar al hospital, «se despertó». Después de varias horas en observación confirmaron lo que había sido y nos mandaron para casa.

Para mí esto fue un *shock* y quedó dentro de mí un miedo disfuncional, es decir, un miedo que me dominaba y que me hacía recrearme continuamente en lo que yo creía que le estaba pasando a mi hijo, que no era lo que le pasó en realidad. Este miedo hizo que me quedara anclada en él, intentado por todos los medios que no le volviera a pasar, pensando que podía morirse, aunque mil estudios científicos dijeran lo contrario sobre estos episodios. Me obsesioné con ello e intenté meter a mi hijo en una burbuja. Durante seis meses perjudiqué emocionalmente a Uriel, pues era tanto el pavor que tenía que evitaba las relaciones con mucha gente para que no cogiera ningún virus y que, por tanto, no tuviera fiebre y ninguna convulsión más. Llevaba siempre el termómetro encima y le tomaba la temperatura constantemente; imaginaba cómo sería si pasara por otra convulsión y me hacía daño a mí misma generándome un nivel de ansiedad muy grande.

Después, tuvo otra convulsión. Esta vez estaba yo sola con él. Respiré hondo, tomé todas las medidas que me habían enseñado y llamé a mi pareja para que solicitara una ambulancia, que llegó cuando Uriel ya estaba consciente. Estuve con él en observación y de nuevo regresamos a casa sin otra pauta más que acompañarle correctamente si alguna vez le ocurría de nuevo. Aquello fue un antes y un después en mi miedo infundado, pues me di cuenta de que, por mucho que yo quisiera evitar las cosas, estas serían como tenían que ser; de que, por mucho que quisiera controlar a otro ser humano (en este caso, a uno de mis dos seres humanos preferidos), no podría evitar que su desarrollo y destino fuera el que tenía que ser. Solo podía encargarme de estar, de acompañarle con todo el amor, de confiar en la vida; debía darme cuenta de que, solo amando y profesando amor a nuestros hijos, estos harán con sus vidas lo que realmente desean y se sentirán dichosos y seres bondadosos, con buen corazón, y no causarán daño ni a sí mismos ni a los demás.

No te plantees qué quieres para ellos; simplemente vive aportándoles todo tu amor y déjalos vivir, con eso basta. Jamás alguien va a volverse un ser malvado si recibe amor, empatía, respeto y tolerancia.

Educar sin controlar a los hijos y las hijas no se logra de la noche a la mañana, no es instantáneo; hay que hacer un trabajo muy intenso y diario con el propósito claro de guiar a los hijos y no de obligarlos a ser y hacer lo que nos gustaría.

> Nada en este mundo debe ser temido... solo entendido. Ahora es el momento de comprender más, para que podamos temer menos.
> MARIE CURIE

¿Recuerdas que la madre de Alejandra se enfadó con su hija y le exigió que estudiase para el examen de mates? A continuación, te explico qué hizo incorrectamente y cómo debería haber actuado de manera correcta:

Incorrecto	Correcto
La madre la instaba a estudiar hablándole a gritos y de malos modos.	Debería tratar a su hija con el máximo respeto, hablándole con amabilidad y cariño, centrándose en las verdaderas necesidades de Alejandra, y no en sus expectativas como madre. Si pensaba que tenía que estudiar por motivos que concernían únicamente a Alejandra, había todo un mundo lleno de posibilidades de mostrar respeto y afecto para hacérselo entender, como, por ejemplo, podría haberse sentado con su hija a mirar qué debía estudiar, o interesarse por las materias que le gustaban, y darle presencia, atenciones, escucha y comprensión. Los gritos y los malos modos calan para siempre en la autoestima de nuestros hijos y nos alejan cada vez más de ellos.
Se preocupaba por lo que pudieran pensar los demás de ella si su hija suspendía.	Lo que piensen los demás nos debe dar igual siempre, pero en cuanto a nuestros hijos e hijas se refiere, todavía más. No debemos educar a niños preocupados por que aprueben o suspendan, sino que debemos educar a niños que tengan la suficiente confianza en sí mismos como para saber qué quieren en sus vidas y fuera de ellas. El sistema educativo está muy mal hoy en día: siguen llenando a los niños de deberes, haciendo clases poco amenas o innovadoras, y esclavizando a los niños con evaluaciones y notas que les exigen tanto que generan un estrés muy grande en sus vidas, rebajan su autoestima y potencian sus inseguridades, cuando solo deberían dedicarse a jugar (que es como mejor se aprende) y a cultivarse como personas. No obstante, si queremos que estudien, podemos ayudarlos de muchas maneras, y, por supuesto, no hay que poner el énfasis en el resultado, sino en el proceso (investigar aspectos del examen con su hija, practicar juntas, ser partícipe de su crecimiento y su aprendizaje sin exigencias ni expectativas puestas en el desenlace del examen).

Realizó comparaciones de forma dañina para conseguir sus objetivos.	Las comparaciones no deben hacerse nunca, ya que siempre son dañinas, aunque las creamos bienintencionadas. La madre de Alejandra sabía que de este modo causaba malestar en su hija, pero, además, ella consideraba a la compañera de su hija mejor que su propia hija. Hay que trabajar profundamente en un cambio de mentalidad, en la que dejemos de imaginar cómo nos gustaría que fuesen nuestros hijos e hijas y nos centremos en cómo son, en vivir el ahora junto a ellos y olvidarnos del resto. No hacía falta nombrar a esta compañera ni hacer alusión a ninguna otra persona.
Utilizó gestos violentos y tiró además las cosas de Alejandra al suelo.	La violencia solo genera más violencia. Si somos violentos con nuestros hijos, iremos produciendo en su interior (en función de su personalidad o circunstancias) violencia, agresividad, rabia interior, miedos, sumisión, etc. Nunca hay que utilizar la violencia ni en los gestos, ni en las palabras, ni en las formas con los hijos. La madre de Alejandra debería conocer sus emociones en profundidad, saber por qué se comporta así y ser capaz de ponerle freno a sus maneras. Nadie debe cargarse con nuestras frustraciones, rabia o nervios, somos nosotros quienes podemos ponerles remedio.
La madre solo recuperó la calma cuando se cumplieron sus expectativas de que su hija se pusiera a estudiar.	Nuestra calma no puede depender de lo que hagan las demás personas; nuestra calma depende únicamente de nosotros. Lo más importante, además, sería no haberse marcado ninguna expectativa para con su hija; la única expectativa que deberíamos tener con nuestros hijos, en caso de tenerla, sería que fuesen felices y libres siendo ellos mismos.

Sus padres solían amenazar a Alejandra con asiduidad.	Las amenazas van disminuyendo la capacidad de decisión de las personas cada vez más, y crean ansiedad, miedos y desconfianza. Los padres de Alejandra deberían convertir las amenazas en vínculo, aprender a comunicarse mediante la tranquilidad, desarrollar la comprensión hacia la necesidad emocional de sus hijas, con amor incondicional, y darse cuenta de que la vida debe vivirse disfrutando y con afecto, no creando relaciones tóxicas dentro de un mismo hogar.
A Alejandra nadie la acompañaba a su cama un rato antes de dormir.	Alejandra se había acostumbrado a estar sola, a vivir sola sus emociones, a buscar medios para intentar entenderse y consolarse. Uno de los momentos que se recuerdan siempre y que nos llenan de fuerza y de sensaciones positivas es, precisamente, cuando los padres acompañan a sus hijos a la cama, los abrazan, besan, escuchan, comparten momentos relevantes de su día a día, se quieren y comprenden. Nada hay de malo en estar con los hijos hasta que concilian el sueño; todo lo contrario, solo tiene beneficios para su desarrollo emocional y, por tanto, psicológico. Los padres de Alejandra deberían saber ver el corazón de su hija, en vez de estar tan llenos de rencor, desconexión y falta de lucidez en cuanto a la manera de educar (y de vivir).

En este capítulo hemos aprendido...

- Cuando nuestros hijos se encuentran invadidos por sus emociones, lo que necesitan es una guía adulta, su madre o su padre, concreta y especialmente, que les aporte serenidad, lucidez, apoyo y calma, no que desee con todas sus fuerzas que se callen ya y que paren su emoción de una vez.

- La disciplina y la obediencia nunca es positiva para los hijos, ni siquiera en forma de métodos supuestamente benévolos, ya que el objetivo sigue siendo el mismo: querer cambiar lo que hacen, dicen y sienten los hijos en vez de dejarles hacer, decir y sentir lo que necesiten. Es decir, se trata de guiarlos siempre desde la comprensión, la aceptación y el no juicio.
- Es esencial para dejar de controlar a los hijos y las hijas ser conscientes de que este cambio es necesario para todos los miembros del hogar.
- Nuestra meta no debe ser que los hijos hagan lo que nosotros queremos, sino que puedan conocerse a sí mismos y tomar sus propias decisiones.
- Es imprescindible, como adultos, identificar nuestras emociones, ponerles nombre, saber qué nos pasa y el motivo, y, ante todo, controlar nuestras reacciones.
- Los adultos debemos adaptarnos a las situaciones de los niños y no pretender que sean ellos los que se adapten al mundo adulto.
- Hay que aprender a saborear el presente, a vivir en el ahora.
- El ego que tenemos de adultos es la herencia directa de que nos hayan educado mediante el control, y sin atendernos emocionalmente, al habernos juzgado, castigado, gritado y sin tener nuestras necesidades reales cubiertas.
- La empatía es imprescindible para apartar el ego y acercarte a tus hijos. Nunca es negativa, todo lo contrario, siempre va a ser positiva para reforzar el vínculo que estamos creando con nuestros hijos.
- El miedo a fracasar como padres es el miedo más recurrente.

- Lo importante de los miedos es saber que están ahí, que los llevamos dentro y que solo nosotros mismos podemos superarlos.

Además de las matemáticas, a Alejandra le encantaba el baloncesto, era su pasión. Jugando se sentía libre, alegre y agradecida. Conectaba muy bien con todas las niñas de su equipo; había compañerismo, risas y lealtad.

Con trece años, ya hacía un año que tenía la menstruación, pero para ella era una enorme desconocida: solo le habían explicado que debía ponerse una compresa y tirarla a la basura durante esos días que se repetirían cada mes, pero nada más; no sabía por qué, ni cómo, ni su funcionamiento. En su casa era un tema prohibido. Su madre y su hermana se comportaban como si ni existiese y su padre solía decir: «La regla da asco. Si alguna de las tres mancháis algo con sangre u os olvidáis las compresas, va a haber bronca de las gordas...»

En su soledad, Alejandra pensaba que le gustaría entender su cuerpo y sus procesos, pero ni la información que le aportaban en el colegio aclaraba sus dudas ni el profesor de ese año quería hablar del tema. Más de una vez intentó coger un libro en la biblioteca, pero la bibliotecaria no dejó que lo sacara porque decía que «era de mayores». Así que iba guardando en su cabeza las distintas indagaciones que realizaba sobre el tema con sus amigas y familiares.

Una tarde, después del entrenamiento, llegó a casa diciéndole a su madre que necesitaba un sujetador especial para hacer deporte, porque ya tenía mucho pecho y no se sentía cómoda; incluso a veces sentía dolor por los movimientos que realizaba o los pequeños golpes que recibía durante el juego. También había sufrido comentarios ofensivos por parte de los niños que entrenaban justo en la pista de al lado, y que eran un par de años mayores que ella: «¡Cómo te botan! ¡Corre, sigue corriendo!»

Ella no quería por nada del mundo dejar de jugar al baloncesto por sentirse incómoda, y mucho menos quería ser objeto de risas y miradas obscenas por parte de los chavales.

—¡Pero, niña, lo que me faltaba por oír, un sujetador especial! —la increpó su madre, con una carcajada sonora y sincera—. ¿Has oído, Paco? La niña nos ha salido tiquismiquis, y encima se queja de que los niños le miren las tetas... Dentro de poco querrás que lo hagan, así que no te quejes, que ya tienes más suerte que tus amigas, esas que parecen tablas de planchar —acabó diciendo.

—Mira, ya es suficiente con que te deje ir a baloncesto, pues ganas me dan de borrarte y gastar el dinero en clases de matemáticas, ¡porque menudas notas traes siempre! No hay más que hablar, no hay sujetador que valga —señaló su padre con voz elevada y ruda.

Pocas veces Alejandra exponía abiertamente lo que sentía; siempre lo hacía a solas, ya que desde muy pequeña le habían enseñado a guardar sus emociones en un cajón dentro de su corazón y nunca la habían escuchado, atendido o comprendido. Ese día, se fue a su habitación rápidamente, cerró la puerta con fuerza y soltó la mochila contra la pared con gran potencia. Notaba que su corazón le iba muy deprisa, que la rabia se le acumulaba en las orejas, y apretó con fuerza los dientes.

—Esta vez sí —dijo en voz alta—, esta vez toca decirles a la cara las cosas. —Salió de la habitación respirando sonoramente como un toro al que condenan a muerte, cerró sus manos en forma de puño, entró en el salón y casi gritando dijo—: ¡Estoy harta, harta! No pensáis en mí jamás, os reís de mí, pasáis de mí, no os preocupáis por mí... ¡No os importo nada! ¿Por qué me tuvisteis? Solo necesito una mierda de sujetador que seguramente cueste menos de lo que os gastáis en tabaco o en cremas para las arrugas, pero no, también esto os hace gracia. ¿Cuándo vais a cambiar? —Las lágrimas brotaban de sus ojos y le caían claras por las mejillas.

Sus padres siguieron cenando; masticaban de manera exagerada mientras miraban la televisión. Su hermana todavía no había llegado. Alejandra tenía la esperanza de haber tocado un poquito el sentido común de alguno de ellos dos, pero sospechaba mal.

—Te vas a ir a tu habitación y vas a acostarte sin cenar. No quiero ni que pases por el baño, y si te meas, te aguantas. Lo que acabas de hacer es faltarnos al respeto, y si no te pego es porque no tengo ganas de levantarme; si no, te aseguro que te daba una hostia bien grande —dijo Paco.

—No vas a tener sujetador de deporte ni ahora ni nunca, y ya puedes empezar a rezar, porque como me cabrees más, te borro del dichoso baloncesto —aseguró su madre.

Ella pasó de derramar lágrimas de frustración a hacerlo de tristeza. Entró en su habitación, bajó la persiana por completo y abrazó fuerte a su peluche favorito. Se acostó en la cama y cerró los ojos apretando sus párpados.

Oscuridad, sentía que solo necesitaba oscuridad.

3

El Acompañamiento Emocional®: la clave de todo

> Lo opuesto del amor no es el odio, sino la indiferencia ante los sufrimientos ajenos.
>
> ELSA PUNSET

Aprender a acompañar

Ya en 1890, William James, profesor de Psicología de la Universidad de Harvard, confirmó mediante sus investigaciones que el cerebro emocional de las personas está diseñado tanto para dar como para recibir afecto, y que, por tanto, constituye una parte esencial para que nuestro organismo pueda sobrevivir, ya que las emociones nos comunican diferentes informaciones que nos incumben y protegen, y de esta manera nuestro cuerpo saca estas comunicaciones al exterior. Es decir, si sentimos tristeza porque hemos perdido a nuestro perrito, el cerebro emocional se encarga de avisarnos de esta emoción que sentimos, y la misma invade todo nuestro ser. No podemos alejar la tristeza, tenemos que vivirla y sentirla, ya que eso es lo que nos pide el cuerpo.

Es preciso sacar las emociones al exterior, no hay que reprimirlas. Hay que expresarlas de un modo con el que no hagamos daño a nadie, pero debemos expresarlas, al fin y al cabo.

Hay pocas cosas que saquen más de quicio a las madres y los padres que los hijos tengan enfados o explosiones emocionales. Cuando ellos sienten y se expresan, no lo soportamos y hacemos todo lo que podemos para evitar que exterioricen lo que sienten; los reprimimos de todas las formas que hemos aprendido de nuestros padres y de nuestro entorno: los castigamos, les gritamos, los ignoramos, los chantajeamos, los premiamos si consiguen frenar sus emociones e incluso hay quien les pega para que pongan fin a aquello que manifiestan. Y, lo que es peor, lo hacemos creyendo que es lo correcto.

Es imprescindible aceptar que nuestros padres cometieron el error de reprimir nuestras emociones; debemos dejar de idealizarlos, justificarlos o ponerles la etiqueta de que fueron perfectos.

Nuestra madre y nuestro padre lo hicieron lo mejor que supieron, sí, es cierto. Y es que cada persona actúa según el momento vital en el que se encuentra; por tanto, hace, dice o toma decisiones en función de este momento, de sus conocimientos, de su madurez emocional, de los patrones adquiridos, de sus experiencias pasadas y presentes, etc. Es totalmente normal. Sin embargo, no tenemos que quedarnos anclados en esta fase y debemos ir más allá para lograr entender qué estuvo bien y qué carencias hubo, y así poder comprender y amar nuestro pasado y vivir de forma plena el presente.

La aceptación de nuestro pasado emocional es esencial para poder conectar con nuestros hijos y ofrecerles lo que de verdad necesitan para su óptimo desarrollo emocional y, por tanto, cerebral.

Todos queremos a nuestros padres y lo haremos siempre; eso es lo bonito de ser hijos, que en todas las ocasiones comprendemos el proceso en el que se encontraban en ese momento, entendemos sus errores, los olvidamos y los seguimos amando profundamente y verbalizamos que, sin duda, los amaremos eternamente. ¿Por qué no aprendemos a hacer lo mismo con nuestros hijos y nuestras hijas, educando de un modo en el que todos aprendamos de todos y superemos juntos las adversidades?

Cuando trabajo con mis alumnas y alumnos, madres, padres y también profesionales, les expongo que si hay una parte crucial en este camino de cambio emocional es precisamente la de aprender a poner en práctica el Acompañamiento Emocional Edurespeta®: este es el punto de inflexión más importante.

Acompañar a los hijos en sus emociones es justamente saber estar ahí cuando ellos están sintiendo y expresando. Ya que, cuando esto ocurre y están enfadados, rabiosos, tristes, celosos, frustrados..., lo que necesitan es sentirse seguros de que nadie va a juzgar ni a cohibir lo que expresan, porque es lícito y humano tener una emoción. Y como padres debemos darles esa compañía tolerante, amable, amorosa, delicada e incondicional que ellos precisan en ese instante, sea cual sea el motivo de su enfado o rabia, estemos de acuerdo con el mismo o no.

Cuando ellos están pasando por alguno de estos momentos, solemos creer que se portan mal, que nos están retando e incluso manipulando. No somos capaces de ver más allá de nuestra propia impotencia, de valorar que tienen las emociones que necesitan tener, que no quieren hacernos daño ni llevarnos la contraria, que solo perciben emociones como seres humanos que son. Nuestra frustración al verlos sentir es mucho más poderosa que nuestra conexión con ellos, y ese es un indicativo de que seguimos siendo inmaduros emocionalmente, de que el hecho de que nos reprimieran de pequeños no nos enseñó el mundo de las emociones, solo nos dio las pautas para seguir desconociéndolas.

Esto debe cambiar por el bien de nuestros hijos, ya que el cerebro emocional no solo se encarga del bienestar psicológico, sino también del fisiológico. Recientes estudios indican que el sistema límbico ejerce un gran poder sobre el corazón, en las hormonas, en la tensión arterial e incluso en el sistema digestivo, entre otros. Para tener un buen bienestar necesitamos expresar las emociones, no reprimirlas.

Pero también debemos cambiar por nuestro propio bien: al acompañar las emociones de nuestros hijos, aprenderemos a conocer las nuestras, algo que nos ayudará a gestionarlas y a utilizarlas correctamente. Y, por supuesto, nos permitirá ser los padres que en realidad queremos y necesitamos ser.

El vínculo entre padres e hijos es el vínculo más fuerte que tenemos y que tendremos como seres humanos; ningún otro dejará una huella similar en nuestra vida, no será equiparable a nada.

Cuidémoslo.

> Los hijos no son el juguete de los padres, ni la realización de su necesidad de vivir, ni sucedáneos de sus ambiciones insatisfechas. Los hijos son la obligación de formar seres dichosos.
>
> SIMONE DE BEAUVOIR

La identificación de las emociones

En una ocasión, una madre solicitó una sesión individual online conmigo urgentemente. Era una tarde de primavera y me dijo que era muy grave y que por favor debíamos reunirnos. Realmente me asusté y cambié mi agenda para poder atenderla. Cuando nos encontramos, tuvo que explicarme todo lo sucedido la tarde anterior con su hija para, según ella, ponerme en situación.

Lo que me expuso y sobre lo que le urgía una solución fue lo siguiente (el nombre de la protagonista está cambiado para preservar su intimidad):

> Íbamos caminando por el paseo de la playa; por fin hacía algo de buen tiempo, que ya tocaba. Podría haber sido un rato agradable y relajado para mi marido y para mí, pero lo cierto es que se convirtió en un verdadero infierno. Mi hija Amaia, de tres años, se negaba absolutamente a todo: si queríamos ir hacia un lado, ella quería ir hacia el otro; nos retaba, nos llevaba la contraria y, cabezona como ella sola, se empeñó en ir a la arena del mar a jugar cuando le dijimos y le explicamos con amabilidad que solo iríamos a pasear.
>
> Nada nos sirvió, siguió llorando, pataleando y gritando. La

guinda del pastel fue cuando mi marido la cogió en brazos y ella le pegó una torta en la cara. Aquí a él se le acabó la paciencia y se la devolvió, y la verdad es que a mí me gustó que lo hiciera, ya estaba bien de tanta tontería y tanta mala educación. Claro, la gente que paseaba a nuestro alrededor nos miraba como diciendo «menudos padres, qué malcriada la tienen», y la verdad es que tienen razón.

A veces dudo de si deberíamos haber sido padres, de si no estaríamos mejor solos; así podríamos pasear por el mar, sin agobios ni tonterías, las veces que quisiéramos.

Claramente, lo que esta mamá necesitaba para sentirse mejor era descargar toda la frustración, rabia y desconcierto que le habían causado las emociones de su hija el día anterior. A pesar de que cuando llegaron a casa obligaron a la niña a pedir perdón e intentaron explicarle que no estaba bien reclamar algo a sus padres con insistencia cuando ellos ya le han dicho que no, la acostaron lo antes que pudieron para poder ver una serie, estar solos y rebajar la tensión. Seguían pensando que tenían razón, que les había tocado una niña tozuda y difícil y que debían ir poco a poco «moldeándola».

Por supuesto, la actitud de estos padres fue del todo contraria a lo que su hija precisaba emocionalmente y a lo que ellos, como padres, necesitaban. Ante esta o cualquier otra situación con su hija en la que ella tuviera diferentes opiniones, objetivos, necesidades e intereses, lo primero que deberían haber hecho, centrándonos en el acompañamiento emocional, es identificar sus propias emociones para poder entender a su hija y proporcionarle así el equilibrio que suplicaba (aunque no lo veamos aparentemente). Y, por supuesto, también para tranquilizarse como adultos, reflexionar y ser conscientes y no empezar a ver determinadas actitudes donde no las hay, así como para evitar juzgar a su hija, etiquetarla y distanciarla de ellos.

Identificar tus emociones consiste precisamente en saber ponerles nombre, en lograr captar qué te pasa y por qué, en exprimir la información que te dan a través de tus pensamientos y reacciones corporales. Eso sirve para poder situarlas donde deben y no dejar que te dominen y que nublen la empatía que deberías tener hacia tus hijos. Permite, asimismo, conectar con lo que les está pasando a tus hijos, lograr ver a través de sus ojos, acompañar sus emociones y ayudarlos a buscar soluciones (si es que hay soluciones viables) a lo que les pasa una vez que se han recuperado de su emoción, después de que nos hayamos dedicado a acompañarlos sabiendo estar, manteniendo la cordura y la compostura en todo momento. Los niños necesitan que nos sincronicemos y que conectemos con ellos y sus emociones, así como ser tratados correctamente, con respeto y amabilidad, como seres humanos que son. Nuestros hijos nunca expresan sus emociones porque sean caprichosos, cabezones y quieran retarnos; simplemente, son personas en pleno desarrollo cerebral —y por tanto emocional— que sienten emociones, que las viven con todas las partes del cuerpo, que no las entienden ni las conocen realmente, y que lo que necesitan es alguien que los abrace en esos momentos y que sepa enseñarles qué son y por qué existen en el cerebro.

Aprenderemos muchas más técnicas sobre autocontrol adulto y la puesta en práctica con los hijos en capítulos posteriores. No obstante, es importante saber que, para identificar la emoción, deberías seguir este esquema:

- Reconocer que tu cerebro ha captado la emoción, que empiezas a experimentarla y, por ende, aceptarla: está en ti.

- Ponerle nombre a la emoción: ¿qué es lo que sientes?
- ¿Cuál es el motivo de tu emoción, por qué sientes lo que sientes?
- Cuáles son las indicaciones de tu organismo: qué señales corporales vas experimentando (palpitaciones, sudor, lágrimas...).
- ¿Qué pensamientos dañinos te vienen a la cabeza?
- Cambia estos pensamientos dañinos por positivos.
- Acompaña la emoción de tu hijo o hija.

Aunque ahora te parezca imposible, tienes que hacerlo en un momento emocionalmente intenso de tus hijos. No debes irte a otro lugar a no ser que veas que vas a perder los nervios de una manera muy imprudente y creas que es mejor irte que quedarte, pero esto ya no te pasará gracias al camino que ahora estás emprendiendo. Así, debes respirar y centrarte en la identificación con la única ayuda de tu cuerpo y de la mente. Intenta también practicar en todos los momentos en los que te desbordes de tu día a día para ir perfilando esta habilidad que tantas alegrías va a darte.

Al final del día, procura escribir todos los momentos en los que te has visto desbordado con tus hijos y responde a las preguntas: ¿qué emociones se repiten constantemente en la relación con mis hijos? ¿Qué pensamientos he tenido hoy en las diferentes ocasiones? ¿Cuál era la situación exacta? ¿Qué acciones me hubiese gustado en ese momento hacer, pero he logrado manejar la situación y no realizarlas? ¿Qué estaba experimentando mi cuerpo y cómo lo he reconducido? ¿Qué reflexión sobre mí mismo obtengo de mi comportamiento emocional de hoy con mis hijos?

> Amar no es solamente querer, es sobre todo comprender.
>
> Françoise Sagan

Como sabes, las emociones nos aportan información y nos dan el aviso de que hay algo que incumbe a nuestro bienestar; tienen el objetivo de garantizar nuestra seguridad en todos los sentidos, anunciándonos diferentes situaciones o amenazas. Nos protegen también socialmente de los males que puedan hacernos las demás personas, así como también se ocupan de que podamos integrarnos y conectar con otros seres humanos, de que empaticemos con el otro, y este con nosotros.

Aunque se siguen haciendo investigaciones sobre las emociones y la repercusión que tienen en los seres humanos, ya podemos afirmar que pueden clasificarse en dos grandes categorías (además de otras subcategorías): las emociones primarias y las secundarias.

Las emociones primarias son básicas y fundamentales para el ser humano, imprescindibles para una salud óptima. Por ejemplo, cuando muere un ser querido, sentimos tristeza. Es la emoción primaria que llega a nuestro cerebro; reconocemos qué nos pasa y lo sabemos sin dilación y así lo expresamos corporalmente, pues necesitamos exteriorizar la tristeza en todo su esplendor, y, aunque somos conscientes de que nunca más estaremos con la persona amada, aprendemos a llevar su recuerdo en nuestro corazón y a seguir viviendo. Estas emociones vienen y se van en un período de tiempo corto, pero hay ocasiones en las que una misma emoción primaria permanece mucho tiempo en nosotros, incluso años, y eso significa que ya nos está generando un malestar en nuestra salud, por eso hay que trabajar por superar ese estado anímico. Siguiendo el ejemplo anterior, esto se produciría si tu tristeza profunda por el ser querido se alargara en el tiempo, si no vivieras feliz ni con su recuerdo y la tristeza no te dejara vivir.

Las emociones secundarias, a grandes rasgos, son esas emociones que experimentamos a raíz de otra emoción. Esto suele pasar en personas que no conocen en absoluto sus emociones y que se han acostumbrado a esconder lo que realmente sienten. En consecuencia, las emociones secundarias salen a flote incluso haciendo creer a la persona que esa es la emoción primaria, y no la que oculta. Este mal lo padecemos casi todos debido a que hemos reprimido o moldeado nuestras emociones en función de lo que se nos pedía como niños o adolescentes en ese momento. Una emoción secundaria sería, por ejemplo, cuando una hora antes de que te toque presentarte al examen de conducir práctico, empiezas a hiperventilar, tienes ansiedad y necesitas relajarte, respirar, ser atendido... Esta ansiedad está ocultando la emoción primaria, que es el miedo: tienes miedo de que tu examen vaya mal y por eso llega la ansiedad. Lo que se debe hacer en estos casos es conocer e identificar en profundidad las emociones primarias, saberlas nombrar, atenderlas cuando surjan y sincerarnos con nuestro interior. De esta manera, no llegaríamos a tener tantas emociones secundarias, las cuales además se interponen en nuestras relaciones sociales y, por supuesto, en la relación con los hijos.

Para poder empezar a realizar el trabajo de identificar nuestras emociones, debemos aprender más sobre las primarias, pues con ellas podremos avanzar personalmente y en el acompañamiento emocional a los hijos. Las teorías no se ponen muy de acuerdo con el número de emociones primarias que hay. Daniel Goleman,* en 1995, consideró que había ocho emociones primarias, y muchos son los que se le unen en esta afirmación. Estas emociones son: alegría, enfado, tristeza, miedo, amor, vergüenza, ira y sorpresa.

Otros investigadores insisten en que son seis: miedo, asco, alegría, tristeza, sorpresa e ira. Sin embargo, hay estudios recientes de la Universidad de Glasgow, en Reino Unido, que insisten en que las emociones primarias son solo cuatro: miedo, ira, alegría y tristeza, y de ellas se extraen muchas secundarias.

Creo que es importante que sepamos qué significa cada emoción, en función de las ocho emociones básicas de Goleman, para tener más información emocional que nos ayudará en este proceso de autoconocimiento:

1. *Alegría*: Emoción con sensaciones agradables que expresamos físicamente, entre otras cosas, hablando con un tono de voz más alto y gesticulando con más intensidad. La alegría nos ayuda a lograr el bienestar psicológico y, por tanto, nos protege y nos cuida. Nos enlaza con la felicidad más profunda. A mí me alegra profundamente ver jugar en el mar a mis hijos, me siento agradecida y valoro la vida. Ellos también están alegres jugando libres en el mar.

    Ahora plantéate: ¿cuándo estás alegre? Y tus hijos, ¿cuándo están alegres?

---

* Psicólogo norteamericano que hizo popular el término «inteligencia emocional» (ya había habido este tipo de definiciones a lo largo de la historia en lo referente al estudio de las emociones) con su libro del mismo título. Él indica, entre otras cosas relevantes, que a ninguna persona le sirve un coeficiente intelectual alto si no tiene una óptima inteligencia emocional, ya que esta es la base de todas las relaciones.

2. *Enfado*: Cuando te enfadas tu cerebro se cree atacado, siente que ha habido una ofensa contra tu persona y hace que te disgustes. Solemos echar la culpa de nuestro enfado a otra persona, pero en realidad esta emoción responde a algo que esperabas que fuera diferente y no ha sido así. Con nuestros hijos nos ocurre continuamente: planteamos expectativas hacia ellos; nos hacemos una idea de cómo deberían ser las cosas, sus acciones y actitudes, y si no son como hemos imaginado, nos enfadamos. El enfado se reactiva con el cansancio o el calor. Yo suelo enfadarme cuando por enésima vez olvido guardar algo en lo que he estado trabajando en Word y eso comporta que tenga que volver a hacerlo y que ello me robe tiempo para estar con mi familia. Mis hijos se enfadan por no poder comerse otro helado después de haberse comido ya uno enorme que les compró su abuela.

    ¿Por qué te sueles enfadar? Y tus hijos, ¿qué motivos suelen tener? ¿Los motivos de tu enfado tienen que ver con tus hijos? ¿Y los suyos?

3. *Tristeza*: Es una emoción visceral y que todos reconocemos fácilmente, es el dolor que sentimos ante una pérdida. Dependiendo del vínculo con la persona a la que hemos perdido (o con algo que hayamos perdido), será más intenso o menos. Es una pena que nos atraviesa. Cuando estamos tristes, nuestra alegría se apaga y solemos llorar si dejamos que la emoción se exprese en libertad. A mí me entristeció perder a mi tío cuando él solo tenía treinta y tres años, me desgarró por dentro su pérdida, que hizo que mi primo de dos añitos se quedara sin padre. A mis hijos les entristece cuando mi hermana se va después de haber pasado un fin de semana con ellos, por ejemplo.

¿Qué te provoca a ti tristeza? ¿Y a tus hijos? ¿Qué necesitas en esos momentos?

4. *Miedo*: Tu cerebro te avisa de una amenaza, de que hay algo que te pone en peligro y que debes evitar a toda costa. Las sensaciones son desagradables y las experimentamos con todo nuestro cuerpo. El miedo nos ayuda a sobrevivir. Como ya vimos, hay miedos imaginarios que lo que hacen es anteponerse entre la vida que deseamos vivir y la que en realidad vivimos. Yo siento miedo cuando mis hijos tienen fiebre y no sé qué se la causa; el miedo a perderlos me invade y no me deja actuar con razonamiento y tranquilidad. A mis hijos les dan miedo las personas extrañas que invaden su intimidad, les piden que los besen o se acercan a tocarlos (cosas que, obviamente, no permitimos y les enseño a no permitirlo).

¿Cuándo sientes miedo? ¿Y tus hijos? ¿Te ha dominado alguna vez el miedo y no has sabido llevar correctamente la situación?

5. *Amor*: El amor es tan intenso e importante en la vida de los seres humanos que, al definirlo como una emoción básica, a mi entender, nos quedamos cortos, pero al ser algo que llega a nuestro cerebro en forma de emoción suele ser catalogado como tal. El amor se ocupa de que aseguremos nuestra especie, y, aunque hay diferentes tipos de amor (ya que no es lo mismo el amor que sentimos por nuestros hijos e hijas que por una pareja o una amistad), los beneficios para el organismo son los mismos: rebaja los niveles de estrés; ayuda a nuestra capacidad de resiliencia; es positivo para las hormonas, el ritmo cardíaco y la calidad del sueño... El amor y la alegría nos permiten entender lo que es la

felicidad plena y profunda. Yo siento amor por mis hijos y ellos sienten amor por mí, sin condiciones ni contratos, amor por amar, biología pura.

Y tú, ¿a quién amas? ¿Y tus hijos?

6. *Vergüenza*: La vergüenza es una emoción puramente social. Solemos sentir vergüenza cuando efectuamos algo que nos hace ser juzgados socialmente y lo que queremos es ser aceptados. Los niños suelen sentir vergüenza muy a menudo, ya que se encuentran a diario con discursos de sus padres en los que les hacen sentirse mal o culpables de no haber hecho lo que estos querían o no haberse comportado como los adultos deseaban. Esto es muy injusto. La vergüenza se debe sentir, como cualquier otra emoción, cuando sea necesaria de verdad, no como una emoción añadida en función de lo que otro requiera de ti. Yo he sentido vergüenza cuando, por ejemplo, al ir a coger el tren y subir la escalera de mi vagón, me he tropezado y caído delante de todas las personas que acababan de subir y que me miraban con cara de incredulidad, sin atisbo de empatía, puesto que era la única que se había caído y no pertenecía al grupo (para ellos, yo debía de ser «muy torpe»; eso es lo que pensé yo). Mis hijos sienten algo de vergüenza cuando están con niños que hablan otro idioma y ellos tienen que poner en práctica lo que saben ayudándose de mímica, juegos o sonidos. Todos conocen el idioma menos ellos; no obstante, pierden la vergüenza rápido y el nuevo grupo los acoge pronto y esa forma de comunicarse se convierte entonces en una parte más de su amistad.

En realidad, si ganáramos más en autoestima y en respeto de todos y para todos, la vergüenza se manifestaría solo en momentos en los que efectuamos algo que social y humanamente es, en verdad, incorrecto (como dejar basura en la playa o mostrar prejuicios hacia una persona por tener un color de piel diferente del nuestro) y no por lo que los demás crean que debes o no debes hacer, siendo así sumiso y frenando tu libertad. Siempre que no hagas daño a nadie ni te lo hagan a ti, sé libre para obrar como realmente te pida el corazón (la emoción y la razón).

Y tú, ¿cuándo sientes vergüenza? Y a tus hijos, ¿les has visto alguna vez sentirla?

7. *Ira*: Esta emoción también se encarga de protegernos de las amenazas, pero el cerebro nos invita a expresarla con agresividad. Queremos defendernos de esa injusticia o ataque que creemos que se está perpetrando hacia nuestra persona. Esta emoción sale hacia el exterior de manera normalmente agresiva (o muy agresiva) y nos hace daño a nosotros mismos y a los demás. A mí, la ira me ha inundado cuando estoy con mi hija dándole de mamar sentada en el paseo marítimo del pueblo donde vivo y viene alguien a sentarse a fumar justamente al lado, sin tener ni una pizca de empatía. Mis hijos sienten ira cuando nos tenemos que ir de casa de sus primos, aunque están disfrutando juntos, porque ya es tarde.

¿Has reflexionado sobre los motivos por los que te invade la ira? ¿Y a tus hijos? ¿Crees que has causado alguna vez daño a alguna persona, incluidos tus hijos, mientras expresabas esta ira?

8. *Sorpresa*: Se caracteriza por ser la reacción que tenemos ante algo que no esperamos, una cosa que es nueva para nosotros. Es la emoción que antes se va de nuestro

cuerpo, en el momento en que el cerebro ha procesado la nueva información. La sorpresa se expresa gritando, aplaudiendo, abriendo mucho la boca... Ayuda al organismo a poner en marcha los procesos de memoria y de organización de la información, ya que la reorganiza. A mí me ha sorprendido la asistencia a alguna conferencia mía de seres queridos que viven lejos, y que vinieron y compartieron conmigo ese acto sin yo esperármelo. Me sorprendí y me emocioné, pero enseguida me habitué a que estuvieran allí. Mis hijos se han sorprendido ante, por ejemplo, un viaje sorpresa a Teruel para recorrer toda la ruta sobre los dinosaurios, y que fue maravilloso.

¿Qué situaciones te han sorprendido últimamente? ¿Y a tus hijos?

> Siento, luego existo.
>
> Anónimo

No hay que tener miedo a sentir emociones, sino que hay que reconocerlas, reflexionar sobre ellas y transformarlas si es necesario para nuestro bienestar psicológico y el de las personas que nos rodean.

Ahora que las conoces, debes saber poner nombre a tus emociones cuando las estés sintiendo. Teniendo en cuenta todo lo que ya sabes y la gran cantidad de denominaciones que existen dentro de cada una de ellas, cuanto más preciso seas, mejor conocimiento y conciencia tendrás acerca de lo que sientes, y antes podrás transformar una emoción en otra reflexionando sobre lo que te pasa y el motivo; gracias a ello, podrás hacerles a tus hijos un mejor acompañamiento. Estas denominaciones son, entre otras:

Alegría	Felicidad, agradecimiento, alivio, esperanza, satisfacción.
Enfado	Rencor, odio, celos, envidia, inquietud.
Tristeza	Pesimismo, abandono, desesperación, culpa, melancolía.
Miedo	Nerviosismo, ansiedad, humillación, pánico, susto.
Amor	Cariño, deseo, añoranza, afecto, compasión.
Vergüenza	Falta de libertad, sensibilidad, pena, arrepentimiento, preocupación.
Ira	Frustración, amenaza, furia, agresividad, desconfianza.
Sorpresa	Asombro, desilusión, perplejidad, confusión, impresión.

En el caso de Amaia, la niña que se enfadó porque quería jugar en la arena de la playa, sus padres, en primer lugar, deberían haber pensado en todos a la hora de decidir qué hacer, teniendo en cuenta también la opinión de su hija y su criterio, tan válido como el de sus padres. Este simple hecho podría haber evitado el conflicto familiar y se habrían dado una gran lección: en una familia todas las opiniones son fundamentales, y la voz de los niños es tan importante como la nuestra o más, si cabe, ya que son personas en desarrollo. Recuerda que en la infancia están todas las bases de nuestra existencia adulta, de nuestras emociones y relaciones.

Si Amaia ha dicho que no, que solo quiere ir a pasear (y los padres van preparados para pasear únicamente), y una vez allí se enfada porque quiere meterse en el mar, quizá lo primero que deben plantearse los padres es si esto es posible, sin miedo a decirle que vale, que van a jugar, pues esto solo indicará que escuchan a su hija, que se dan cuenta de que es un ser humano con derecho a cambiar de opinión cuando ve las cosas en vivo y en directo y que, si no hay nada de malo en ello, se puede hacer.

En cambio, puede que se den cuenta, cuando su hija hace esta petición, de que la arena está mojada y no han ido preparados para ello (lo que supondría quedarse húmedos a las ocho de la tarde y sin ropa de recambio a veinte kilómetros de casa en coche). En este caso, pueden ofrecerle una alternativa, como ir a jugar a algún parque, sentarse en un banquito en el paseo y jugar a algún juego que hayan llevado, comprar un helado o colorear en una libreta (en las salidas con niños, siempre hay que ir prevenido con juguetes varios, colores, una libreta, algún juego de mesa, algo que no ocupe mucho, que elijan nuestros hijos y que podamos utilizar en caso de que se aburran; recuerda que su mente necesita el juego para retroalimentarse y que es importante facilitarles las cosas). Si no hay una alternativa, Amaia se enfadará y explotará, es humana: siente su emoción primaria y necesita expresarla. Cuando la exprese, no querrá que nadie le exija nada, que le eche en cara eso de «te lo dijimos y dijiste que no querrías jugar», que le griten, se enfaden, la critiquen... Solo necesita atención, comprensión y acompañamiento.

Si los padres se ven con sus propias emociones a tope, causadas por el ego y la errónea visión de que los niños deben hacer lo que se les dice, que no tienen voz ni voto, entonces deberán identificar dichas emociones ayudándose de las preguntas aprendidas, ponerles nombre, reflexionar sobre si son secundarias o primarias y extraer la información, teniendo también como pauta las diferentes terminologías que hay de cada emoción primaria (por ejemplo, si sienten ira y saben el motivo, deben encontrar el término concreto con el que la definirían, frustración en este caso); siendo conscientes de sus emociones, podrán calmarse para poder acompañar el enfado de su hija. Así se darán cuenta de que solo ellos pueden conectar con su hija en ese momento y que ella no quiere dañarlos, se siente mal, y solo aprenderá de emociones si sus padres saben de ellas.

Es importante integrar, pues, que, identificando nuestras emociones, también ayudamos a nuestros hijos a identificar las suyas. Así les daremos ese ejemplo directo de autoconocimiento y de saber colocar las emociones en el lugar donde le toca a cada una en función de cada situación.

En la vida hay que tener claro que las emociones son de cada uno, es decir, nadie nos hace sentir de ninguna manera. No debemos responsabilizar a nadie de lo que nos pasa; somos siempre nosotros mismos los que nos sentimos así, los que decidimos sentirnos así. Nuestros hijos no nos incitan a «perder los nervios», «llenarnos de rabia» o «tener ansiedad». Lo hacemos y elegimos nosotros. El truco radica en entender que nadie es culpable de nuestras emociones, pues estas son el resultado de una elección personal, e identificarlas, conocerlas y expresarlas sin dañar a nadie, ni siquiera a nosotros mismos, es la base. No podemos culpar a nuestros hijos de nuestro descontrol, ya que es solo nuestro, independientemente de la situación o de su motivo. De nosotros depende el sentirnos bien, además de estar conectados con nuestros hijos e hijas.

Crezcamos emocionalmente.

> Si sufres es por ti, si te sientes feliz es por ti, si te sientes dichoso, es por ti.
> Nadie más es responsable de cómo te sientes, solo tú y nadie más que tú.
> Tú eres el infierno y el cielo también.
>
> OSHO

Pasar a la acción y acompañar

Cuando los niños sienten, provocan en sus padres grandes frustraciones. Los adultos no logran entender a sus hijos y eso hace que se sientan rabiosos, impotentes y con grandes niveles de estrés. Son muchas las familias que antes de trabajar conmigo me confesaron, con timidez y pudor, que habían llegado a un punto en el que desearían volver atrás en el tiempo y no haber tenido hijos. Los constantes conflictos en el hogar, el tener la sensación (como dicen textualmente) de que piden y piden y los niños nunca obedecen, tiene a los padres al borde del abismo.

Las relaciones entre padres e hijos se reducen a los conflictos por la tele, las peleas entre hermanos y la lucha diaria para que se laven los dientes, hagan los deberes, pongan la mesa, recojan los juguetes o estudien para los exámenes. Y es que la mayoría de los problemas familiares se dan únicamente porque se intenta acoplar a los niños al mundo adulto, a un mundo creado por y para adultos que no se preocupa de las necesidades físicas y mentales de los pequeños, un mundo social que va en contra de su naturaleza, lleno de prisas, etiquetas, horarios y evaluaciones.

Educar a los hijos y las hijas es un proceso demasiado

bonito como para desperdiciarlo entre gritos, amenazas, castigos e incomprensión emocional. Es un proceso lento, largo y profundo, como la lluvia, y natural ante nuestros ojos, pero que comporta un trabajo que trasciende a nuestra naturaleza y que impacta en nuestro bienestar. A la lluvia no se la obliga a parar, nadie prohíbe su curso ni le exige modificaciones; ella realiza lo que le conviene y necesita.* Los niños y las niñas necesitan lo mismo: que se respeten sus procesos; que se comprenda su naturaleza, su estado y su ser; que se tengan en cuenta y sean valoradas sus emociones, sus ritmos, su vida... Para hacerlo debemos saber qué precisan en cada situación, ser conscientes de nuestras emociones y aprender a escuchar las suyas, sin una preconcepción u objetivo adulto que se interponga entre ellos y nosotros.

Ante esta idea, hay personas que dicen: «A ver, la vida es como es; yo no puedo evitar que entren en el sistema social que hay: el colegio, los deberes, los horarios...» Y aunque cada familia tiene su propia vida y cada una decide cómo vivirla, puede que como padres no podamos hacer grandes cambios (como educar en casa, llevar a los hijos a una escuela libre, o simplemente decidir que no van a hacer deberes porque no están contemplados en ninguna legislación y el trabajo educativo debe darse únicamente en el centro escolar para que luego puedan ser niños y libres...) por dificultades en la organización y conciliación familiar a nivel laboral o a otros

---

* Ya sabemos que, por culpa de lo poco que cuidamos nuestra Tierra y la contaminación que generamos, cada vez hay más lluvia ácida, un tipo de lluvia que se crea por el exceso de ácido sulfúrico y nítrico. La comparación entre educar a los hijos y la lluvia se ha utilizado en función de la lluvia que cae sin estar afectada por la contaminación, siguiendo su curso natural. Nosotros ejercemos de contaminantes de nuestros hijos si no les dejamos ser y sentir.

niveles. O bien puede que por convicción no deseemos hacer dichos cambios y decidamos que queremos que nuestros hijos entren en el sistema social. En cualquier caso, lo mínimo que podemos hacer es tratarlos bien en el día a día y entender sus emociones y su naturaleza. ¿Por qué todo tiene que ser bajo el sometimiento, la exigencia y la autoridad, con malestares continuos y desconexión? Eso lo único que hace es empobrecer sus vidas y las nuestras.

En 1993, los estudios realizados por los doctores en Psicología John Gottman y Lynn Katz confirmaron, por un lado, que el trabajo emocional que realicen los padres, es decir, el entrenamiento y esfuerzo por conocer y controlar sus emociones adultas, impacta positivamente de manera directa en las emociones de los hijos y su conocimiento de las mismas; por otro lado, establecieron que la calidad de las relaciones entre padres e hijos depende del nivel de empatía de los primeros hacia los segundos (cuanta más empatía y comprensión, mejor vínculo y relación) y también de la respuesta que los adultos den a los niños en sus necesidades emocionales (cuantas más atenciones y cariño durante las mismas, mejor para el desarrollo de los niños). Se demostró que este afecto, cuidado y comprensión hacia las emociones de los niños definen en ellos, cuando crecen, la tonicidad de su sistema parasimpático; es decir, el hecho de acompañar las emociones de nuestros hijos ahora les ayudará en el futuro a tener una buena salud cardíaca y una mejor resistencia al estrés y a las adversidades.

Nos han intentado convencer de que los niños deben pasar por experiencias duras y dolorosas para poder estar preparados para las cosas malas de la vida, y que además nosotros, como padres, se lo tenemos que poner difícil. Y lo cierto es que, cuanto más apoyo y amor les demos, más capacitados estarán para los momentos duros, que, además, no vamos a poder evitar. La vida es como es y no vamos a poder zafarles de las malas situaciones, pero sí que podemos llenarlos de autoestima, seguridad, toma de decisiones propia, autoconocimiento, apoyo, abrazos, empatía, tolerancia, coherencia, amabilidad y respeto, entre otras cualidades. Al amarlos con todas nuestras fuerzas y demostrárselo, tanto en las buenas como en las malas, los estaremos preparando, de verdad, para lo que venga.

Cuando acompañamos emocionalmente a nuestros hijos, nos alejamos de la búsqueda de culpables; es decir, cuando ellos están enfadados, furiosos, irritables, frustrados, tristes, etc., lo que necesitan no es un dedo acusador que señale sus comportamientos como inadecuados, porque estos comportamientos son precisamente los que su cuerpo pide. Si reprimimos sus emociones, estas se quedarán dentro y saldrán más adelante de otra forma o bien se expresarán mediante otras necesidades que suplirán así su frustración o tristeza interior (necesidad excesiva de comer o de no comer nada; tener muchos juguetes o cosas materiales; utilizar durante muchas horas la tecnología; comer mucho azúcar; morderse las uñas; llorar en exceso o no llorar nada; mutismo; tics nerviosos...).

Nuestro debate interno es el que se interpone entre nuestros hijos y nosotros a la hora de acompañarlos. Como cuando estás con tu hija en una fiesta de cumpleaños de su compañera de colegio, en uno de esos sitios con bolas y toboganes, y después de que se coma una bolsa de chucherías, un bocadillo de queso y un trozo de pastel, quiere más chucherías. Ella lo dice medio enfadada. Tú le explicas que no puede ser porque ya se ha comido una bolsa entera y le muestras las consecuencias que ese tipo de azúcar causa en la salud, y ella se enfada, te dice que se lo dices para fastidiarla y que eres la peor madre del mundo. Tu discurso interior te grita lo que nos han inculcado: «Menuda maleducada, ¿quién se ha creído que es para hablarme así? Todos me miran. Voy a tener que castigarla y llevármela de aquí, menudo pollo me está liando.» Y se trata de que puedas cambiar esto y de que seas capaz de sustituirlo por: «Mi hija está enfadada, es lícito y humano enfadarse por querer algo que no puede tener; tengo que apoyarla y mostrarle comprensión, aunque no se vaya a comer las chucherías de todos modos. No me importa lo que piensen los demás, eso es problema de cada uno.» Entonces, acompañas su enfado y te das cuenta de que se ha recuperado antes del mismo, y se va alegremente a jugar, sintiéndose amada por una madre que le explica afectuosamente las cosas, y, aunque le gustaría comerse alguna chuche, entiende que no puede ser. Y tú no exiges nada más por su parte, te quedas en paz con lo sucedido: tu hija se ha enfadado y has sabido estar sin exagerar y sin pensar únicamente en tu bienestar, y además le has aportado su derecho de ser atendida, sostenida y querida, aunque estuviese enfadada.

Como ves, acompañar emocionalmente a los hijos no significa que estos hagan lo que quieran, sino que comporta que, sea lo que sea lo que expresen, ellos se sientan seguros emocionalmente y que nadie les imponga lo que deben sentir. Si están enfadados lo están; si están tristes lo están; si están rabiosos lo están; ningún adulto debe corregir y reprimir este sentir o ponerlo en duda afirmando que es otra cosa lo que les sucede, porque hay que recordar que nuestros hijos no somos nosotros: cada persona es única y tiene sus propias emociones en función de la situación.

Si todas las madres, los padres y los profesionales que tienen algún tipo de vínculo con la infancia y adolescencia supiesen realizar y utilizar el acompañamiento emocional, se podría ahorrar a los niños horas y horas de terapias, sesiones y tratamientos enfocados a cambiar sus maneras de sentir, a lograr que callen y otorguen, que se estén quietos y concentrados... Además, se dejarían de ver problemas donde en realidad no los hay (salvo en las ocasiones verídicas donde el niño o la niña tenga un trauma o trastorno real), ya que lo único que necesitan los hijos es ser acompañados y escuchados por sus padres.

> En su pequeñez, cada semilla contiene el espíritu del árbol que será después.
>
> JORGE BUCAY

¿Cómo debe ser el acompañamiento emocional en la práctica?

Llevar el acompañamiento a la práctica es, quizá, lo más difícil. Los momentos en los que debemos acompañarlos y estar más tranquilos son, precisamente, esos en los que ellos están nerviosos y sacan a la luz sus emociones. Es entonces cuando se interponen nuestras propias emociones a las de ellos, y por eso tenemos que realizar primero la identificación y canalización de emociones personales y disponernos a acompañar las suyas sin que nada invada nuestra mente en contra de nuestros hijos y nos detenga. Aun así, esto es algo que conlleva mucha práctica; nuestro cerebro se ha acostumbrado a otra cosa y hay que volver a programarlo de cero en cuanto a nuestras emociones y a las de nuestros hijos.

También tenemos que ser conscientes de que muchísimas

frustraciones de nuestros hijos se deben, precisamente, a que queremos controlarlos y manejarlos. Es imprescindible alejarnos del control y acercarnos cada vez más y mejor a la conexión con ellos. Esto nos llevará al acompañamiento real, es decir, a un acompañamiento ante una emoción de nuestros hijos que se ha desarrollado sin ser forzada; nadie ha intercedido en su malestar, nadie ha forzado sus tiempos, sus ritmos o sus sentimientos; ha llegado y hay que prestarle la atención que merece y necesita. El acompañamiento emocional presenta unas características muy concretas, las cuales te explico a continuación junto a ejemplos reales y cotidianos para que puedas entenderlo e integrarlo mucho mejor en el día a día con tus hijos:

➢ *Quédate a su lado:* Cuando están sintiendo una emoción, no importa la que sea ni el motivo, hay que mantenerse a su lado en todo momento. Es preciso estar cerca con una actitud cariñosa y comprensiva, que sientan que estamos ahí y que los seguimos queriendo, haya pasado lo que haya pasado, recordándoles así que nunca los vamos a dejar solos ni les vamos a hacer daño. De esta forma, los ayudamos a crear una relación de confianza consigo mismos y también con nosotros, en la que no censuramos sus emociones y, por tanto, no los censuramos a ellos, en la que les demostramos que todo lo que les importa es importante para nosotros. Una práctica muy común es la de ignorar a los niños cuando están sintiendo (o en muchas otras situaciones), pero esta resulta totalmente incorrecta y genera, además, consecuencias nefastas para su autoestima y para su desarrollo emocional. Jamás se deben ignorar las emociones de los niños, independientemente del grado de enfado que tengan o la motivación que los ha llevado a expresar este enfado. No debemos ignorarlos, nunca. Tampoco hay que dejarlos en un rincón para que «piensen» o se relajen, o sentados ante una mesa, ya que no piensan nada y ni tan siquiera se relajan; solo calman su emoción escondiéndola y reprimiéndola e incluso sintiéndose culpables por haberla sentido. Un niño que siente es un niño que siente y necesita que algún adulto amable y consciente esté ahí para enseñarle desde el respeto y para ayudarle a comprenderse a sí mismo. Hay que descubrirles que las emociones se viven, se experimentan y se sienten, y los padres debemos estar al lado, sin alejarnos y sin juzgar.

Por ejemplo, estáis en la playa y tus hijos se han echado una amiga que veranea cerca. Llega la hora de comer y vosotros habéis llevado bocadillos, pero ella debe irse a comer al apartamento con sus abuelos, y a uno de tus hijos, el de siete años, el que ha hecho más migas con la niña, no le resulta nada agradable que se vaya y lo verbaliza, se enfada, se entristece, llora, le pide a la niña que no se marche, pero, obviamente, ella se despide y se va. Y tu hijo se queda lleno de frustración y se siente abandonado por la niña. En ningún caso le dejarás viviendo esta pena en soledad, te acercarás a él y te mantendrás a su lado. Sin un mal gesto por tu parte, sin malas palabras ni críticas, sin restarle importancia, sin pedirle que cese en su emoción. No tendrás prisa para que se calme, trabajarás los nervios que pueda generarte la situación respirando hondo y conectando con el amor que sientes por tu hijo. Permanecerás a su lado, estarás ahí.

➢ *Mira a los ojos:* Dicen que la mirada es el espejo del alma, y esto es porque nuestros ojos lo dicen todo sobre nosotros. Mediante la mirada expresamos emociones y nuestros sentimientos más profundos. Hay veces que mirando a alguien podemos decirle mucho más que hablando. Mirar a los ojos de nuestros hijos y ponernos a su altura es imprescindible siempre, pero más importante es todavía hacerlo cuando debemos acompañarlos emocionalmente. Ahí les demostramos comprensión y amor; les damos la atención que necesitan, porque los niños no quieren llamar la atención y fastidiar la estabilidad emocional de sus padres siendo unos tiranos manipuladores; los niños necesitan atención y con ella se calman sus tempestades. Debe ser una atención responsable, es decir, los atenderemos durante todo el tiempo que dure su estado emocional, los dejaremos expresarse, aunque no estemos de acuerdo con su opinión, y les ofreceremos tranquilidad, bondad y entendimiento hacia su postura mediante nuestra mirada.

Por ejemplo, llegas con tu hija de diez años a casa de tu madre para comer con ella y la abuela le dice nada más llegar que debe poner la mesa, que ya es una señorita y que no debe ser una vaga. Tu hija, que está saludando a la perrita de tu madre, acariciándola tumbada en el suelo y tirándole la pelota, se siente presionada y juzgada por su abuela, que sigue insistiendo de malas maneras. Después de tanta crítica y de que la obligue a levantarse cogiéndola de los brazos, tu hija se echa a llorar, se llena de rabia, dice que está harta, que no quiere tener la abuela que tiene y que ella no se da cuenta de que es una niña. Lo primero que tú tendrías que haber hecho es ponerle límites a tu madre. Nadie, ni un familiar ni un profesor, ni ninguna otra persona tiene derecho a hablar ni a tratar a tu hija así; por tanto, frena primero a tu madre y ahórrale a tu hija (y a ti) el disgusto. Por otro lado, hay que entender que, siempre que un niño juegue, el juego es prioritario frente a cualquier otro quehacer perteneciente al mundo adulto. Otra cosa es que la niña hubiese querido poner la mesa sin que nadie le dijera nada ni, por supuesto, la presionase. Entonces, no hay ningún problema, pero obligar a los niños a algo que no quieren y que además no les aporta nada no tiene sentido: (a poner la mesa se puede aprender de adulto, no hay que machacar a los niños con estas cosas que se aprenden sí o sí en algún momento de la vida; en cambio, el momento de formar la autoestima es en la infancia, no se trata de recomponerla en la vida adulta). Volviendo al acompañamiento, si no has podido evitar esta situación, en primer lugar, has de permanecer junto a tu hija, sin reprocharle nada, estando a su lado, de su parte, compartas o no sus maneras, pero entendiéndola y, por supuesto, bajando a su altura y mirándole a los ojos: le has de decir con la mirada todo aquello que ella necesita, mostrando con tus ojos entendimiento y amor, y aportándoles a los suyos cobijo.

➤ *Abraza:* Muestra contacto físico a tus hijos cuando están en plena expresión de sus emociones (y siempre que puedas). Con este contacto se sienten protegidos y captan lo importantes que son para ti. Los abrazos son una de las mejores formas de contacto que tenemos los seres humanos, y con nuestros hijos más, si cabe. Puede que cuando quieras abrazar a tus hijos en plena emoción ellos te rechacen, es absolutamente normal; lo importante es saber estar cerca, respetar sus tiempos e ir ofreciendo este abrazo cada pocos minutos y llegar muy despacio a este acercamiento físico, quizá acariciando su brazo o el pelo, posando una mano sobre la espalda... Cuanto más seguros se encuentren los niños, más preparados estarán para superar las situaciones difíciles; cuanto antes encuentren tus brazos para sentir tu calor y apoyo, antes calmarán su emoción.

Por ejemplo, tu hijo de trece años llega del instituto muy disgustado porque unos niños de la otra clase le han dicho que juega muy mal al fútbol y nunca quieren tenerlo en su grupo a la hora del recreo. Se encierra de un portazo en su habitación y se maldice en voz alta a sí mismo por jugar tan mal. Tú deberás, en primer lugar, darle presencia, estar a su lado. Aunque se encierre en su habitación, permanece tras la puerta, con escucha atenta y palabras de cariño, aportándole confianza, haciéndole saber que puede contar contigo para lo que necesite; en cuanto acceda a que pases, establece contacto visual con él, míralo a los ojos de forma tranquila y cariñosa y ofrécele tu abrazo tras haber mantenido, previamente, un contacto físico sutil. Cuando él quiera abrazarte, déjale que se aferre a ti, que diga lo que necesite, que sepa que estás ahí para ayudarle de verdad, no de manera fugaz y desde el comedor de tu casa gritándole que deje de llorar por unos niños que no se lo merecen, sino que estás ahí de verdad, para darle tu apoyo y tu calor. Los abrazos reconfortan y dan fuerzas. Además, estos abrazos se recuerdan toda la vida.

➢ *Escucha atentamente:* En cualquier situación, el clima de nuestro hogar debe ser tranquilo y ha de respirarse respeto, verdad y aceptación por todos y cada uno de los miembros. Cuando acompañamos una emoción, debemos escuchar con atención y cariño todo lo que tienen que explicarnos, sin querer que nuestra opinión prevalezca, sin adelantarnos a los acontecimientos, simplemente escuchando con amabilidad y gran interés. Puede que a veces escuches para luego conversar y aportar tu granito de arena, y otras solamente debas escuchar en silencio sin añadir nada más que tu mirada, tu presencia y tus abrazos. Por ejemplo, tu hija de tres años se enfada porque quiere que le leas otra página del cuento antes de dormir y tú le dices que no, que es muy tarde; cierras el libro y le das un beso de buenas noches. Ella se enfada, grita, patalea, te dice que eres mala y que quiere seguir leyendo el cuento. En primera instancia, deberías darte cuenta de que es un conflicto evitable, es decir, en la mayoría de las ocasiones tomamos decisiones desde el ego adulto, aunque las disfracemos diciendo que es por su bien. En este caso, tú dices que debe dormir ya porque es tarde y va a descansar poco y por la mañana va a estar muy cansada, y quieres dejar el cuento ya, pero en realidad no estás pensando en ella, estás pensando en ti y en que tú quieres imponer tu punto de vista. Lo cierto es que un cuento, a diferencia de un libro de más páginas, siempre se puede leer íntegro antes de dormir o en cualquier momento; debemos tener tiempo para ello. En este caso, por tanto, no ocurriría nada por acabar el cuento y abrazarla después hasta que concilie el sueño. Al decidir que no le lees ni una página más y no cambiar tu decisión, ella se enfada, como es normal. Te quedas a su lado, la miras a los ojos, mantienes el contacto físico y escuchas atentamente lo que tiene que decirte, los sentimientos profundos que expresa a pesar de su corta edad, quizá sin ni siquiera usar palabras te dice mucho. Tú mantienes tu amabilidad y sabes estar, sin echarle en cara su comportamiento, porque entiendes que es un comportamiento normal para una niña que está sintiendo enfado, y sin pretender hablar tú primero para intentar hacerle entender algo que no va a entender, porque, para empezar, podrías haber evitado el enfado. Solo mantienes la calma, la cercanía, el apoyo, el amor. Lo ideal sería retomar el cuento tras haber acompañado la emoción y haber aceptado que no pasaba nada por leer una página más e incluso leerlo todo, ya que realmente diez minutos arriba o diez minutos abajo no interfieren en las horas totales de descanso de tu hija. Si en otro supuesto hubiese pedido ver una película, entonces ahí no nos quedaría otra que acompañar su emoción de enfado y encontrar una alternativa a eso que habría demandado (como leer un cuento), pero, en este caso, la situación se hubiese podido impedir.

➤ *Empatiza:* Hoy en día se habla mucho de ponernos en la piel del otro, de entender a los demás y valorar su postura, pero el caso es que nos sigue costando mucho, y todavía nos es más complicado cuando se trata de empatizar con los hijos. Solemos confundir la compasión con la empatía, y vale la pena saber diferenciarlas. La compasión está relacionada con un sentimiento de amor altruista por el que queremos y deseamos que todos los seres humanos sean libres y respetados, que todos sean felices. Cuando sientes compasión por alguien en realidad lo que deseas es lo mejor para él y conectas con lo que vive. Con la empatía, sin embargo, no estamos pensando en ese momento en los objetivos de felicidad para una persona, sino que esta persona está pasando por una situación que no compartimos o con la que estamos en desacuerdo (en su mayoría), y debemos lograr entender su sufrimiento o su emoción estando en consonancia con lo que siente, preocupándonos únicamente de las necesidades de esta persona.

Al empatizar somos capaces de sentir la intensidad de lo que sienten nuestros hijos, de lo trascendental que es ese momento para ellos. Con independencia de si estamos de acuerdo con el motivo o no, conectamos con ellos y no importa nada más. Es relevante saber que, cuando tenemos que sentir empatía, nuestras propias emociones hacen de filtro. Es decir, cuando sientes empatía por alguien, por ejemplo, por una persona a la que han desahuciado de su hogar, con tres hijos y sin trabajo, tus emociones y tus prejuicios no se interponen, estás totalmente en sintonía con lo que le ocurre a esa persona.

Por ejemplo, tu hijo de cinco años, que ha pegado a su primo porque se ha llevado su juguete y no se lo devuelve, está enfadado y grita. Las emociones que tú experimentas de frustración y de vergüenza ante lo que puedan decir tus cuñados, o bien de enfado, se interponen en tu conexión empática con él y te cuesta ver la situación desde su punto de vista. Esto es precisamente lo que debemos cambiar ante todas las situaciones con nuestros hijos, y con más énfasis en aquellas en las que debemos realizar un acompañamiento emocional. Debemos aprender a empatizar, a dejar nuestros prejuicios e impresiones de lado y centrarnos en entender el sentir de nuestros hijos como si estuviéramos en una burbuja en la que el tiempo se hubiese parado y solo importáramos nosotros dos (o el número de hijos implicados). Cuando empatizamos con los hijos, los ayudamos a sentirse cómodos con lo que sienten. Aunque en ese momento tengan sensaciones desagradables, integran que lo que a ellos les importa, a nosotros también nos importa, y no tienen miedo de expresarlo. El psicólogo americano Daniel Baston, que ha realizado diferentes investigaciones sobre la empatía y el altruismo, considera que para empatizar hay que plantearse uno mismo dos preguntas. La primera es: ¿cómo puedo saber lo que el otro está sintiendo o pensando? Y la segunda: ¿qué factores son los que me llevan a preocuparme por esta persona y cómo puedo lograr ser amable y sensible con ella? Para realizar esta tarea, nos viene muy bien la fase de identificación de emociones que hemos aprendido unas páginas atrás y que nos echará una mano a la hora de ser verdaderamente empáticos con nuestros hijos.

Algo que los ayuda mucho a conocer sus emociones y a darse cuenta de que los entendemos de verdad y que estamos intentando empatizar emocionalmente con ellos por todos los medios consiste en decirles que cuando éramos pequeños también nos pasó lo mismo y en explicarles lo que sentimos y cómo lo superamos. De esta forma, ven que nosotros también fuimos niños y pasamos por circunstancias parecidas, así como que los comprendemos a la perfección, y no les hacemos sentirse mal por lo que sienten porque es totalmente comprensible.

En el caso de que tu hijo de cinco años pegue a su primo porque este le ha quitado su juguete (y en consecuencia se enfade, grite y tenga rabia), si te mantienes a su lado mirándole a los ojos amablemente, al tiempo que le ofreces contacto físico si lo desea y escuchas con atención lo que tiene que contar sobre su punto de vista, empatizarás con él y lograrás conectar con aquello que siente tras apartar tus ideas preconcebidas de lo que ha pasado o de lo que debe pasar. Y aunque debas enseñarle que la violencia no es el camino, por supuesto, solo se lo podrás enseñar sin violencia. Si intentas explicar que la agresividad no es el camino siendo agresivo nunca podrás ayudar a tus hijos a entenderlo y que dejen de hacerlo. No obstante, debes centrarte en entender qué le está pasando, la razón de su comportamiento y desazón. Le acogerás entre tus brazos y se sentirá así comprendido, valorado, tranquilo, vivaz, libre. Empatizar con nuestros hijos marca un antes y un después en sus vidas y en las nuestras.

> Ser empático es ver el mundo a través de los ojos del otro y no ver nuestro mundo reflejado en sus ojos.
>
> CARL ROGERS

➢ *Sé paciente:* No hay que tener prisa cuando nuestros hijos necesitan expresar emociones. Por lo general, esa prisa viene dada por nuestros intereses adultos. Queremos que cese su estado emocional ya y aceleramos el proceso, con lo cual no lo hacemos correctamente. Muchas familias me explican en numerosas ocasiones que suelen empezar acompañando bien a sus hijos, pero en cuanto la cosa se alarga un poquito se les termina la paciencia y acaban por perder los nervios, es decir, intentan controlar, gritan, mandan y exigen a los niños que cambien su emoción y que no sean tan exagerados (palabras textuales). Cuando los hijos están expresando emociones, no hay que ser impacientes: cuanta menos urgencia, antes saldrán de su emoción. Como nos explican sus motivos, se están desahogando, confiando en nosotros, liberándose y recuperando su equilibrio emocional, y por ello no podemos interrumpirlos ni decir nuestra opinión al respecto; solo cabe esperar, pacientes, y acompañar sus sentimientos dejándonos llevar por la empatía que estamos aprendiendo a poner en práctica. El tiempo que les dedicamos a nuestros hijos es clave en todas las situaciones, un tiempo en el que seamos tolerantes y afectuosos.

Por ejemplo, son las siete y media de la mañana y empiezas a llamar a tu hija de ocho años para que se despierte, desayune y se vista para ir al colegio. Cuando ya la has llamado diez veces y no se levanta, vas, levantas la persiana, te empiezas a enfadar, le hablas con más rudeza y le metes prisa. Ella finalmente se levanta malhumorada, refunfuña, se mete en el lavabo y cierra de un portazo; dice que está harta de que siempre la despiertes así. Tú te das cuenta de tu error; deberías cambiar la manera en la que la invitas a despertarse, con independencia de que sea un día laborable, de que las puertas del colegio cierren a las nueve, de que la noche anterior se haya ido a dormir más tarde porque quería charlar un rato más y ahora ves las consecuencias... Nada de eso importa, la cuestión es que si hubieras empatizado con sus necesidades de niña habrías evitado el enfrentamiento siendo amable y amorosa para despertarla, no diciéndoselo desde la cocina y quejándote de las veces que la llamas. Simplemente, yendo a su habitación, abrazándola, besándola, acariciando su pelo y diciéndole poco a poco que se vaya despertando todas las veces que haga falta. No obstante, al no haberlo hecho así y haberte encontrado con esta situación desagradable, te puedes quedar detrás de la puerta del baño y, con amabilidad y respeto por su enfado, preguntarle si quiere salir para que pueda contarte cómo se siente. Al salir, la escucharás, mirándola a los ojos, le ofrecerás tu abrazo y empatizarás con ella, haciéndole saber que la entiendes, y lo harás con paciencia y templanza. No meterás prisa para que el momento pase y se ponga a desayunar y a vestirse; confiarás en sus tiempos y lograrás conectar con ella. Es curioso comprobar *in situ* cómo, cuanto más pacientes somos, antes se recuperan nuestros hijos de la emoción que están viviendo. Ella logrará ver en tus ojos que te has equivocado y también entenderá qué ha sentido, cómo y sus motivos; aprenderá de la situación al igual que lo haces tú. Como dice el refrán: «La paciencia es la madre de todas las ciencias.»

➢ *Deja que descargue todo lo que tiene dentro durante su emoción:* Hay que dejar que los niños se expresen, griten, pataleen, hablen, liberen y saquen todo lo que les llega desde lo más profundo de su ser. Si cuando se están expresando, lloran, no hay que decirles que dejen de llorar ni intentar parar su llanto; hay que seguir todos los pasos anteriores y respetar las formas que tengan de liberarse, sean como sean. Si al sacar sus emociones ves que se intensifican sus maneras, lloran más intensamente, gritan más, patalean más, etc., no te alarmes ni creas que es incorrecto. Es del todo normal; deben mitigar todo lo que sienten, no dejar nada dentro, para sentirse otra vez en equilibrio. Siempre que estés acompañando estos momentos de manera óptima, esto es buena señal de que los dos estáis trabajando unidos y estáis conectados.

Otra cosa sería que estuvieses ignorando a tu hijo, por ejemplo. Entonces, puede que él intensificase su expresión debido a la frustración añadida de no sentirse protegido ni respetado en ese momento. Permitiendo la total expresión, no solo nuestros hijos se quedan en paz, sino que también aprenden a valorar las emociones, lo poderosas que son, la intensidad de estas y cómo salen a la luz en función de la situación. Aprenden que sentir emociones es bueno para la salud, que no es incorrecto, y también algo muy revelador y vital para sus relaciones presentes y futuras: cuando estás sintiendo y necesitas descargar todo lo que llevas dentro, no debes hacerlo con otras personas, nunca debes pagar con los demás algo que es exclusivamente tuyo. Este aprendizaje solo se lleva a cabo mediante una expresión de las emociones libre y teniendo una guía amorosa al lado que te escuche, te proteja y te sostenga.

Por ejemplo, tu hijo de quince años está enfadado porque a su hermano, de doce, le habéis comprado el videojuego que en su día le negasteis a él con la misma edad, y, aunque ahora ya no le interesa, le sienta mal, se enfada, se enfurece y empieza a decir todas las palabras feas que sabe. En vez de decirle que se calle, que es un exagerado, que vas a castigarle sin salir por maleducado y agresivo, que no es nadie para hablar así, etc., primero deberías reflexionar sobre si los actos han sido adecuados o no. Debemos ser coherentes siempre con nuestros hijos, y lo que no hacemos con uno no podemos hacerlo con otro, y viceversa. Si consideras que en su día cometiste un error y reconoces que no hubiese pasado nada por comprarlo, entonces puedes hablarlo con él previamente y explicarle que, reflexionando sobre aquello, crees que cometiste un error, y que ahora sí que lo vais a comprar para su hermano. Que entendéis su incomprensión y el enfado inicial y que estaréis con él en todo momento. Si no has hecho esto, puede que el enfado sea más grande. Entonces, deberás permanecer a su lado, mirarlo a los ojos, mantener el contacto físico como él desee, escuchar con atención sus motivos y dejar que descargue su malestar, todo ello sin emitir juicios, con paciencia y con amor. Entiendes sus motivos y lo alejas del rencor hacia su hermano, que no tiene culpa de que las cosas se hayan hecho de manera incorrecta, así como tampoco es el responsable de la frustración y del enfado que siente él. Parece increíble, pero es cierto: aceptamos que para aprender a conocer las emociones y a no cargar contra nadie las mismas hay que poder liberarlas durante la infancia.

En casos como este (con un hijo de quince años), si él hubiese estado bien acompañado con paciencia y tolerancia durante toda su primera infancia y en los años posteriores, no necesitaría descargar tanta frustración ante situaciones cotidianas y errores comunes. Es importante saber, pues, que cuanto menos se les haya acompañado, más necesidad tienen de poder expresarse y de manera más primitiva lo hacen, ya que tienen enquistadas emociones que han debido guardarse durante mucho tiempo. Esto no quiere decir que los chavales de quince años tengan ya un aprendizaje total de sus emociones y no necesiten expresarlas, simplemente, ya no serán tan explosivas como en los primeros años.

➢ *Debe hablar de lo que siente y de sus motivos:* Ya sabemos que debemos escuchar atentamente y que ellos tienen que hablar sin restricciones de lo que sienten y de los motivos por los que creen que lo sienten. Esto los ayudará a identificar sus emociones, a valorar si la situación es grave o no, a enfrentarse a lo que les sucede y a todo lo que experimenta su cuerpo ante la situación y a conocerse a sí mismos en todas las circunstancias. Puede que mientras te habla, tú pienses que lo hace de manera violenta o brusca; es como necesita hacerlo en ese momento para poder superarlo sin rencor hacia las personas que han estado implicadas o hacia la situación en sí. Puede que no hable (nunca hay que obligarlos a hablar si no les apetece) y que todo lo manifieste mediante gestos, gritos o llanto; en todo caso, todo lo que haga es natural, normal y necesario.

Por ejemplo, tu hija de seis años está jugando tranquilamente en su habitación y empiezas a llamarla para que vaya a comer. La llamas varias veces de manera insistente y ella sigue jugando, hasta la escuchas cantar... Te frustras y acabas obligándola a salir del cuarto; la llevas a lavarse las manos diciéndole lo pesada que es, que la has llamado treinta veces y que ella pasa de todo, según tú. Entonces se enfada, te grita y te llama pesada.

Para empezar, esta situación se podría haber dado

de otra forma si desde el inicio hubieses sido empática con tu hija. No hace falta llamar a los hijos insistentemente, y menos hacerlo hasta que nos enfadamos y nuestra emoción se convierte en una rabia adulta con la que parece que vamos a explotar. Si los niños no nos contestan, no lo hacen porque pasan de nosotros, se hacen los despistados o quieren tomarnos el pelo; es que realmente no nos escuchan, están en su mundo, un mundo que difiere mucho del nuestro, en el que el juego es más importante que ninguna otra cosa y su cerebro trabaja a mil por hora en él. Así, desconectan por fin de nuestro mundo, al que están anclados todos los días desde el momento en el que los sometemos a un ritmo que no es el que necesitan cerebralmente.

Por tanto, cuando están «a su rollo», hay que respetarlo, y si hay que comer se puede decir de muchas maneras. Te acercas a su habitación con tranquilidad, le preguntas si puedes observar su juego, la miras con calma y le comentas, con amabilidad y un abrazo, que ya está la comida lista. Al hacerlo de esta manera, ella quizá no se levante a la primera, pero sí a la segunda, y se irá feliz contigo a lavarse las manos y a comer. Todo es cuestión de paciencia, de comprensión y de tomarse las cosas con calma teniendo en cuenta que los hijos necesitan atenciones y percibir que hay un interés real por sus sentimientos y motivaciones. Como no lo has hecho así y ella se ha enfadado, seguirás todos los pasos de acompañamiento: permanecerás a su lado, la mirarás a los ojos con cariño, le ofrecerás contacto físico, la abrazarás si te deja, escucharás su punto de vista y empatizarás de verdad con su motivo para enfadarse. Así lograrás zafarte del tuyo y te centrarás en el suyo, siendo paciente, respirando hondo, dejándola que descargue todo lo que necesite de la manera que necesite. Solo intervendrás si se hace daño a sí misma o a alguien o si estropea algún objeto, pero lo harás de manera tranquila y clara, al tiempo que la guiarás hacia la expresión sin dañar (aprenderás más sobre ello en el capítulo 6 sobre qué hacer ante la agresividad de los niños) y permitirás que hable sobre lo que siente, que se exprese todo lo que necesite sin ser enjuiciada ni censurada. Lo que siente y dice no está mal: es lo que siente en ese mismo momento en función de cómo ha vivido la situación interiormente. Hay que escuchar y hay que sostener, hay que secar lágrimas y no causarlas.

> *Es incorrecto decirle «no pasa nada»:* Cuando le quitamos importancia a lo que sienten, lo que hacemos es rebajar directamente su autoestima, crearles confusión, negar lo que están sintiendo y provocar que su emoción y nivel de frustración aumente todavía más. También provocamos que quieran proteger lo que es suyo, lo que están sintiendo, sea por el motivo que sea, y, por tanto, que se defiendan enfadándose más, gritando más, llorando más o utilizando la expresión que precisen para sacar su emoción inicial, además de la que se crea al no ser escuchados, atendidos y acompañados como merecen y necesitan. Asimismo, cuando quitamos importancia a sus sentimientos, hacemos que crezcan con esta sensación constante que lleva a que, cuando se sientan mal, no quieran decirlo porque piensen que no es para tanto, que todo está bien, y se limiten a contestar con un «no me pasa nada», con lo que cierran así todo contacto con sus emociones.

La comunicación con nuestros hijos debe ser comprensible, transparente, amable y libre de control; no podemos decirles cosas como «eso no ha sido nada», «deja de llorar que no ha pasado nada», «no es para tanto», «eres un exagerado», «eso no lo puedes hacer», «no te comportes así...». Lo decimos pensando que va a ser mejor para ellos, que van a entender que eso que ha pasado no es tan importante y que no hace falta que se disgusten, pero debemos recordar que todos sus motivos son importantes, que no hay que emitir un juicio adulto de las situaciones. Los niños piensan y sienten como niños, no como adultos, y siempre es importante que saquen sus emociones para fuera y que se sientan comprendidos por las personas que dicen amarlos más: sus padres.

Por ejemplo, a tu hijo de dos añitos se le ha caído en la alcantarilla que hay en el parque la piruleta que tan alegremente se estaba comiendo (la piruleta que le ha comprado su abuelo pese a que tú has insistido en que era mejor ofrecerle el plátano... Hay que aprender a poner límites a los demás, con asertividad y respeto, pero ponerlos y no permitir que hagan con nuestros hijos cosas que no estamos dispuestos a tolerar). Tu hijo llora, se tira al suelo, se tira del pelo, grita, intenta meter la mano..., y tú, entre otras cosas, le dices que no pasa nada, que ya ha comido mucha piruleta, que debe callar ya que asusta a los otros niños y que no es para tanto, puesto que mañana el abuelo le comprará otra. Ves cómo tu hijo no solo no cesa, sino que, además, parece estar cada vez más enfadado. Ya no aguantas tanto numerito (tal y como lo verbalizas) y añades una mofa a tu discurso, imitando en tono de burla su llanto y sus maneras, rebajando a cero su autoestima, la conexión contigo y la capacidad para entender lo que le está pasando (frustración, rabia y tristeza por la pérdida de su piruleta). Si en vez de eso te hubieses mantenido a su lado, le hubieses mirado a los ojos bajando a su nivel de altura, le hubieses abrazado y escuchado todo lo que tuviera que decir desde su lenguaje, si te hubieras puesto en su lugar desde tu corazón, con paciencia y amor, dejándole sacar todo lo que emocionalmente llevaba dentro sin decirle que no pasaba nada, tu hijo habría entendido su proceso emocional, habría aceptado finalmente tu abrazo con gusto, sintiéndose protegido, amado y comprendido. Cuando un hijo está sintiendo, no hay nada que importe más que acompañar esta emoción.

➢ *No necesita discursos ni desprecios:* En esos momentos en los que nuestros hijos están sintiendo, su capacidad de entendimiento se ve afectada, como es lógico. Están inmersos en sus propias emociones y la razón queda escondida. No hay que darles, por tanto, grandes charlas ni explicaciones, sino mensajes adaptados a las circunstancias y a su comprensión que los ayuden a interpretar sus emociones y a entenderse a sí mismos. Siempre hay que respetar su persona, su manera de sentir, y de esa forma ayudarlos a sentirse seguros mientras están sintiendo, sin que nadie los critique ni los haga sentir mal por ello.

Por ejemplo, tu hija de once años te pide que le compres una camiseta muy chula que tienen todas sus amigas, pero tú consideras que es demasiado cara y no os la podéis permitir. Ella te dice que parece que no la quieres, que nunca le compras nada de lo que te pide y que siempre es la diferente de clase, y se echa a llorar con gran frustración. De nada sirven aquí los sermones sobre el valor del dinero, lo que cuesta ganarlo, y tampoco que te centres en cuestiones adultas que nada tienen que ver con el proceso que ella está viviendo en ese momento. De modo que lo primero que deberías hacer sería quedarte cerca, mirarla a los ojos, abrazarla si lo desea; si no, esperar tocándole el pelo o el brazo, escuchar atentamente y con gran interés todo lo que tenga que decirte. Ponte en su lugar sin más objetivo que ese, desecha todo lo que tu mente adulta quiera decirte en contra de tu hija y céntrate en ella y en su tristeza. Sé paciente; el tiempo a veces resulta muy largo cuando los hijos están sintiendo y precisan acompañamiento, pero puedes mantenerte calmada y relajada y ofrecerle gran comprensión hacia sus emociones y el motivo de sentirse así, aunque no puedas comprarle la camiseta.

Como puedes comprobar, no compartes lo que siente porque ves con claridad que no se la puedes comprar y que no hay alternativa, pero sí que eres capaz de comprenderla. Esperas a que descargue todo lo que necesita, a que hable de sus sentimientos, de todo lo que lleva dentro; mientras, tú estás a su lado, abrazándola, asintiendo, comentándole que a ti también te pasó de pequeña algo similar y recuerdas la angustia que sentiste; le aseguras que comprendes su malestar, y todo ello sin negar lo que siente, sin decirle que eso no es nada o que no se llora por tonterías, sin darle explicaciones basadas en tu pensamiento adulto, pues te dedicas solo a escucharla y a valorarla tal y como es, tal y como está sintiendo este trance.

➤ *¿Qué decirle entonces?:* Como ves, cuando debemos acompañar emocionalmente a nuestros hijos, no tenemos que centrarnos en lo que nosotros les vamos a decir, sino en lo que ellos necesitan expresarnos, sea de una forma verbal o física. Son los protagonistas de este acompañamiento, ya que son los protagonistas de sus emociones, de lo que sienten, de cómo son, y deben ser los protagonistas de sus vidas. Cuando efectuamos un acompañamiento emocional correcto y realizamos todo lo que hemos aprendido antes de manera tranquila y sincera, dejándonos llevar por la certeza de que estamos haciendo lo mejor para nuestros hijos, por su presente y por su futuro, los estamos ayudando a ser personas emocionalmente sanas, con una buena autoestima. Están conociendo sus emociones en función de cada situación y cada adversidad que les pone la vida. Les estamos haciendo, por tanto, personas fuertes, resilientes, con capacidad de empatía, reflexión y una gran estima por el bienestar propio y el del resto de la gente. Por ello no hay que centrarse en dar instrucciones para que cambien de emoción y se calmen, ni en querer convencerlos de otra cosa para, quizá, ahorrarles el daño... No hay que huir de las emociones de los hijos, hay que aprender a escuchar la misma música que escuchan ellos y a bailar unidos. Es importante, también, que no pongamos nombre a sus emociones, sino que los ayudemos a que sean ellos quienes digan lo que les pasa y que aprendan así a identificarlas.

Por ejemplo, tu hijo de cuatro años se ha caído en el parque cuando iba corriendo hacia el tobogán. Se tira al suelo, se echa a llorar con gran sentimiento, grita y dice que le duele mucho. Tú te acercas a él, le preguntas si está bien, miras si se ha hecho mucho y te das cuenta de que es un rasguño sin importancia a nivel físico, pero para él a nivel emocional ha sido mucho. Este dolor emocional solo se calmará si le acompañas correctamente y si puede expresarse como desea, sin importar ni un ápice lo que pueda pensar el grupo de padres que están sentados en el banco y que os están observando con gran interés. Una vez que compruebas que todo está bien físicamente, te mantienes cerca del niño sentada en el suelo, a su altura, le miras a los ojos con cariño para que vea en tus ojos empatía hacia lo que siente, le abrazas, tocas su rasguño con amor y escuchas todo lo que tenga que contarte sobre lo que le ha pasado. No tienes prisa, solo importa él en ese preciso instante, permites que descargue de la manera que necesite sus emociones. No le dirás que no es para tanto, que se levante y siga jugando; no le comentarás que no se ha hecho daño y que debe dejar de llorar ya; tampoco necesita una charla referente a que no hay que llorar y hay que ser valiente; solo necesita que esperes pacientemente a que su emoción salga, respetando que salga, respetando lo que le pasa. Entonces, no debes verbalizar tú la emoción que crees que siente, porque eres tú quien crees eso. No le dirás: «¿Estás enfadado porque te has caído?» Ni: «¿Te sientes triste porque te has hecho daño?». No, no debes decirle lo que siente, sino que debes ayudarle a que lo identifique él. Puedes decirle: «¿Cómo te sientes por haberte caído? ¿Cómo te encuentras? ¿Puedo ayudarte?» Lo que hacemos, pues, es ayudarle a que saque su sentir, no le imponemos lo que le pasa, aun estando muy seguros de lo que siente; no debemos verbalizarlo nosotros, sino ayudarle a que lo haga él. Puede que sea muy pequeño para poner nombre a aquello que siente. Si es capaz de describir sus emociones, de decir lo que le pasa, y tienes la seguridad de entender a qué se refiere, puedes decirle el nombre, pero solo cuando él lo haya descrito, quizá con otro nombre y a su manera, pero en ningún caso tú le dirás lo que siente porque tú no eres él. Tampoco debemos preguntarle por qué, ya que eso ya lo sabemos, aunque debamos hacer un previo análisis personal e interior, pero lo acabamos sabiendo rápidamente, no debemos ponerle nervioso preguntándole el motivo, hay que centrarse en acompañar lo que le pasa. Nuestras palabras deben ser de cariño, de amor, de aliento, de empatía y, en todo caso, de ayuda hacia la identificación de lo que les pasa. No le ponemos nosotros el nombre de la emoción desde nuestra opinión y visión, sino que le ayudamos a que entienda lo que le pasa desde su propia perspectiva.

> *Olvida la búsqueda de culpables:* Uno de los grandes problemas que tenemos como adultos es precisamente ese, echar la culpa a los demás de lo que nosotros experimentamos. Cuando perdemos los nervios con nuestros hijos alegamos que son ellos los que nos sacan de quicio. Cuando gritamos más de la cuenta, es que la otra persona ha hecho algo mal; si resoplamos y decimos palabras ofensivas cuando estamos en la cola del supermercado, culpamos a la señora mayor que no para de hablar con la cajera de no tener consideración... Pero la realidad es otra: los únicos responsables de nuestras emociones y de lo poco o mucho que las conocemos y controlamos somos nosotros. Nadie es culpable de tu sentir, tú decides cómo tomarte la vida

ante cada situación. Cuando nuestros hijos están sintiendo (y en cualquier otro momento) no podemos dedicarnos a criticar a los demás, ni enseñarles que la culpa de nuestras emociones es de otro, que el cómo nos sentimos siempre depende de otros, porque no es así. En todos los momentos, ellos deben ser dueños de sus vidas y aprender a conocer sus emociones desde lo que sienten y no hacer responsable de ellas a nadie, ni a otros adultos, ni a amigos, ni tampoco a sus hermanos o familiares. Ellos son los creadores de sus emociones en función del momento vital por el que estén pasando, y así debemos guiarlos.

Por ejemplo, tu hija de nueve años está jugando a la pelota en el parque con sus amigos y una de las niñas la lanza con tan mala suerte que se cuela en el tejado de una de las casas cercanas al parque, que además está abandonada y a la que no tenéis acceso. Es normal que tu hija se llene de impotencia y enfado. Por ello, en primer lugar, debes estar cerca de tu hija, ponerte a su altura y mirarla a los ojos; le has de preguntar sobre la situación y sobre cómo se encuentra; abrázala si así lo desea, empatiza con sus emociones, escucha todo lo que tenga que decir y ten paciencia mientras descarga su enfado. Si ella habla de sus sentimientos y dice que su amiga es «tonta»,* que por su culpa la pelota se

---

* Cuando insultan y dicen palabrotas en pleno enfado, no hay que alarmarse, todo forma parte de la rabia interior o de la emoción que sientan en ese momento, que necesitan expulsar hacia fuera. Poco a poco irán encontrando nuevas maneras de expresarse, pero solo lo podrán hacer si se sienten seguros y comprendidos, sean cuales sean sus palabras. Aprenderemos más sobre ello en el capítulo 6, sobre qué hacer ante la agresividad de los hijos.

ha perdido, debes decirle que ha sido mala suerte, que todos estaban jugando y que no hay culpables. Simplemente, la pelota se ha colado en un sitio en el que no se puede entrar. No te debes preocupar por el hecho de que insulte; tu énfasis debe centrarse en quitarle culpabilidad a otra persona y que tu hija pueda centrarse así en lo que siente, en sacarlo para fuera para poder ver soluciones que antes no veía. De esta manera, la alejarás de querer cargar contra la otra niña lo que siente. Tampoco le has de restar importancia: lo que ha ocurrido es significativo para ella y tu opinión al respecto no debe manchar tu acompañamiento. Las emociones que uno siente son de uno mismo, y con lo que se siente hay que vivir y adaptarse a las situaciones, sin culpar a los demás y sin dañarlos.

> No busquemos culpables, sino soluciones.
>
> HENRY FORD

➤ *Desecha las distracciones:* Lo que les ocurre a nuestros hijos debe ser prioritario para nosotros. En muchas ocasiones, con tal de que la situación desagradable pase pronto, los distraemos con otra cosa, incluso diciéndoles mentiras, con el objetivo de que se olviden del tema y «a otra cosa mariposa». Intentar que olviden lo que sienten sustituyéndolo con una nueva distracción los separa del objetivo de conocer sus emociones, que, por tanto, se les quedan dentro. No sacan lo que necesitan y no se les aporta seguridad ni se les ayuda a recomponerse; solo se pone un parche a su emoción, con el que además el mensaje es «lo que te pasa no es para tanto, olvídalo y piensa en otra cosa». Y para poder saber lo que nos pasa y también empatizar con los demás debemos poder expresarnos sin ser coartados.

Por ejemplo, tu bebé de quince meses está jugando con un juguete que hace música y que repentinamente se queda sin pilas y deja de sonar. Tu hijo llora fuerte, lanza el juguete con fuerza y se enfada; está frustrado y apenado. Tú te pones junto a él, le miras a los ojos, empatizas, le acaricias, le dices que le entiendes, que su juguete se ha quedado sin pilas; es decir, tienes paciencia durante toda su emoción y dejas que saque todo lo que lleva dentro. No niegas lo que le pasa, no le das charlas sobre nada y te dedicas a empatizar, a verbalizar sin poner nombre a nada; le dices lo que ha pasado con amabilidad y profundo respeto, sin culpabilizar a las pilas, ni al juguete; simplemente ha pasado eso, hay que integrarlo y superarlo. Cuanto mejor sea el acompañamiento, menos durará la emoción en intensidad y en tiempo. Y, por supuesto, no has de distraerle con otra cosa, no has de enseñarle otro juguete para que deje de llorar o de sufrir, porque entonces quizá sí que se callaría y prestaría atención, pero no habría sacado lo que su cerebro necesitaba sacar. También es importante no dar a los hijos los elementos sustitutivos del consuelo de los padres. Ahora es bastante común ofrecer a los niños mantas, peluches u otros inventos para que se abracen a ellos y se sientan aliviados. Lo que tienden a hacer los hijos es aferrarse a estos como si fueran alguien de su familia que los ama y los protege. En realidad, lo que desarrollan es un apego falso, ya que estos objetos no son personas y no interactúan con ellos. Así, se calman solos con recursos externos reprimiendo su necesidad real, que es la de ser acompañados. Actuando de esta forma, los adultos no somos conscientes de que esa seguridad debe ser aportada por nosotros. Nunca hay que anteponer algo externo al acompañamiento, las atenciones y el amor que nosotros les podemos dar. Ante las emociones, hay que mostrar tranquilidad: todo pasa y todo llega.

> *Piensa siempre en su bienestar:* Más adelante aprenderás cómo controlar tus emociones (que habrás identificado gracias al proceso que ya conoces) cuando tus hijos están sintiendo, pues la falta de autocontrol que tenemos nosotros mismos hace que no nos controlemos, que perdamos los nervios ante las emociones de nuestros hijos y que no sepamos acompañarlas correctamente, aunque bien es cierto que cuando te enfocas en acompañarlos y en entender cada una de sus aventuras emocionales, aprendes a controlarte y a conocerte íntegramente.

No obstante, es oportuno destacar que mientras nuestros hijos sienten debemos buscar su bienestar, no el nuestro. Si nos centramos en el nuestro, tendemos a decir lo que nosotros sentimos, lo que necesitamos, lo que nos está produciendo un desbarajuste, lo que está pasando, y así nos alejamos del objetivo, que es, precisamente, estar cerca de nuestros hijos y de su mundo infantil o adolescente, no estar metidos en el nuestro sin poder salir. Hay que olvidarse de las exageraciones y los dramas en los que buscamos focalizar la atención en nosotros y en lo que nos pasa. Cuando nuestros hijos nos necesitan no es el momento de centrarnos en nosotros. Así es la vida de una madre o un padre: sus necesidades van por delante y nuestro ego detrás.

Por ejemplo, tu hija de catorce años suspende cinco asignaturas y, al enseñarte las notas, se pone a llorar, te cuenta lo mal que se siente por haberse esforzado tanto y no haber conseguido sus objetivos, empieza a decirse que es lo peor y que jamás conseguirá hacer las cosas bien. Ella no necesita que tú le digas lo mal que te sientes, la mala suerte que crees que tienes por tener una hija que saca malas notas y otras frases con las que lo único que conseguirás es hacerle daño. Lo que tendrás que hacer es olvidarte de las expectativas que albergas para con ella y su futuro, centrarte en el momento presente, en el día de hoy, en la autoestima de ella, que necesita florecer, y en la seguridad en sí misma que debe potenciar. La mirarás a los ojos, le darás un gran abrazo lleno de amor y respeto, empatizarás con su frustración, no te irás de su lado a no ser que te pida que te vayas lejos, entonces te distanciarás, si bien le irás recordando con voz templada que estás ahí. Le aportarás el contacto físico que necesite, escucharás todo lo que tenga que decirte sobre su situación, permitirás que se descargue de la forma que necesite, no le darás una charla sobre la importancia de estudiar, ni tampoco culpabilizarás a sus profesores ni al sistema; es decir, pensarás en ella y en su bienestar. Le preguntarás cómo se siente, y la ayudarás a saber que la entiendes diciéndole cómo te sentiste tú cuando te pasó algo similar. No sentenciarás lo que le pasa, ya que debe descifrarlo ella con tu fiel ayuda, con tu paciente y cariñosa guía.

➢ *La búsqueda de soluciones:* Para ayudar a los hijos a encontrar solución (si es que la hay) a aquello que les sucede, debes acompañar sus emociones. Es decir, hasta que no haya sacado todas sus emociones al exterior, liberándolas, no estarán preparados para la búsqueda de soluciones, ya que su cerebro estará invirtiendo toda su energía en conocer sus emociones, expresarlas y recuperarse de las mismas. Son muchas las ocasiones en las que, mientras se expresan, buscamos apresuradamente una solución para que se les pase, para que vean que no es para tanto y que se puede ver de otra manera... Con buena intención, sí, pero no es eso lo que necesitan; lo que precisan es tener un buen acompañamiento emocional para estar preparados para ver soluciones.

Por ejemplo, tu hijo de diecisiete años se enfurece porque cuando va a salir de casa se le queda enganchado en uno de los pomos de la puerta el bañador nuevo que se ha puesto para ir a la última en la salida a la playa con sus amigos. Va tan deprisa que al estirar se le hace un agujero y, en consecuencia, no puede ponerse ese bañador y debe cambiarse. En vez de ofrecerle otro bañador enseguida e intentar convencerle de que no es para tanto, mantente a su lado, mírale a los ojos y empatiza con él; deja que hable de cómo se siente, de que exprese lo que necesita. Tú escucha amablemente y mantén el contacto físico que te deje.

Puede que pienses que con esta edad no lo necesita, pero lo necesita igual que en cualquier otra edad. Además, si hemos acompañado las emociones correctamente durante su primera infancia, estará acostumbrado a recibir muestras de cariño y escucha cuando sienta rabia o cualquier otra emoción y, en consecuencia, sabrá salir antes de la misma y se sentirá igual de querido que siempre. Si nunca con anterioridad se le ha acompañado correctamente, al principio le costará adaptarse a ser escuchado, entendido, querido y valorado en su enfado, es normal: la parte de su sistema cerebral emocional se ha adaptado a este impacto y ahora debe adaptarse a otro, pero poco a poco irá entrando en la práctica y se irá integrando en la nueva manera de entenderse y de que le entiendan.

Así pues, deberás tener paciencia, le dejarás que hable sobre cómo se siente, no culpabilizarás a nada ni a nadie y no buscarás una solución hasta que esté más aliviado. Cuando un hijo sale de su emoción, se nota, te das cuenta de cómo se va recuperando y empieza a ver todo de otro color; de hecho, los hijos son capaces de recuperarse y salir adelante con gran serenidad, sin quedarse atascados en lo que ha pasado, y están preparados para buscar soluciones. Puedes ofrecerle a tu hijo otro bañador bonito que tiene en casa, cuyo color le sienta genial, si él no recuerda dónde lo tiene, o quizá al reflexionar ve que cualquier bañador suyo le servirá para pasar un buen día con sus amigos. Todo depende de la actitud con la que se encuentre después de sacar toda la frustración que esto le ha provocado, que siempre va a ser una actitud óptima y llena de fuerza.

Como ves, acompañar a los hijos en sus emociones no equivale a hacer lo que ellos quieran, a decirles a todo que sí y a ser unos padres permisivos. Todo lo contrario. Es saber aprender de cada situación, así como atenderlos en todo momento desde la comprensión, el amor incondicional y el profundo respeto hacia sus sentimientos, porque merecen ese respeto, están en su derecho, como cualquier otra persona. En cambio, cuando no se los acompaña en sus emociones, no solo se sienten abandonados y nada valorados, sino también ofendidos, y además con ello se fomenta la desconexión entre padres e hijos. No se trata de estar de acuerdo, sino de respetar la variedad de opinión y la expresión de sus emociones, que cada vez será más templada y coherente. Cuanto más y mejor acompañamiento, antes se conocerán a sí mismos.

La niña de ocho años que antes se enfadaba muchísimo y lloraba durante una hora cuando su prima se tenía que marchar a su casa después de haberse pasado todo el sábado entero jugando sin parar, ahora es capaz de entender que se tiene que marchar, aunque se ponga triste, claro, y que ya no le hace falta perder la energía con una expresión tan intensa porque sabe que es algo que va a suceder.

Esa es la madurez emocional que los hijos logran de manera no inmediata, sino después de muchos acompañamientos correctos, de forma paulatina, bonita, lo que les procura herramientas de por vida. Teniendo en cuenta siempre que cada persona es diferente, no podemos comparar a un niño con otro, ni a un hijo con otro: cada uno tiene sus propios procesos y necesidades emocionales; por tanto, debemos adaptarnos a cada uno de ellos, conocer sus particularidades y saber qué necesitan en función de su personalidad. Quizá uno de tus hijos necesita más contacto físico que el otro, o más escucha o descarga verbal, eso dependerá de ellos mismos, pero en ningún caso podemos forzarlos a ser como no son.

Esta madurez emocional que ellos logran también la debemos conseguir nosotros. Al principio nos será más difícil, puesto que nadie nos va a acompañar emocionalmente, pero aprenderemos al acompañar en cada emoción a nuestros hijos, esa será la única forma de salvarnos ahora que ya somos padres. Puede que tengas más de un hijo y que estés sola, y que debas acompañar a uno de ellos. Normalmente, será uno el que se exprese, y el resto observará el acompañamiento que le ofrezcas; de esta manera aprenderán que es natural dar estas atenciones e integrarán que también estarán disponibles para cuando les toque pasar por ello. Puede que haya más de un hijo que necesite acompañamiento emocional a la vez, aunque no es lo usual, porque cada niño es único y coincidir en emociones es difícil, pero si ha habido un conflicto entre ellos, es posible que se dé el caso. En este momento, si somos más de un adulto podemos hacer un acompañamiento individual para cada uno y rotar para estar unos minutos los dos con todos los niños que estén sintiendo emociones. Si solo está disponible un adulto, este deberá intentar dar acompañamiento a los dos a la vez, procurando hacer turnos para cada uno; en este caso, los mantendrá cerca, los escuchará y empatizará con ambos.

Es importante destacar que, cuando nuestros hijos están sintiendo emociones, puede que nos desequilibremos mucho. Cuanto más lejos estemos de conocernos a nosotros mismos y a nuestras emociones, más cerca estaremos de perder los nervios ante las emociones de nuestros hijos. Poco a poco aprenderás a saber mantener la calma en esos momentos, centrándote en conectar con ellos y no con esa voz interior tuya que está rabiosa y llena de frustración. No obstante, no dudes en pedir ayuda a otro adulto que sepa aportar a los niños unas atenciones óptimas si, cuando estés acompañando emociones, ves que no vas a poder hacerlo correctamente. Todo es cuestión de práctica diaria, constante, con motivación y ganas de ver un cambio real en la relación con tus hijos y contigo mismo. Cuanto más acompañemos y más conscientes seamos de la necesidad de este acompañamiento, menos perderemos los papeles en los momentos emocionales intensos de nuestros hijos (y de nosotros mismos).

> Nos hace falta otra clase de inteligencia: la de las emociones, la esperanza y el amor.
>
> LILIANA BODOC

Comprendiendo el llanto

Desde pequeños nos han enseñado a esconder las lágrimas.* Tanto es así que relacionamos el hecho de no llorar con la valentía, y el hacerlo con la debilidad y la falta de fuerza. La verdad es que cuanto más se esconden, más necesitan salir las lágrimas; llorar es algo natural. Cuando uno necesita expresar lo que siente, ya sea alegría, tristeza o cualquier otra emoción, es posible que su cerebro envíe señales de la necesidad de llorar.

Yo misma soy de las que lloran cuando hay algo que me emociona (no solo en momentos tristes): un libro, una película o, simplemente, un bonito atardecer. Si bien es cierto que me ha costado muchos años integrar que es lo normal, que no soy rara o exagerada. Soy así y es lícito mientras con ello no haga daño a nadie ni a mí misma; de hecho, el daño me lo causaba cuando intentaba esconder algo que no podía ni quería esconder. Llorar es una forma de expresar emociones.

A los niños de hoy en día los estamos educando exactamente con la misma cultura con la que nosotros crecimos, y de esta manera perpetuamos la sociedad «antilágrimas» reprimiéndoselas constantemente, y pensamos que hacemos lo co-

---

* Según las investigaciones del bioquímico William H. Frey, poseemos sustancias químicas tóxicas para nuestro organismo que deben eliminarse a través de las lágrimas. Además de liberar el estrés y la ansiedad que puede estar provocando la situación, llorar, por tanto, es necesario para el cuerpo y la mente.

rrecto. Cuando un niño o una niña llora, no lo soportamos, pues el llanto está mal visto, y, claro, como no le acompañamos, lo que provocamos es aumentar todavía más las ganas de llorar. Metemos a los hijos en un círculo vicioso en el que desean llorar porque no se sienten comprendidos en sus emociones, necesitan llorar para pedirnos ayuda, para sentirse comprendidos, amados, atendidos, valorados por lo que son y no por lo que hacen. Por tanto, cuando un hijo llora, lo que está haciendo es comunicarse; necesita tu refugio, no tu juicio.

Por ejemplo, estás con tu familia (tu hija de cinco años, su hermano de siete y tu pareja) y resulta que tenéis que ir a comprar al mercado porque os faltan algunas cosas en la nevera. Cuando les proponéis a vuestros hijos el plan, tu hija se llena de impotencia, no quiere ir por nada del mundo al mercado, pide ir por favor al parque, de paseo o incluso quedarse en casa jugando con sus construcciones, pero no le apetece ir a comprar. En este caso, ante todo podríais valorar si su petición puede ser viable en vuestra familia; quizá lo adecuado sería que uno de los dos adultos se fuese a comprar y el otro llevase a los niños a algún lugar óptimo para ellos. Si por alguna razón concreta esto no puede ser así, entonces deberéis entender su impotencia y su malestar. Ella, al ver que no hay otra opción, descargará su emoción, entre otras cosas, llorando, pues se comunica llorando y necesitará sacar sus sentimientos en forma de llanto. Lo que no podréis hacer, entonces, es ignorarlo, sino todo lo contrario, habréis de realizar todo el acompañamiento emocional de manera adecuada y sostener este llanto.

En incontables ocasiones somos los adultos los que les causamos las lágrimas a los niños, puede que porque no pasamos demasiado tiempo con ellos ni estamos mucho con ellos de manera empática y receptiva, y esto hace que utilicen el continuo llanto como búsqueda de esta atención que no obtienen. O también es posible que no acompañemos bien las emociones y que las lágrimas les salgan en cualquier otro contexto porque han dejado sus emociones dentro y necesitan sacarlas. O, tal vez, al ignorar sus emociones, criticarlas o juzgarlas, lloren desconsoladamente pidiendo a gritos un correcto acompañamiento, aunque parezca que lloran por la emoción. Lloran por ambas cosas, por su emoción y por sentirse abandonados, rechazados y no queridos.

Debemos acompañar las lágrimas de nuestros hijos e hijas, sostenerlas y abrazarlas, no causarlas.

Comprendiendo los enfados

Una gran parte de las madres y los padres creen que temen el enfado de sus hijos. Muchas familias con las que trabajo, antes de aprender a hacer un acompañamiento emocional, me decían cosas como: «Es que no me atrevo a decirle que debe dejar ya de jugar con la consola porque me da miedo que se enfade.» O: «Es que paso de decirle que no puede comer galletas, y le dejo que coma las que quiera, que, si no, ¡me monta unos pollos!» En realidad, no temen el enfado de sus hijos, temen el desgaste emocional que les provoca escuchar las emociones de sus hijos.

Ante esto hay que hacer un cambio radical; los enfados en los hijos son naturales y positivos, y también es bueno para nosotros acompañar sus emociones para aprender sobre las nuestras. Por ello, no hay que tener miedo a esos momentos, hay que tomarlos como un aprendizaje nuestro y suyo.

El enfado es una de las emociones más repetidas en las personas: es muy fuerte y suele aparecer cuando alguna situación no sucede como esperábamos y queremos modificarla e incluso evitar que se dé. Cuando nos enfadamos, nos sentimos atacados y creemos que alguien ha ofendido a nuestra persona, de tal modo que ese alguien tiene la culpa de cómo nos sentimos.

Como ya hemos aprendido, nadie es el instigador de nuestras emociones, solo nosotros mismos. Por eso, cuando te irritas con una amiga porque llega media hora tarde a vuestra cita y, en consecuencia, vais a perderos varios minutos de la película en el cine, tú eres la única persona responsable de llevar esta situación a más, de que te enfurezcas cada vez más y veas a tu amiga como a una gran enemiga y una irresponsable, o bien puedes calmarte y ser capaz de comunicar tu enfado de manera asertiva y respetuosa.

El enfado puede aumentar cuando estamos cansados, estresados o acalorados, pero por eso precisamente debemos tener el gran compromiso de conocernos y ser conscientes de cuándo estamos enfadados, del porqué y, por supuesto, de cómo sale hacia fuera, y eso sin dañar a nadie y de una manera tranquila y sosegada, ya que se supone que somos adultos y capaces de ello y, si no lo somos, debemos trabajar conscientemente por y para ello.

Nuestros hijos, sin embargo, aprenderán del enfado si los dejamos enfadarse con total libertad y si son acompañados en el proceso. No podemos pretender que los niños no se irriten porque, básicamente, es antinatural, y tampoco podemos pedirles un autocontrol porque es imposible. Como ya sabemos, las emociones deben sacarse para fuera cuando eres niño o adolescente para poder conocerlas en el presente y en el futuro.

Por ejemplo, tu hijo de ocho años se enfada porque, estando en la piscina, su amiga debe marcharse y a él le gustaría que se quedara un ratito más, pero no es posible, ya que ella tiene un encuentro familiar. Lo que no puedes hacer es decirle que ya han jugado mucho rato, prometerle un helado al salir o echarle en cara que es un exagerado... Está enfadado, es normal; hay que aceptarlo y acompañarle en esta emoción como en cualquier otra: has de estar a su lado, mirándole a los ojos, y ser comprensivo, permitiendo así que saque lo que tiene dentro, que hable y que se exprese sin sentirse avergonzado o juzgado por estar enfadado; al mismo tiempo has de abrazarlo, si puedes, y ser paciente y sostener su emoción hasta que se recupere de la misma.

Aprenderéis juntos de cada enfado. No tengas miedo a las reacciones de tus hijos e hijas; cada vez serán menos intensas y tú estarás mucho más calmado y equilibrado en cada una de ellas, pues serás capaz de no ver a tu hijo como un enemigo cuyas emociones debes reprimir, sino como la persona a la que más amas, que más te ama y que más te necesita del mundo.

> Todo lo que te molesta de otros seres es solo una proyección de lo que no has resuelto de ti mismo.
>
> BUDA

Comprendiendo las «rabietas»

La verdad es que no me gusta que las emociones de los niños y niñas sean catalogadas como «rabietas», ya que, aunque se definan en el diccionario textualmente como «un enfado», en el mundo adulto se consideran como algo que hacen los niños porque les apetece retar a sus padres o porque son caprichosos y llorones. Son tantos los prejuicios adultistas que hay detrás de las rabietas que, como forman parte normalmente de una etapa temprana de la vida, de los dos a los cinco años, más o menos, se ha llegado a hablar de «los terribles dos años», haciendo de este modo protagonistas a los padres, que, pobrecitos, tienen que «aguantar» a los hijos en esta etapa, y culpables a los hijos, cuyas emociones son terribles.

Todo esto es injusto, triste y, por supuesto, nefasto para el desarrollo emocional —y vital— de los niños. Las rabietas o emociones intensas no existirían apenas si, por un lado, entendiéramos los ritmos y las necesidades reales de los niños y, por el otro, si sus emociones estuvieran bien acompañadas. Estas forman parte de un proceso natural de los niños, en el que empiezan a tener su propia opinión e intereses y, como es obvio, quieren llevarlos a cabo. A la confrontación de puntos de vista entre padres e hijos se la llama, incorrectamente, rabietas de los niños, cuando, en realidad, estos verbalizan o expresan su deseo (sea el que sea), y si no puede cumplirse, se enfadan y explotan. La manera de manifestar su frustración en estos momentos es de forma muy intensa, sin medida, con alta necesidad de descarga, pero esto no significa que tengan algún problema, ni que debamos hacerlos sentir mal por su expresión. Ya sabemos que las emociones lo que necesitan es eso, junto con un buen acompañamiento y entendimiento adulto. Cuanto antes y mejor sean acompañadas, antes serán conocidas por nuestros hijos y menos necesidad de expresión intensa habrá.

Tener rabietas no es portarse mal ni tener reacciones exageradas; es sentir, tener opiniones y objetivos propios. Puede que tu hijo o tu hija nunca haya tenido momentos emocionales intensos y que los tenga ahora, cuando ha crecido; deberás reflexionar entonces sobre la manera en la que lo acompañaste emocionalmente años atrás. Si no lo has acompañado nunca de manera correcta, puede que haya reprimido sus emociones, de tal manera que necesite sacarlas al exterior; es su forma de liberarse de la represión emocional. Tal vez piensas que sí lo has acompañado correctamente durante toda su infancia y ahora de repente vuelve a tener momentos intensos. Esto es normal: los niños pasan por diferentes etapas vitales, su cerebro va evolucionando y trabajando y no siempre pueden estar en la misma sintonía emocional; nuestros hijos son personas. No obstante, siempre hay que observar su entorno, estar informados en todo momento de cómo están, cómo se encuentran en los diferentes contextos en los que viven (colegio, amistades...) y tener en cuenta si ha habido alguna alteración en sus vidas, si han tenido un hermano o hermana, han cambiado de ciclo en la escuela, han perdido a algún familiar, etc. Todos los cambios que vive una persona son fundamentales y generan un vaivén emocional, pero resultan mucho más importantes cuando los que pasan por los mismos son niños, pues todavía están creciendo emocionalmente y deben ir conociéndose en su integridad.

En definitiva, no debemos entender las rabietas como una etapa altamente estresante para los padres y por la que todos los niños pasan, sino que más bien tenemos que dejar de centrarnos en etiquetar los momentos emocionales de los hijos, poniendo toda nuestra atención solo en acompañar las emociones de los hijos como hemos aprendido. Debemos integrar que son seres emocionales, como nosotros, pero que ellos están creciendo, evolucionando, y lo único que necesitan es expresarse para aprender a comprenderse, para aprender a vivir.

Aprender a saber estar

Perdemos los nervios muy a menudo con nuestros hijos. Si reflexionamos sobre ello, nos percatamos, como ya hemos visto, de que cuando ellos expresan sus emociones o hacen el intento de expresarlas es cuando más nerviosos nos ponemos. Tenemos el impulso de reprimirlos, coartarlos, hacerlos callar, mantenerlos a raya para que no se acostumbren a ser atendidos (eso decimos). Por tanto, nuestro trabajo consiste, básicamente, en aprender a saber estar, a comportarnos de manera adecuada cuando ellos están sintiendo y, en consecuencia, cuando nosotros también sentimos. La vida junto a nuestros hijos es una constante rueda formativa en la que aprendemos cada vez más y en la que superamos obstáculos y salimos victoriosos si nos esforzamos y tenemos el único objetivo de educarlos con el corazón y respeto, dejando a un lado la autoridad y el mando.

Los niños y niñas a quienes se acompaña emocionalmente son, entre otras características, optimistas, respetuosos, sensitivos, intuitivos, vivos, tolerantes, sorprendentes, bondadosos, empáticos, humanitarios e investigadores del entorno, de la naturaleza y de los procesos vitales. No tienen maldad ni son violentos; no causan daño a nadie y si lo hacen, nunca es de manera consciente, pero además saben enmendar sus errores, pedir perdón y entender por completo al otro. Son colaboradores, humildes y se deleitan jugando solos, en compañía únicamente de su imaginación libre y respetada. Los niños acompañados no son obedientes ni dóciles; son niños que saben lo que quieren y así lo expresan y demandan cada vez de una manera más pausada y comprensiva consigo mismos y con los demás, pero lo saben expresar, y si no puede ser lo que piden, tienen la confianza de que obtendrán el acompañamiento emocional que necesitan. Gozan de una autoestima íntegra y de una seguridad en sí mismos óptima, las cuales les servirán para el resto de sus vidas y en todas sus relaciones.

Al aportar a los hijos acompañamiento emocional estamos ayudando a que tengan una buena salud en todos los sentidos, mental, emocional y psicológica y, por ende, física. Sin embargo, cuando reprimimos las emociones, al no poder sacar para fuera lo que tienen dentro, los niños se tornan personas irritables, negativas, cabizbajas, tristes, agresivas (muerden, pegan, molestan...); además tienen ansiedad, estrés, nervios, miedos, desconexión y falta de vínculo con sus padres, así como dificultades para relacionarse óptimamente con otras personas, problemas de concentración y dificultades de aprendizaje; sus niveles de cortisol en la sangre son elevados debido al estrés que sufren en cada emoción no acompañada, lo que hace que se rebaje su sistema inmune y les provoque falta de autoestima e inseguridades, etc.

Como ves, muchos de los problemas que están a la orden del día de los niños y las niñas y por los cuales los llevamos a terapia y solicitamos ayuda externa se resolverían de forma óptima y natural si estuvieran acompañados emocionalmente.

Queremos hijos que en la edad adulta tomen decisiones, tengan una buena autoestima, sean buenas personas y no le hagan daño a nadie, sean tolerantes y respetuosos con las demás personas y con el medio, sean felices de un modo integral... Y lo cierto es que nunca podremos conseguirlo si en su infancia y adolescencia les cohibimos precisamente aquello que queremos que posean en su futuro.

El acompañamiento emocional es esencial para vivir una vida plena.

> En lugar de criar niños que crezcan bien «a pesar» de su infancia, criemos niños que crezcan extraordinariamente «debido» a su infancia.
>
> L. R. KNOST

¿Recuerdas cuando Alejandra llegó a su casa pidiendo un sujetador de deporte? Te explico qué se hizo incorrectamente y cómo se debería haber actuado de manera correcta:

Incorrecto	Correcto
Alejandra no conocía nada sobre su cuerpo y su desarrollo, sobre la menstruación y su significado.	No podemos abandonar así a los hijos; no podemos no hacerlos partícipes de sus propias vidas, necesidades y procesos naturales porque cometemos un grave error. Desde pequeña, Alejandra debería haber mantenido conversaciones sobre el desarrollo de las personas, los cambios que experimenta el cuerpo y lo que significa la menstruación para una mujer, algo que la acompañará durante gran parte de su vida y que pasará a ser parte de su personalidad. Con total amor, respeto y empatía por su evolución personal.
La educación sexual era un tema tabú y, además, se despreciaba. La confianza en su hogar era nula.	Ningún tema debe ser censurado entre padres e hijos; todo se puede hablar, investigar y tratar. La educación sexual es muy importante, y desde la más tierna infancia hay que enseñar a los niños y las niñas a entender su cuerpo, a protegerlo y amarlo. Nada que forme parte del ser humano debe ser despreciado ni recibir burlas. Hay que fomentar la confianza en los hogares, de esta manera crearán una buena autoestima y seguridad, entre otras cosas, en los hijos. Los padres de Alejandra tendrían que haber mantenido con sus hijas, desde el inicio de sus vidas, una conversación amable y cariñosa, respetuosa y cálida, que les diera herramientas de por vida, no ladrillos que quitarse de encima.

Alejandra fue objeto de burlas e insultos por su necesidad de tener un sujetador de deporte.	Cuando un hijo nos expone una necesidad, debemos atenderla. A veces podremos cumplir su deseo, sobre todo cuando se trata de algo que impacta en su salud de manera negativa, y por ello hay que tratarlo y apoyarlo. A veces no será posible, y entonces deberemos acompañar las emociones de enfado que le provoque el no obtener lo que desea. En este caso, su deseo era una necesidad primaria y debería haber sido contemplada y llevada a cabo con todo el amor y la comprensión necesarios.
Sufrió acoso sexual y ofensas por parte de unos compañeros, y sus padres no le ofrecieron ningún tipo de apoyo.	Una de las peores cosas que les podemos hacer a nuestros hijos es no defenderlos ante las ofensas de los demás; hay que defenderlos con sentido común, coherencia y respeto hacia las otras personas o hacia la situación en sí, pero defenderlos. Lo que no puede ser es que nuestros hijos e hijas pasen por momentos difíciles, humillantes, críticos... y que nosotros, como padres, no estemos a su lado. En el caso de Alejandra, sus padres deberían haber escuchado atentamente su situación, haberle dado pautas de autodefensa que no hicieran daño a esos niños, como es obvio, pidiendo ayuda a algún adulto (entrenadoras). Por supuesto, tendrían que haberla apoyado en la compra del sujetador deportivo para que se sintiera mejor en todos los aspectos.
Ella nunca exponía sus emociones a los padres porque se las habían reprimido toda su vida. No tenía confianza en ellos.	Sus padres nunca acompañaron emocionalmente a sus hijas; por ello, había una desconexión total entre ellos. Ella se sentía una extraña en su hogar, es más, ni siquiera lo sentía su hogar. Alejandra escondía sus emociones y, por ello, tendría que hacer un trabajo de reeducación emocional, en el que todas sus emociones fueran acompañadas para que fuera saliendo de su propio caparazón personal y pudiera forjar el vínculo entre padres e hijas.

Los padres ignoraron su explicación, su frustración, rabia y necesidades emocionales.	Cuando ella explotó de pura frustración, obtuvo más desconexión, en vez de empatía, contacto, escucha y sostén emocional. Nada de lo que les ocurra a nuestros hijos e hijas debe ser ignorado, sino acompañado y valorado.
Recibió amenazas, insultos, incomprensión, nulo apoyo y una total falta de empatía.	El maltrato a los hijos puede ser tan sutil que no lo consideremos maltrato. En realidad, todo lo que no le haríamos a un adulto, no se lo deberíamos hacer a un hijo. No es difícil entenderlo, otra cosa es que seamos conscientes de que lo hacemos de manera incorrecta y que queramos dejar de hacerlo para cambiar así nuestra vida a nivel familiar y a todos los niveles. Amenazar, insultar y mostrar falta de empatía hacia los hijos es maltratarlos emocionalmente. Alejandra no debería haber llegado al extremo de explotar, pero si la comprensión hubiese llegado antes, su emoción no se habría disparado. Por otro lado, una vez llegados a este punto, debería haber recibido acompañamiento emocional con todas las características mencionadas, sintiéndose en los brazos de su madre como nunca en ningún lugar.
Alejandra buscaba en un peluche lo que no le daban sus padres.	Si le hubiesen dado un acompañamiento, ella no necesitaría cobijarse en ningún peluche ni elemento externo. Alejandra sentía una tristeza profunda a diario. Con comprensión y acompañamiento, la habría dejado de sentir. Una tristeza que irá con ella durante toda su vida. Tenemos la responsabilidad de darles a nuestros hijos un acompañamiento emocional que cambie sus vidas a mejor y para siempre, y ellos tienen el derecho de recibirlo.

En este capítulo hemos aprendido...

- El vínculo entre padres e hijos es el vínculo más fuerte que tenemos y que tendremos como seres humanos; ningún otro dejará una huella similar en nuestra vida, no es equiparable a nada.
- Identificar nuestras emociones consiste, precisamente, en saber ponerles nombre, en lograr captar qué nos pasa y por qué y en exprimir la información que nos dan a través de nuestros pensamientos y reacciones corporales. Eso sirve para poder situarlas donde deben y no dejar que nos dominen y que nublen la empatía que deberíamos tener hacia nuestros hijos. Permite, asimismo, conectar con lo que les está pasando a ellos, lograr ver a través de sus ojos y acompañar esas emociones. Identificando nuestras emociones también ayudamos a nuestros hijos a identificar las suyas.
- La mayoría de los problemas familiares se dan únicamente por intentar acoplar a los niños al mundo adulto, a un mundo creado por y para adultos que no se preocupa de las necesidades físicas y mentales de los más pequeños, un mundo social que va en contra de su naturaleza, lleno de prisas, etiquetas, horarios y evaluaciones.
- Acompañar a los hijos en sus emociones es, precisamente, saber estar ahí cuando ellos están sintiendo y expresando, y resulta esencial para que puedan vivir una vida plena.
- No se trata de que los hijos hagan lo que quieran, sino de que, sea lo que sea lo que expresen, se sientan seguros emocionalmente y que nadie les imponga lo que deben sentir.

- Muchísimas frustraciones de nuestros hijos e hijas se deben justamente a que queremos controlarlos y manejarlos. Es imprescindible alejarnos del control y acercarnos cada vez más y mejor a la conexión con ellos.
- Jamás se deben ignorar las emociones de los niños, con independencia del grado de enfado que tengan o la motivación que los ha llevado a expresar este enfado. Necesitan atención, con ella se calman sus tempestades.
- Los abrazos son una de las mejores formas de contacto que tenemos los seres humanos. Cuanto antes nuestros hijos encuentren nuestros brazos, antes calmarán su emoción.
- Al empatizar, somos capaces de sentir la intensidad de lo que sienten nuestros hijos y nuestras hijas, de lo trascendental que es en ese momento para ellos. Al margen de si estamos de acuerdo con el motivo o no, conectamos con ellos y no importa nada más.
- Cuanto más pacientes somos con nuestros hijos, antes se recuperarán ellos de la emoción que están viviendo.
- Hay que dejar que los niños se expresen, que griten, pataleen y hablen, que liberen y saquen para fuera todo lo que les llega desde lo más profundo de su ser.
- Cuando quitamos importancia a lo que sienten, rebajamos directamente su autoestima.
- No hay que darles grandes charlas ni explicaciones, sino solo mensajes adaptados a las circunstancias y a su comprensión que los ayuden a interpretar sus emociones y a entenderse a sí mismos.
- Nuestras palabras hacia ellos deben ser de cariño, de amor, de aliento, de empatía y, en todo caso, de ayuda hacia la identificación de lo que les pasa. No debemos poner el nombre a la emoción desde nuestra opinión y

visión, sino que los ayudaremos a que entiendan lo que les pasa desde su propia perspectiva.
- Hasta que no haya pasado toda la descarga y emoción, no estarán preparados para la búsqueda de soluciones.
- Esta madurez emocional que ellos logran siendo acompañados también la debemos conseguir nosotros. Al principio nos será más difícil, puesto que nadie nos va a acompañar emocionalmente, pero aprenderemos al acompañar en cada emoción a nuestros hijos.
- Al aportar a los hijos acompañamiento emocional estamos ayudando a que tengan una buena salud en todos los sentidos, mental, emocional y psicológica y, por ende, física.

Para los padres de Alejandra, ella siempre había sido, y seguía siendo, una pesada. Cuando era un bebé, solía llorar muy a menudo por las noches, ya que desde el primer mes de vida la pusieron en una cunita en la habitación contigua a la de los padres. Ellos consideraban que dejarla llorar hasta que se durmiera era la solución a su llanto. No eran capaces de comprender que lo que necesita un bebé para conciliar el sueño es sentirse seguro en brazos, principalmente, de su madre. Desconocían que dejar llorar a un bebé hace que los niveles de cortisol en sangre se disparen, con consecuencias negativas de por vida, así como que los bebés son personas que necesitan protección y amor, no todo lo contrario. Alejandra tardaba unas dos horas en dormirse cada noche; lloraba tanto que pasó el primer año de vida constantemente afónica, pero, al no obtener respuesta, aprendió a dormirse sola, con profunda tristeza, abatimiento y soledad. Desde ese entonces, sus padres la llamaban «la plasta», y así lo hicieron saber al resto de la familia. El apodo estaba tan integrado que sus primos y tíos solían llamarla «plasti». Y así creció, creyéndose una pesada, un incordio, alguien que molestaba.

Con quince años seguía formando parte de un equipo de baloncesto, que de hecho era como una protección, pues allí se sentía ella misma —o eso creía—, aunque no podía evitar notar que molestaba en algunos momentos. Un día, estaba vistiéndose en el vestuario con sus compañeras y oyó que algunas de ellas hablaban de una fiesta sorpresa a la que no había sido invitada. Preguntó, sutilmente, para quién era la fiesta y le respondieron que era para una niña ajena a su equipo, de otro ambiente al que ella no pertenecía. Iba a ser una fiesta muy íntima y familiar. En realidad, a esa niña solo la conocía de pasada y hasta le costó recordar quién era exactamente cuando le dijeron su nombre. Sabía que no tenía sentido ir a esa celebración, pero no podía dejar de sentirse mal, de culpabilizarse, de creer que no la invitaban a la fiesta porque era un estorbo, una pesada que no caía bien a nadie y que nunca iba a poder hacer cosas divertidas con otros chicos de su edad porque no era bien considerada. Era incapaz de darse cuenta de lo querida que era entre sus compañeros; sus pensamientos le hacían creer otra cosa. La opinión ajena le importaba mucho, demasiado, incluso la de personas que no conocía de nada o que veía al ir a comprar el pan o cuando cruzaba el semáforo.

Tras vestirse, se fue caminando hacia su casa, y en la calle no pudo evitar hacer lo que hacía siempre que iba sola: mirarse en los escaparates; ensanchar la camiseta para que no se le pegara al cuerpo y se le notara la figura; intentar alargar el flequillo para que tapara su frente —la consideraba demasiado larga— y morderse el labio arrugando la nariz en señal de desaprobación ante lo que veían sus ojos. Al llegar a casa, suspiró aliviada porque no había llegado todavía nadie: prefería mil veces estar sola que con sus padres. Su hermana tenía novio desde hacía cinco años y apenas la veía, casi la consideraba una extraña. Decidió ponerse a estudiar; tenía dos exámenes aquella semana y, aunque consideraba que se sabía las lecciones más que de sobra, quería sacar dos dieces. Había comprobado que, cuando sacaba dieces, en la siguiente comida familiar, con abuelos y demás familia, su madre le daba un beso al alardear de sus notas. Casi se sentía estúpida al pensar que la única forma de que su madre sintiera algo de orgullo por ella era sacando buenísimas calificaciones. Solo le daba besos y pequeñas muestras de afecto si conseguía los objetivos que sus padres le iban marcando. Pequeñas muestras en las que se quedaría a vivir.

Poco tiempo después de que empezara a estudiar, llegaron sus padres de hacer la compra. Iban muy perfumados y fumando, cosa que Alejandra no soportaba: sentía que su oxígeno estaba constantemente contaminado, y a veces sangraba algo por la nariz y estaba convencida de que era por el ambiente tan cargado de humo que había en su casa. Su madre pasó a saludarla y se puso contenta al verla metida en el libro, y ella aprovechó para contarle su anécdota de la fiesta sorpresa de aquella niña.

—¡Ay, Alejandra! Te preocupas por tonterías, no hay nada de malo en ser la pesada, cada uno tiene su papel dentro de los grupos. Yo era la fea, y mírame, aquí estoy tan pancha. Además, sabes que eres muy pesadita, desde bien pequeña.

Cuando su madre cerró la puerta de la habitación, Alejandra dudó durante unos instantes entre ponerse a escuchar música con los auriculares y mirar el libro como si estuviera estudiando, o estudiar de verdad. Finalmente, siguió estudiando; prefería sacrificar su tiempo con tal de conseguir esas notas y poder disfrutar, solo un ratito, de ese afecto (aunque fuera forzado) que tanto necesitaba.

4

La autoestima de nuestros hijos y nuestras hijas. Cómo fomentarla a través de las emociones y de nuestro trato hacia ellos

> Todo niño se valora a sí mismo tal como haya sido valorado.
>
> Dorothy Corkille

¿Qué es la autoestima y cómo se forma?

Solemos confundir la autoestima con el ego. Pensamos que las personas que se aman a sí mismas son soberbias, miran por encima del hombro o se creen superiores al resto de los mortales. Lo cierto es que la autoestima tiene que ver con el amor propio, con ese amor que profesamos por nosotros mismos, por lo que sentimos, al fin y al cabo, por nuestra propia persona.

Cuando uno tiene una buena autoestima, no se complica la vida con los juicios ajenos, ya que tan solo le preocupa el propio juicio personal. Es capaz de respetarse a sí mismo y, sin ningún tipo de duda, también a los demás. Una persona que se ama a sí misma se siente feliz por el mero hecho de ser quien es, contenta por ser la persona que es, sin necesitar el beneplácito de nadie.

¿Te has planteado alguna vez qué ves cuando te miras al espejo? Y no me refiero únicamente al aspecto físico, sino a qué ves si miras de verdad dentro de ti, en tu corazón, en tus entrañas más íntimas. ¿Te amas? ¿Eres capaz de demostrar este amor por ti mismo sin necesidad de dañar absolutamente a nadie, ni siquiera a ti? ¿O crees que te queda mucho camino por recorrer?

La autoestima de las personas, tal y como corroboró Stanley Coopersmith* en sus investigaciones, se crea justo en la infancia. Los niños se contemplan a sí mismos en función de la opinión que tienen sobre ellos sus padres, y van creando con la visión paternal su propia visión, su propio yo, la proyección que van adquiriendo acerca de su propia persona. Si creces escuchando que eres bajito y que eso es una pena, te acabarás sintiendo mal por serlo; si creces escuchando que eres un vago, pensarás que lo eres y lo llevarás integrado en tu manera de comportarte; si creces escuchando que no vas a

---

* Stanley Coopersmith fue un psicólogo humanista americano, precursor en tratar el tema de la autoestima e investigar sobre ella teniendo en cuenta que las raíces de esta se encuentran en la infancia de cada individuo. Su test, creado en 1959 y que ha ayudado a miles de personas en todo el mundo, sirve para saber qué grado de autoestima tiene cada uno, aproximadamente, para poder valorar su estado emocional y sus carencias respecto a la autoestima, a fin de trabajarlas y mejorar su vida. Stanley Coopersmith confirmó a través de sus investigaciones que «la calidad de la autoestima de una persona depende de las relaciones con sus padres».

ser nadie porque no te esfuerzas en los estudios, terminarás pensando que no vas a ser nadie en la vida...

Todo lo que opinan nuestros padres sobre nosotros, lo que nos dicen directamente o lo que les dicen a otros sobre nuestra persona, va calando en nuestro interior y va formando el amor, o no, por nosotros mismos. Sumado a esto se encuentra la manera en la que nos tratan y, en consecuencia, toda la comunicación verbal y no verbal que utilizan para relacionarse con nosotros.

Es imposible tener una autoestima óptima si te sientes nulo como ser humano, si no puedes expresar tus emociones, si te ignoran, si no te ofrecen acompañamiento emocional de ningún tipo, si tu voz no es escuchada, si te insultan o se burlan de ti simplemente por comportarte como un niño y ser tú mismo o si te controlan absolutamente en todo. Entonces, no puedes respirar, te notas asfixiado, te gritan, te castigan, te amenazan, te manipulan, te exigen, te coartan... Y puedes acabar de dos maneras: como primera opción, puedes ser una persona sumisa, con mil caretas que esconden tus verdaderas necesidades emocionales, sin autoestima, adaptada por completo a lo que tus padres consideran correcto que hagas y que sacrificas tu vida a la aprobación de los adultos y del resto de las personas, o bien, como segunda opción, puedes terminar ejerciendo de falso líder, como una persona con una gran falta de autoestima interior que necesita manejar a los demás para sentirse bien.

La manera en la que tratamos a nuestros hijos se convierte en la forma en la que se ven a sí mismos y se relacionan con el mundo exterior: los amigos que tienen, los estudios que escogen, la música que escuchan, el modo como valoran sus propias capacidades y sus opiniones hacia el mundo, etc. El adultismo y el control hacia los hijos ha nublado nuestro objetivo, ese que teníamos antes de ver a nuestros hijos por primera vez, cuando decíamos con la boca bien grande: «Solo quiero que sea feliz.»

Es imposible ser feliz sin ser tú mismo.

En vez de educar a nuestros hijos para que puedan ser ellos mismos, estamos educándolos para que encajen dentro de la sociedad en la que vivimos. Nos preocupa más el qué dirán que lo que ellos piensen de sí mismos. De modo que vivimos en una constante rueda, basada en una relación entre padres e hijos vacía, en la que ellos deben limitarse a ser como a nosotros, como padres, nos gusta y queremos que sean. Marcamos expectativas sobre su vida y vamos a por ellas como si fueran nuestras en vez de suyas. Queremos decidir el nivel de inglés que deben tener, el deporte que deben realizar, la ropa que tienen que ponerse, los estudios que deben elegir, los amigos que mejor nos parecen, la música que pueden escuchar... Nos olvidamos por completo de sus verdaderas necesidades, y eso pasa factura no solo a la larga, sino también en el momento presente, ya que viven con miedo, miedo a salirse de la raya, a no ser lo que realmente parecen destinados a ser y esperan sus padres. Y eso causa un daño integral en su autoestima.

¿Conoces a alguien que durante su infancia tuviera que realizar el deporte que sus padres preferían? ¿A alguna persona que acabara estudiando lo que a sus padres les parecía bien y no lo que quería en realidad? ¿A alguien que se sintiera tremendamente mal cuando no lograba aquello que sus padres se habían propuesto para él? ¿A alguna amiga que en su vida adulta está con la pareja que su madre considera «el mejor yerno», pero que en verdad no se siente feliz en esa relación?

Seguro que sí, porque así hemos crecido: forjando nuestra vida en función de lo que nuestros padres querían de ella, dejando nuestra autoestima, seguridad y confianza bajo cero. Los niños y las niñas tienen derecho a sentirse respetados, apreciados y queridos en todos sus momentos y decisiones, no solo cuando los padres consideran que han hecho las cosas bien. Sentirse así no significa que tengan cuanto quieran cuando lo deseen, sino, precisamente, que si alguno de sus objetivos no puede llevarse a cabo en ese momento por una razón de peso (porque ponga en peligro su bienestar, seguridad o su salud), sus padres estarán ahí para acompañar sus emociones y respetar su manera de vivir la situación. Cuando los respetamos todo el rato, ellos no sienten juicios, críticas, miedos, control o culpa, sino que su autoestima se forja fuerte y alta y los capacita para cualquier circunstancia que la vida les tenga preparada.

Por suerte, la autoestima de las personas puede modificarse; aunque cuesta mucho trabajo cuando ya la tienes establecida de un modo concreto, es posible. Cuanto antes atendamos a los hijos como ellos necesitan, los acompañemos en sus emociones y los guiemos desde el cariño y el respeto (y no desde el control), antes podrán estructurar su autoestima de manera óptima. No obstante, hay que tener siempre en cuenta que, por mucho que los eduquemos de manera empática, respetuosa y calmada, puede haber momentos más débiles en su autoestima, en función de las circunstancias que vayan viviendo con relación al resto de sus relaciones sociales, las pruebas de vida que se encuentren, etc. Y nosotros debemos saber captar esos instantes de debilidad para ayudarlos más, si cabe, y para potenciar todo aquello que ellos no son capaces de ver en sí mismos.

Los niños van creciendo, van viviendo diferentes momentos y experiencias que los ayudan a seguir moldeando su autoestima, y, si bien la base siempre está en cómo son tratados por sus padres, todo suma. Puede que una persona se sienta totalmente triste e infeliz, ya que sus padres le hacen sentir muy mal a diario con sus desprecios, aunque sutiles, su falta de afecto, su control, su ausencia de empatía y atenciones, pero resulta que tiene una profesora que la escucha, la atiende, se preocupa por ella, tiene en cuenta sus intereses, la alienta y la sostiene. Su autoestima mejora gracias a esta experiencia, y aun cuando falte la gran pieza del puzle, el resto se va uniendo poco a poco.

Cuando ya somos adultos necesitamos recomponernos. Al no estar en pleno desarrollo cerebral —como sí lo están nuestros hijos—, es más difícil tener una buena y renovada autoestima, pero no imposible. La falta de autoestima es uno de los grandes males de esta sociedad. Muchas personas con la autoestima baja o inexistente hacen daño a otras, ya que es la única manera en la que rellenan su falta de amor propio. Creyéndose superiores a los demás, buscando defectos en los otros y viendo la paja en el ojo ajeno, satisfacen sus carencias para no pararse a reflexionar sobre estas.

En la mayoría de las ocasiones, son nuestros propios hijos los que cargan con nuestras inseguridades, miedos y falta de amor propio. Por ello, por mucho que intentemos que se sientan queridos y valorados con palabras o elogios, en realidad, todo está vacío de sentido si no los educamos como lo necesitan. En consecuencia, seguimos perdiendo los nervios con ellos, los culpamos de nuestra desdicha y les marcamos metas y objetivos en función de lo que nosotros queremos que consigan. El mensaje que debemos trasladar a nuestros hijos, con hechos, no con palabras, es que son importantes y valiosos solo por el simple hecho de vivir. No necesitan nada especial ni conseguir nada en concreto para ser admirables y útiles para sí mismos, solo ser.

De hecho, a lo largo de la vida, todos queremos y debemos sentirnos queridos, respetados y apreciados por nosotros mismos, sin precisar la aprobación de los demás, ya que forma parte de nuestra necesidad cerebral, va más allá de un aspecto puramente social. Que alguien tenga una vida adulta totalmente plena y feliz depende en gran medida —más bien en toda— de lo que sienta por sí mismo. En nuestras manos está ayudar a nuestros hijos, como padres, a crear un buen cimiento en el que sostenerse.

Cómo ayudar a nuestros hijos e hijas a tener una buena autoestima

Lo primero que debemos hacer para ayudar a nuestros hijos en la consolidación de una óptima autoestima es, precisamente, empezar a querernos nosotros mismos.

Es imposible que los padres que constantemente se maltratan a sí mismos, que no se quieren, que se dicen cosas feas y que se comparan, o bien que intentan ser alguien que no son, puedan integrar en sus hijos una buena autoestima. Debemos darles el ejemplo de ser personas que, aunque a veces desfallezcamos, sabemos superar los conflictos y problemas y mantener nuestra autoestima, sin necesidad de dañar a los demás ni a nosotros mismos.

Cuando logramos amarnos tal y como somos, podemos ayudar de forma íntegra a nuestros hijos a que tengan una buena autoestima. Hay que hacerlo de manera conjunta: ir trabajando en nuestra propia autoestima a la vez que cuidamos y los guiamos en la suya. Ninguno de los dos objetivos debe quedarse atrás. Además, en el camino de la consecución de la autoestima de nuestros hijos vamos adquiriendo cada vez más autoestima: al ver el impacto tan relevante que tiene en sus vidas el hecho de ser tratados con respeto, amor y coherencia, nuestra autoestima mejora automáticamente. Empezamos a sentirnos más acorde con el estilo de vida que llevamos, con los objetivos que nos planteamos, con parecernos cada vez un poco más a las personas que desde el principio hemos querido ser.

Además, los hijos se ven reflejados en nosotros, somos su ejemplo. Por ello, debemos ofrecerles un modelo de persona que se ama y se respeta a sí misma.

Por otro lado, para ayudar a que nuestros hijos tengan una buena autoestima es esencial el acompañamiento de las emociones, además de lo ya comentado en capítulos anteriores, pero debemos también:

- *Aceptarlos tal y como son:* Cuando tenemos hijos (incluso antes de tenerlos), caemos en el error de crearnos unas expectativas. Esto es bastante normal. Por ejemplo, cuando vamos a cambiar de trabajo o empezamos una relación, también solemos imaginarnos cómo será, nos marcamos objetivos y establecemos unas expectativas. Pero para que todo vaya bien y tome el rumbo que debe tomar, nos alejamos de ellas para vivir y disfrutar de la realidad.

Lo mismo hay que hacer con los hijos. Para vivir el presente con disfrute y felicidad junto a ellos, con una buena autoestima y autenticidad, hay que renunciar a la idea que tenemos sobre ellos para dejarlos ser. Debemos olvidarnos de marcarnos metas para con sus vidas. Lograr esto no es nada sencillo: muchas emociones se recopilarán en nuestro interior, unidas a la presión social, nuestra propia falta de autoestima..., pero hay que hacerlo, por su bien y por el nuestro.

Ignoremos por completo cosas como «yo quiero que mi hijo sepa jugar al fútbol mejor que el hijo de Pedro» (que puede que no verbalices exteriormente, pero que lo hagas de manera interna) y sustituyámoslas por «cariño, si te interesa practicar algún deporte ya sabes que puedes decírmelo en confianza, y si no estás seguro del que te gusta, puedes probar hasta que encuentres aquel con el que conectes de verdad».

Los hijos deben saber, con total seguridad, que se los quiere por lo que son, no por el grado en el que consiguen o no las expectativas marcadas por sus padres. Cuando lo saben, sin ningún lugar a dudas, sienten motivación por superarse, por aprender cosas nuevas y apasionarse por lo que realmente desean. Por supuesto, abandonar las expectativas es abandonarlas del todo, es decir, de nada sirve si los dejamos vivir su propia vida,

pero estamos recordándoles siempre que «me hubiese gustado que estudiases», «qué bonito sería que tocases el violín, como la hija de mi amiga Berta»... Tu mundo es tu mundo, el de tus hijos, el suyo.
- *No usar comparaciones ni etiquetas:* Las personas no deben ser clasificadas nunca, y menos los niños. Cada ser humano es único y especial, y tiene sus propias características y motivaciones. Cuando etiquetamos y comparamos, lo que hacemos es que nuestros hijos integren eso como una carencia (por ejemplo, si le decimos que su amigo Juan es más listo) o como una ley que se debe seguir. Cuando aseguramos que son muy buenos (e integran que así son), no se permiten ningún error que pueda alejarlos de la aprobación de sus padres: lo que ellos afirman es su doctrina. Si les decimos que son malos, realmente creerán que son así y sus acciones irán encaminadas a ser como los padres sostienen que son. Por ello, no debemos compararlos con otras personas ni etiquetarlos según nuestro parecer.

Hay que destacar también que, aunque la etiqueta nos parezca positiva, nunca lo es. Los niños no son buenos ni malos, son niños, y no podemos ponerles un cartel en función de lo que creemos y de lo que nos interesa a nosotros. De este modo, rebajamos su autoestima a cero, así como la confianza en sí mismos, ya que no son quienes les gustaría ser, solo van viviendo su vida intentando acoplarse a lo que, a juicio de sus padres, es correcto o no...
- *Darles ejemplo de sinceridad:* Es importante educarlos en un ambiente honesto y sincero. Si ven constantemente que sus padres les mienten, o mienten a los de-

más, y no son coherentes con lo que dicen o hacen, crecerán utilizando las mentiras o la deshonestidad como la forma de comunicarse y relacionarse con el resto de las personas. Es incoherente, por tanto, quejarnos de si los niños mienten o se vuelven falsos en sus relaciones cuando han sido educados para normalizar ese comportamiento.

— *Poner límites a otras personas:* Cuando estamos obsesionados por quedar bien con los demás, en muchas ocasiones cometemos el gran error de no defender a nuestros hijos. Nos preocupa más lo que otro adulto pueda pensar de nosotros o de nuestros hijos que su propio bienestar. Por supuesto, esto no es algo que hagamos de manera consciente (o al menos no siempre), sino que lo tenemos integrado en nuestra forma de comportarnos socialmente.

Por ejemplo, tu hijo se presenta en casa con una nota en la agenda en la que su profesor dice que ha estado castigado sin recreo porque no ha entregado los deberes y que, como siga así, va a suspender todo por vago. Tú te dedicas a firmarla y a poner un «no volverá a ocurrir» y te enfadas luego con tu hijo por no llevar los deberes hechos, en vez de defenderle, de concretar una reunión en el colegio y, desde el máximo respeto, pedir que nunca más se le vuelva a castigar sin recreo, sea cual sea el motivo, ya que todos los niños tienen derecho a un descanso durante las horas lectivas, por ley. Hacer lo contrario vulnera los derechos de los niños y debería ser denunciado. Además, tampoco pides que no se insinúe que es un vago, ni se le ponga ninguna otra etiqueta. No exiges respeto, ante todo, entendiendo que de la mejor manera que aprenden los niños es jugando,

experimentando, investigando, no mediante repeticiones. Aunque sean normas del centro, nadie tiene derecho a tratar mal a ningún niño ni a crear una brecha en su autoestima porque a otro adulto le apetezca o, lo que es peor, ni siquiera sea consciente de lo que está provocando en él.
- *No obligarles a hacer nada que no quieran:* Estamos tan acostumbrados a controlar a los niños que no nos paramos a pensar en lo grave que es para la autoestima de alguien sentirse impotente y verse obligado a hacer lo que otra persona ordena. Muchas veces, cuando comento esto, los padres me dicen que es que hay cuestiones que se tienen que hacer sí o sí y que, de lo contrario, pues se les tiene que obligar a que las hagan. Y no es así en ningún caso, ya que ellos aprenden los aspectos realmente importantes para la supervivencia por imitación, por el ejemplo que ven en sus padres y por sobrevivir.

Lo fundamental aquí sería, entonces, saber reconocer cuáles son las cosas de verdad esenciales en la vida de nuestros hijos e integrar que, cuando se respeta a una persona en todos los aspectos, se le deja el tiempo necesario para aprender, comprender y querer hacer algo, se la apoya y se entienden sus procesos cerebrales, sin forzar y sin pretender que lo que el adulto diga sea la verdad absoluta. De este modo, los niños asimilan todo lo necesario para sus vidas, sabiendo desechar lo que no les sirve y dejando lo que sí pueden aprovechar.
- *Sus derechos antes que el empeño de otro adulto:* Unido al punto anterior, cabe destacar que no debemos obligar a los niños a que hagan cosas que no quieren con otros

adultos solo porque sean sus abuelos, tíos o conocidos. Si la abuela le pide un beso a nuestro hijo y a él no le apetece dárselo, no es que sea un maleducado ni nada por el estilo, es que no le apetece y tiene todo el derecho del mundo a no querer hacerlo. No debemos centrarnos en las necesidades de la abuela, sino en las del niño. Queremos que cuando sean mayores sepan decir no, que pongan límites a otras personas que intenten obligarlos a algo, que no se dejen influenciar por nadie, pero, sin embargo, cuando son pequeños estamos constantemente forzándolos a que den besos y abrazos, incluso a los desconocidos. Para que luego puedan decir «No es no», tienen que poder decirlo primero en su infancia y adolescencia.

- *Trabajar y potenciar con ellos la buena visión de sí mismos:* Debemos ayudarlos a que tengan una autovaloración positiva, pero esto no se hace diciéndoles lo guapos que son o lo bien que hacen todo, sino que se logra tratándolos como a personas importantes —todos lo somos—, y que se consideren merecedores de este buen trato. Cuando tratamos a los hijos mediante el control, las amenazas, las malas formas y las exigencias, calibramos nuestro afecto hacia ellos en función de si hacen las cosas como nosotros queremos o no... De esta manera, lo que conseguimos es que se cuestionen siempre si merecen lo que tienen o no y que se sientan culpables si no consiguen hacer «felices» a sus padres. Es muy triste que crezcan así, pendientes de la evaluación de los adultos, autocastigándose y culpándose cuando no logran sus objetivos.

Nuestros hijos tienen derecho a vivir sus vidas, no las vidas que nosotros queremos que vivan. Si en algún momento observamos que dicen cosas dañinas sobre sí mismos, se insultan o expresan su malestar hacia ellos, primero debemos observarnos y valorar si estamos cometiendo errores que les hagan sentir mal. Tenemos que reflexionar sobre cómo les hablamos, cómo los miramos, si expresamos opiniones sobre ellos, si hablamos de ellos en tercera persona aunque así los perjudiquemos como individuos únicos, si hacemos burlas, los insultamos, les decimos que «solo son niños» y «lo importante es lo que digan los adultos», les hacemos sentir inferiores por el hecho de ser niños o los agredimos de algún modo, etc.

En ese caso, es normal que notemos que ellos tienen una visible falta de autoaceptación. Debemos modificar todo esto y ayudarlos a amarse, hablar con ellos, establecer una conexión tan estrecha y respetuosa que sepan refugiarse en nosotros para aprender a amarse.

> Lo peor que le puede ocurrir a una persona es llegar a pensar mal de sí misma.
>
> GOETHE

- *Mostrar dedicación:* Nuestros hijos nos necesitan. Necesitan tiempo por nuestra parte y para ellos, así como que los escuchemos, que nos metamos en su mundo y juguemos con ellos sin importarnos nada más, que vivamos comprendiendo el modo en el que viven. Anhelan nuestro cariño y nuestros besos, quieren compartir largos ratos con nosotros de conversación, de ocio, de vida, de lectura. Hay que pasar tiempo con los hijos y de nada valen las excusas como «es que trabajo mucho», «es que estoy muy cansada», «es que tengo dos hijos más». Todo es posible. El poco tiempo que tengamos disponible, debemos poder disfrutarlo con ellos y hacer que sea nuestra prioridad. Quizá puedas aprovechar durante la ducha, mientras ellos, fuera de la misma, te explican cosas, o leyendo un libro en voz alta para ellos, estando abrazados en el sofá al tiempo que habláis de la vida... En fin, cualquier minuto respetuoso con los hijos cuenta para la óptima elaboración de su autoestima.

— *Anímalos en sus decisiones y deja que expresen sus opiniones:* Hay que dejarlos que elijan y expresen su propia voluntad, que puedan decidir sobre su propia vida (qué ropa ponerse, cuánta cantidad comer, qué compartir y qué no, a qué jugar y con quién...), siempre que las decisiones no estén relacionadas con la supervivencia, es decir, si deciden tirarse por la ventana, como es obvio, no debemos animarlos. Pero dejando que ellos elijan con quién jugar, por ejemplo, y no haciendo juicios sobre ello ni intentando manipularlos sobre qué es lo mejor para ellos, se sentirán bien y aumentarán su autoestima, creerán en sí mismos y aprenderán a tomar sus propias decisiones sin hacer daño a nadie ni tampoco a sí mismos. Es muy relevante también porque aprenderán a relacionarse sin estar pendientes de si a sus padres les parece bien o mal esa decisión y así se conocerán en integridad a sí mismos. Además, serán libres de expresar su propia opinión sin ser coartados. Deben tener la libertad de poder pensar lo que deseen y hacer lo que decidan en función de este pensamiento y, por supuesto, aprendiendo desde el ejemplo que todas las opiniones son respetables mientras no se haga daño a nadie. Opinar no es imponer.

— *Dar el buen ejemplo de respetar a los demás:* No debemos educar a nuestros hijos en la crítica, es decir, no debemos permitir que nuestros hijos vean que criticamos a todo el mundo, que hablamos a espaldas de otras personas, que somos falsos, que ponemos una cara por delante y luego otra por detrás, que hacemos juicios de las decisiones que toman las personas (todos tenemos nuestra propia vida y nadie tiene derecho a meterse en la misma, salvo nosotros mismos). Si nos comportamos así, nuestros hijos creerán que hacer esto es normal y positivo en las relaciones, cuando lo único que provoca es faltar al respeto a los demás.

Tenemos que enseñarles a no juzgar ni a criticar, a profesar respeto por todo tipo de opiniones, creencias, personas y cualquier ser vivo, aunque no tengan la misma opinión que ellos, y que la vida no es una competición, sino un camino donde cada uno debe elegir su propia dirección sin perjudicar a nada ni a nadie (incluyendo su propia persona). Por supuesto, tampoco debemos hacer juicios ni críticas sobre nuestros propios hijos, respetando así su integridad personal.

— *Ayudar a tus hijos si te lo piden:* Con el tema de la autonomía y los niños estamos confundidos del todo a nivel social. Por un lado, hemos caído en la rutina de forzar y acelerar su autonomía: les metemos prisa, queremos que duerman solos, les quitamos el pañal, nos obsesionamos con que aprendan a recoger... Sin embargo, cuando están haciendo algo, siempre nos entrometemos en cómo lo están haciendo, intentamos ayudar cuando ni siquiera nos piden ayuda y, de esta forma, lo único que hacemos es fomentar en ellos una falta de autoestima. Sin embargo, debemos considerar, en primer lugar, que la autonomía llega, no se fuerza. Hay que confiar en sus tiempos y en su desarrollo sin tener prisa para que se adapten a unos cánones sociales y a unas estadísticas que nada tienen que ver con las necesidades reales de los niños. Es impactante ver cómo en los propios colegios se envía a los padres la típica nota informativa de lo que «deben» hacer sus hijos antes de empezar el primer curso de infantil, con tres años, y resulta absolutamente vergonzoso (que haga pipí y caca en el baño, que duerma y se duerma solo, que comprenda órdenes y las cumpla, que sea obediente...). Los niños no son adultos ni deben serlo y, además, les exigimos cosas que luego, como adultos, no hacemos, como, por ejemplo, obedecer a los demás sin tener ni voz ni voto.

En segundo lugar, debemos tener en cuenta que, cuando no piden ayuda, hay que permitirles un espacio, que puedan probar las cosas si no vemos un peligro real. Aunque advirtamos desde el inicio que no van a conseguir lo que se proponen, no necesitan a nadie diciéndoles cómo deben hacerlo y reiterándoles que no lo van a hacer correctamente.

No hay que adelantarse a lo que va a pasar, hay que confiar en sus capacidades y decisiones; de este modo aprenderán a confiar en sí mismos. Si luego las cosas no les salen como esperaban, entenderán que todos nos equivocamos, que en la vida hay dificultades, fracasos..., y ahí estarán sus padres para acompañar sus emociones, tanto cuando lo logren como cuando no. Como es obvio, siempre que nos pidan ayuda hay que dársela con amabilidad y sin criticar esta demanda, sin poner en duda sus conocimientos ni objetivos, siendo capaces de ser neutrales y respetuosos con todo lo que los concierne, se equivoquen o no. Si no les aportamos apoyo cuando lo piden o si lo hacemos cuando no lo piden, haremos que duden de sí mismos y fomentaremos constantemente el que se digan mensajes como «no puedo», «no lo voy a conseguir», «esto no se me da bien». En realidad, estos son mensajes que hemos favorecido nosotros con nuestros actos. Cuando afirmen este tipo de cosas, debemos preguntarles por qué creen eso e intentar reconducir la confianza que tienen en ellos mismos precisamente dándoles la oportunidad de hacer, de actuar, de experimentar y de aprender investigando y jugando con libertad, que es como mejor aprenden los niños.

— *Invitar a tus hijos a disfrutar de la vida:* Todos los seres humanos tenemos el derecho de vivir nuestra vida como lo que es, nuestra. Además, hemos de saber vivirla acoplándonos a lo que tenemos y fijándonos más en quiénes somos y cómo queremos ser. Debemos desarrollar un ambiente en nuestro hogar en el que nuestros hijos se sientan agradecidos por el lugar donde les ha tocado vivir y en el que sean alentados a disfrutar de su vida, a luchar por sus sueños, a que tengan motivaciones e intereses reales y sepan vivir el día a día con aspiraciones y que, por supuesto, no se les pongan barreras a las mismas. ¿Cuántas veces hemos dicho de niños: «Yo de mayor quiero ser astronauta» y nuestro adulto más cercano en ese momento ha comentado: «Pero eso es muy difícil, hay que estudiar mucho», o bien: «¡Huy, sueñas demasiado alto!»? Y esto es porque nos hemos acostumbrado a hacerlo así: interés mostrado, interés pisado. La relación con nuestros hijos tiene que ser del todo diferente, basada en la confianza, el respeto y la motivación ante la vida, y hay que saber luego recoger sus lágrimas y sostenerlas cuando haya un fracaso, dejando de lado el «te lo dije» y sacando el «aquí estoy para escucharte, amarte y ayudarte».

– *Colaborar para que entiendan que no necesitan la aprobación de nadie:* Esto nos resulta complicado, ya que primero debemos lograr zafarnos nosotros de esta creencia, dejarla atrás para conseguir que nuestros hijos e hijas se liberen de la aprobación externa. Ni ellos ni ninguna persona necesitan el consentimiento de nadie para hacer lo que hacen, ser como son, decir y pensar lo que digan y piensen. Una de las mejores «medicinas» para la autoestima consiste en educar a los hijos para que no les importe en absoluto la opinión de los demás. Es importante, no obstante, saber escuchar la opinión del resto, pero no tiene que influenciarnos. Si alguien desaprueba una decisión nuestra, debemos trabajar nuestras emociones en caso de que nos genere frustración o tristeza; hay que empatizar con su desaprobación u opinión, y entender que nadie es culpable de lo que sentimos ni el cómo. Podemos elegir cómo sentirnos en cada momento, pero si hemos hecho lo que nuestro corazón quería, no debemos sentirnos mal, aunque no lo hayamos logrado. Por eso, aunque escuchemos las opiniones de los demás, no debemos dejar que decaiga la seguridad en nosotros mismos. Nuestros hijos no deben rellenar su autoestima demostrando a los demás sus consecuciones, ya que la única opinión que debe importarles es la suya.

- *Ni premios ni castigos:* Los premios y los castigos no enseñan absolutamente nada a los niños o, al menos, nada positivo. Son una forma más de controlarlos y manipularlos que lo que hace es que sea imposible tener una buena autoestima, entre otros muchos efectos negativos para su desarrollo. Premiar y castigar a los hijos provoca que estos no actúen por sí mismos, sino que solo estén pendientes de conseguir el premio o ahorrarse el castigo. Viven con miedo, ansiedad y nervios pensando en la obtención o no de su recompensa o en su castigo. La confianza, el respeto y el amor por uno mismo no deben depender de lo que a alguien le parezca bien o mal, de si ha conseguido hacer lo que le decían o esperaban para obtener un premio o un castigo; depende del saberse importante sea lo que sea lo que haga o lo que no haga. Cuando utilizamos los castigos o premios para educar, los niños acaban amoldándose a ese estilo de vida y creyendo que así funciona en todas las relaciones: ganas o pierdes, te aplauden o te culpan, aplaudes o culpas; no aprenden empatía ni su vida fluye en la sinceridad ni en los verdaderos intereses personales, solo en aquellos que parecerán bien al resto de la gente. La vida no es eso; debemos educar en la esperanza, la comprensión, el amor por uno mismo, la confianza hacia los valores de cada uno, la aceptación y el profundo respeto por su ritmo y desarrollo.
- *Educar en la cooperación, no en la competitividad:* Vivimos en el mundo de la competición en vez de la colaboración, y educamos a nuestros hijos así, de una forma en la que les enseñamos el ego, la envidia, las comparaciones, la aprobación..., en lugar de enseñarles a vivir plenamente sin necesidad de sentir que son me-

jores o que ganan a otro. La competición entre personas hace que nos llenemos de odio, rabia y agresividad. Es importante educar a los hijos para que respeten al resto y a sí mismos, creyendo en un mundo en el que todos tenemos cabida tal y como somos, sin hacernos daño.
— *Cuidado con los elogios:* Tal y como se utiliza el elogio en la educación de los hijos, está mal planteado y practicado. En realidad, elogiar a los hijos es manipularlos. Si los alabas cuando se portan como tú quieres que se porten, ya estás domando su autoestima hacia tu propio interés; si les dices qué bien hacen los deberes, porque los hacen como a ti te gusta que los hagan, estás moldeando de nuevo sus intereses y proyecciones personales. De este modo, el elogio funciona como un premio: los hijos se comportarán y harán las cosas de una determinada manera solo para obtener tu aprobación y visto bueno, construyendo así su autoestima en función de la necesidad de hacer las cosas correctamente (como dicen los demás) o incorrectamente (como ellos en verdad quieren). Cuando un hijo hace lo que desea y se esfuerza cuanto desea, no necesita escuchar alabanzas ni juicios de nadie; necesita que se muestren interesados por lo que ha hecho, que le pregunten sobre cómo lo ha logrado, que le agradezcan que se lo enseñe, que se escuche su opinión sobre su propia meta conseguida, pero nunca elogios ni críticas.

Si, por ejemplo, tu hija te dice que quiere poner la mesa contigo, no le digas «¡muy bien!» porque realmente a ti te parece estupendo, ya que te viene bien su ayuda. Lo que no quieres es que su autoestima dependa de que a ti te parezca bien que ponga la mesa contigo, sino que salga de su corazón hacerlo, porque quiere y no está obligada a hacerlo. «Si te apetece, te espero entonces» podría ser tu respuesta, con amabilidad y cariño.

Debemos alejar a los niños de la necesidad de aprobación y, por tanto, también de la nuestra. Acostumbremos a los niños a decidir sobre sus vidas y acostumbrémonos nosotros a guiarlos sin darles esas palabras «bonitas» que solo llevan anclados nuestros propios intereses y nuestras propias necesidades. Siempre debes preguntarte si cuando vas a elogiar a tus hijos lo haces con tu corazón o si se esconde algún interés personal detrás, tu propio ego, tu comodidad, tus prisas... Mejor sustituir los halagos por preguntas que no dañen en ningún caso su autoestima y que os acerquen, cada vez más, a una relación de conexión, apoyo y confianza.

El mensaje que debemos trasladar a nuestros hijos, pues, con hechos, es que son importantes y valiosos solo por el simple hecho de vivir. No necesitan nada especial ni conseguir nada en concreto para ser admirables y útiles para sí mismos, solo ser.

No basta únicamente con amar a los hijos, hay que demostrárselo a diario y en cada uno de nuestros actos, gestos y palabras.

Nuestros hijos e hijas: personas con buena autoestima

Quererse a sí mismo es lo mejor que uno puede hacer por su propia vida. Cuando uno se quiere tal y como es, lucha por lo que quiere y, aunque fracase, sabe levantarse. Llora si es necesario antes, pero no culpa a nadie, sino que sigue adelante con ahínco y encuentra nuevas motivaciones.

Si educamos sin perder los nervios, en el acompañamiento emocional y la comprensión, nuestros hijos serán en el presente y en el futuro personas con una alta autoestima, que no necesitarán la opinión ajena para sentirse bien, que tendrán una imagen positiva de sí mismos, sin odio para repartir, ni reproches hacia el resto, solo amor, empatía y respeto. Serán personas que se sentirán agradecidas por el mero hecho de existir, que confiarán en sí mismas y en sus características. Que tomarán las decisiones que verdaderamente quieran sin necesitar la aprobación de nadie, ya que no tendrán miedo de desencajar porque ya encajan en su propio rompecabezas.

Si para el futuro de nuestros hijos e hijas queremos todo lo mejor, empecemos por dárselo ahora.

> Amarse a uno mismo es el comienzo de un romance de por vida.
>
> OSCAR WILDE

¿Recuerdas que a Alejandra le pusieron un apodo por llorar cuando la dejaban sola siendo un bebé? A continuación, te explico qué hicieron incorrectamente sus padres y cómo deberían haber actuado de manera correcta:

Incorrecto	Correcto
Cuando Alejandra era un bebé, sus padres no atendían su llanto y «aprendió» a dormirse sola.	No atender a los bebés y niños durante su llanto y dejarlos solos para conciliar el sueño no solo hace que el nivel de cortisol en sangre aumente y que, por tanto, los niños estén literalmente estresados, sino que además este sufrimiento vivido en los primeros meses o años de vida pasa factura también en el futuro. Este tipo de personas tiene luego muchos miedos y fobias, ansiedad, insomnio... Y es que todo lo que no sea aportar respeto, amor y acompañamiento a los hijos causa una brecha en su desarrollo. Los padres de Alejandra deberían haber dormido con ella o, en su defecto, haber atendido cada uno de sus llantos con amabilidad, respeto, paciencia, brazos y abrazos, amor y cariño sin medida.
Sus padres la etiquetaron.	Es curioso cómo somos capaces de poner etiquetas a los niños por algo que, además, es una carencia emocional y un error nuestro. Es decir, a Alejandra la llamaron desde que era un bebé «la plasta» por llorar, por solicitar, por pedir ayuda y cariño. En esta sociedad se suele hacer mucho. Se le llama a un niño «torbellino» o «inquieto» porque no para de moverse cuando lo normal en un niño es que se mueva, no estar sentado. Los padres deberían haber abandonado la idea de etiquetar a su hija y darse cuenta de sus verdaderas necesidades emocionales y centrarse en ellas. Con esa clasificación, le faltaron directamente al respeto y crearon en su interior una premisa: la niña se creía pesada de verdad, un incordio, y no se reconocía ni se amaba a sí misma. Por supuesto, el apodo ya fue rizar el rizo y hacer de ese doloroso marcaje una humillación constante que avivó la necesidad de aprobación de los demás en Alejandra, que se sentía triste y abandonada emocionalmente.

Solo recibía algo de afecto de sus padres cuando sacaba buenísimas notas.	En realidad, esto no era afecto, era una recompensa. El amor no es un premio, no es algo que se les da a los hijos si cumplen con nuestras expectativas o intereses: es algo que deben tener ya por el hecho de ser quienes son. Sus padres deberían haber sido capaces de darse cuenta de la maravillosa hija que tenían, solo por el hecho de ser su hija, una persona que trajeron a su hogar porque así lo decidieron con el ánimo de tener una familia, de ser felices, de crecer juntos. Es imposible que evolucionemos como persona sintiendo que nuestras opiniones, intereses y necesidades emocionales no son atendidos nunca. Alejandra debería haber recibido cariño, atenciones, tiempo, escucha, acompañamiento emocional, respeto, empatía, conexión, confianza y familia todos los días, no solo cuando sus padres eran contentados. Y ellos, por supuesto, deberían dejar de lado las expectativas y fijarse, únicamente, en el ser humano, su hija.

En este capítulo hemos aprendido...

- La autoestima es el amor que profesamos por nosotros mismos.
- Una persona que se ama a sí misma se siente feliz por el mero hecho de ser quien es, contenta por ser la persona que es, sin necesitar el beneplácito de nadie.
- La autoestima de las personas se crea precisamente durante la infancia. Los niños y las niñas se contemplan a sí mismos en función de la opinión que tienen sobre ellos sus padres.
- Todo lo que opinan nuestros padres sobre nosotros, lo que nos dicen directamente o lo que les dicen a otros

sobre nuestra persona, va calando en nuestro interior y va formando el amor, o no, por nosotros mismos.
- Lo primero que debemos hacer para ayudar a nuestros hijos en la consolidación de una óptima autoestima es, precisamente, empezar a querernos nosotros mismos.
- Para que nuestros hijos gocen de una buena autoestima (la cual será una de las claves de su felicidad) debemos, entre otras cosas, aceptarlos tal y como son, abandonar las comparaciones y las etiquetas, darles ejemplo de sinceridad, poner límites a otras personas, no obligarlos a nada que no quieran hacer, anteponer sus derechos al empeño de otro adulto, trabajar y potenciar con ellos la propia visión de sí mismos, dedicarles tiempo, animarlos en sus decisiones y dejar que expresen sus opiniones, darles el buen ejemplo del respeto a los demás, ayudarlos si lo piden, invitarlos a disfrutar de la vida, colaborar para que entiendan que no necesitan la aprobación de nadie en la vida, ni premios ni castigos, educar en la cooperación y no en la competitividad y tener cuidado con los elogios.

Aunque ya había cumplido dieciocho años y la catalogaban de «adulta», Alejandra seguía teniendo miedo a la oscuridad.

Ella recordaba cómo con diez años, aproximadamente, al irse a la cama y apagar la luz, de repente sintió un miedo extremo. Miró hacia el pasillo oscuro, de reojo, y, al ver los destellos de luz del televisor reflejados en la pared, se tapó enseguida con la sábana y se abrazó fuerte a su peluche. No entendía muy bien qué le pasaba, pero le pasaba. Llamó a su madre, una, dos, tres veces, hasta que decidió levantarse porque el miedo la superaba.

Entró en el salón con el peluche todavía aferrado a sus brazos, medio despeinada y con la cara blanca.

—Pero ¿qué haces aquí? —preguntó su padre.

—Tengo miedo.

—Pero ¿miedo de qué? De verdad, qué plasta eres, hija, estamos viendo una peli y no queremos que nos molestes. Además, es muy tarde, debes ir a dormir, que mañana va a costarte mucho levantarte.

—¿Puedo encender la luz del pasillo, por favor?

—Vale, pero solo la dejaré encendida cinco minutos, que si no va a venir una factura que no voy a poder pagar.

—¿Me acompañas a la habitación?

—Ya basta, Alejandra, ¡a la cama!

Después de aquella noche, ese tipo de episodios se repitieron constantemente. Además, se complicaban cada vez más, ya que su mente empezaba a divagar y, cada vez que miraba al pasillo, se imaginaba monstruos, serpientes, arañas gigantes... Como es obvio, el tercer día que pidió ayuda a sus padres estos ya pusieron un ultimátum: «Nunca más vuelvas a molestarnos con este tema, Alejandra. Si tienes miedo, cierras bien los ojos, los aprietas fuerte y a dormir. Ya tienes diez años; no puedes tener estos miedos de bebé, debes ser valiente y dejar de imaginarte cosas raras.»

Un día, cuando tenía unos catorce años, la profesora de Alejandra citó a sus padres para comentarles algo que le preocupaba. Cuando llegaron, después de hablarles por encima sobre su situación académica, siempre excelente, y la relación con los demás compañeros, siempre correcta, les dijo que veía a la niña muy cansada, con ojeras, como si descansara mal o no durmiese mucho.

—Señorita, mi hija duerme perfectamente, habrá sido una impresión suya —protestó el padre.

—Solo les pongo sobre aviso por si pudieran observarla, puede que no esté descansando bien por algo que le preocupe —añadió la mujer.

Cuando llegaron a casa, estaban muy ofendidos; se burlaban, entre murmullos, de la profesora y aseguraban que a su hija no le pasaba nada. «¿Va a saber ella más que nosotros sobre nuestra propia niña? ¡Qué mujer más maleducada, de verdad!», decían. Cuando Alejandra llegó del entrenamiento, sus padres intentaron disimular entre ellos, como si no tuviesen curiosidad por observarla ni por comprobar si en realidad su profesora tenía razón; lo cierto era que parecía extremadamente cansada y con ojeras.

Ellos eran unos padres poco o nada conscientes; cada uno tenía su propia mochila. Ana, su madre, había perdido a su padre en un accidente laboral cuando ella era muy pequeña; su madre, la abuela de Alejandra, estuvo trastornada durante muchos años, lo que hizo que desatendiera afectivamente a sus cinco hijos. Paco, el padre, tenía dos hermanas y siempre se había sentido excluido por su madre, como si las quisiera más a ellas por ser chicas. Ambos tenían sus historias muy ancladas. Además, hasta llegar adonde estaban (un buen trabajo fijo cada uno, un piso pagado en una de las mejores zonas de Madrid de la época), habían sufrido mucho y habían pasado por experiencias duras con compañeros de trabajo, jefes y sus propios hermanos. Todo ello, entre otras cosas, había contribuido a que tuvieran la relación actual con sus hijas, una relación basada en la desconfianza, los gritos, las comparaciones y la desconexión.

Los dos se habían dado cuenta de que la profesora tenía razón. Se miraron tras observar a su hija y cada uno de ellos vio en sus ojos una chispa, algo que indicaba que debían ayudarla, pero esta chispa quedaba muy lejos de su corazón. Cuando Alejandra dejó la mochila en su habitación, la llamaron:

—Alejandra, ¡ven un momento! —dijo su madre.

—Que sí, mamá, que empiezo a estudiar ya —respondió.

—Queremos hablar contigo —confirmó su padre.

Alejandra fue al salón y los encontró sentados en el sofá, bastante serios. Les preguntó si pasaba algo y le comentaron lo que les había dicho la profesora y quisieron saber su punto vista:

—No, no duermo bien. Pero esto no es de ahora. Desde los diez años tengo miedo a la oscuridad, y es algo que ya sabéis. Os pido cada noche que encendáis la luz, os pido ayuda y lo único que me decís es que soy una pesada. Y después me cuesta mucho dormirme y, además, me despierto muchas veces durante la noche y la pesadilla vuelve a empezar.

—¡Ja, ja, ja! ¡Ay, madre mía! ¿Así que es eso? ¿La dichosa luz encendida del pasillo que pides siempre? —comentó su madre, ahora tranquila.

—¡Joder, Alejandra, pues entonces no te pasa nada! Realmente nos habíamos asustado un poco, pero es tu cuento de todos los días, ¡menos mal! —sentenció su padre, y añadió—: Eso es que eres una cagada, y ya está; cuanta menos luz haya por la noche, antes lo superarás, ya verás.

Ellos respiraron tranquilos, mientras que Alejandra se sintió una vez más fuera de lugar y se puso a estudiar.

Ahora, con dieciocho años, todo continuaba igual respecto a su problema con el sueño y la noche. Se había acostumbrado a ponerse música cada vez que se sentía de ese modo. No obstante, aunque apretara los ojos y rellenara sus pensamientos de letras de canciones, eso seguía estando ahí, acechándola, y le daban las tantas de la madrugada intentando dormirse. No sabía cómo plantar cara a sus temores, pero lo que sí sabía era que estar a oscuras nunca la había ayudado, sino que los había potenciado.

Intentó conciliar el sueño con una canción que últimamente escuchaba muchas veces al día y que, a su parecer, revelaba cómo se sentía en muchos ámbitos de su vida. Se concentró en la letra: «¿Quién me va a entregar sus emociones? ¿Quién me va a pedir que nunca le abandone? ¿Quién me tapará esta noche si hace frío? ¿Quién me va a curar el corazón *partío*?»

Cerró con fuerza los párpados e intentó dormirse.

5

Los niños y las niñas y sus miedos

> El miedo es la prisión del corazón.
>
> Anónimo

Educar mediante el miedo y sus consecuencias

En la vida, todo es cuestión de «recoger lo que se siembra», algo que parece que los adultos tenemos bastante asumido. Si comes mucho en una comida familiar y no sabes ponerte límites a ti mismo, has de ser consciente de que luego tendrás un dolor de estómago importante; si ignoras a tu pareja y no eres un buen compañero de vida, se acabará cansando de ti y no querrá seguir con vuestra relación; si no te preparas para la oposición que tanto anhelas sacarte, vivirás la experiencia, pero aprobar va a estar difícil...

Y así funciona este viaje: lo que haces o no haces tiene un impacto positivo o negativo en tu vida y, por supuesto, genera un impacto en la relación que tienes con las personas que te rodean. Por tanto, es incoherente pensar que el modo en el que tratamos a nuestros hijos e hijas no genera también unas consecuencias tanto en ellos como en la relación que tienen con nosotros.

Educar mediante el control, las amenazas, los castigos, los gritos, la disciplina, los premios, los chantajes, las expectativas de los padres puestas en sus hijos, la violencia física, la falta de afecto, de tiempo, de presencia y de acompañamiento emocional tiene consecuencias en nuestros hijos, entre ellas, el exceso de miedo. Cuando te educan mediante el miedo, tienes miedo: miedo de ser castigado o de no conseguir el premio; miedo de no ser como tus padres desean y, por tanto, de decepcionarles. Miedo de los gritos, de las amenazas, de no entenderte a ti mismo ni a tus propias emociones; miedo de estar solo en la vida, de que nadie te quiera ni te valore; miedo de no ser bien acogido en un grupo de amigos, de no conseguir pareja o de no tener un buen trabajo; miedo de ser diferente, de no dar la talla, de decir lo que sientes... Miedo de ser tú mismo.

Cuanto más miedo utilizan para educarte y de menos libertad disfrutas para expresarte tanto en tus momentos buenos como en tus momentos emocionalmente intensos, más miedos tienes. Además, al no sentirte protegido, confiado y seguro de ser quien eres y de sentir lo que sientes en un entorno en el que no puedes exteriorizar los miedos, tus temores van convirtiéndose en batallas cada vez más difíciles de combatir y acaban siendo verdaderos desórdenes emocionales que muchísimas personas arrastran toda la vida si no los trabajan.

En cambio, si te educan en el respeto, la empatía, el acompañamiento emocional, el sentido común y el amor incondicional, tendrás los miedos usuales que todos, como humanos, podemos experimentar alguna vez, pero poseerás las estrategias correctas para reconocerlos, sentirlos y superarlos.

¿Qué hacer ante los miedos de los hijos?

Lo primero que debemos hacer, como ya hemos ido comentando a lo largo de los capítulos anteriores, es empezar a ser conscientes de nuestra manera de educar controladora y adultista, y a modificarla poco a poco a través de nuestro profundo trabajo emocional, para poder conectar con nuestros hijos y atender sus necesidades emocionales reales.

También debemos entender que nosotros no vamos a poder evitar que nuestros hijos tengan algunos miedos. Son personas y, como tales, van a ir pasando por procesos en los que puede aparecer esta emoción primaria dentro de ellos. Como padres, no podemos evitarlo; sin embargo, podemos hacer, y mucho, en el momento en que sienten un temor para que puedan entender lo que les pasa, calmarse, liberarse de este y superarlo.

Durante este camino de cambio, vamos a encontrarnos diferentes miedos en función de sus particularidades:

1. *Los miedos característicos de cada etapa de crecimiento:* Estos miedos suelen ser a la separación de la madre, a los desconocidos, a los sonidos fuertes, a los animales, a la oscuridad, a las tormentas, a su muerte o a la de sus seres queridos, a que haya un incendio...

   Sin embargo, debemos tener siempre muy claro que no todos los niños sienten estos miedos, que cada niño es único y tiene sus propias experiencias de vida. Esto depende también del acompañamiento emocional que hayan recibido y reciban. Hay que saber, además, que no todos los experimentan a la misma edad que los otros niños ni los viven de la misma forma ni en las mismas circunstancias.

2. *Miedos postraumáticos:* Aunque ya sabemos que todo depende de cada vivencia experimentada por los niños, su entorno, el tipo de educación que reciban y su manera de integrar cada situación, hay miedos que se adquieren a raíz de alguna experiencia traumática que no han podido superar emocionalmente y que se queda con ellos y reaparece cada poco tiempo. Esta experiencia puede haberse sufrido en el momento del nacimiento (separación de su madre, estancia en incubadora, reanimación...) o en un accidente de tráfico, aunque no hubiera ningún daño físico, o bien deberse a la pérdida de un familiar, la separación de los padres mal acompañada emocionalmente, una película (cuando tenía doce años vi *IT** y estuve años imaginándome al payaso por todas partes; las noches eran insufribles...), una imagen o situación que crea un impacto fuerte que no pueden olvidar...

3. *Miedos creados por madres y padres:* Es muy normal en los padres y madres que educan a través del miedo que se ayuden también de algunos personajes para añadir leña al fuego y así reforzar sus argumentos. Son personajes como el coco, el hombre del saco, los monstruos o las brujas, los médicos o la policía. Es curioso que, aunque debemos enseñarles a los niños que la policía está ahí para ayudarnos y salvarnos de los peli-

---

* Película basada en la novela de terror *IT (Eso)*, de Stephen King, en la que un ser dañino y perverso se lleva sobre todo a los niños para secuestrarlos; comete homicidios y aterroriza a los habitantes de Derry (ciudad inventada por el autor). Aunque este ser adopta diferentes apariencias, la más conocida es la del payaso Pennywise.

gros, les metemos miedo constantemente con frases como «Si no te comes todo, vendrá la policía a por ti y te llevará.» Una vez más, damos muestra de la poca capacidad de coherencia y de sentido común que tenemos a la hora de educar: primero metemos miedo para conseguir nuestro objetivo y, además, con alguien a quien lo correcto sería no temer, sino en quien confiar.

Cabe destacar aquí que, al educar a los hijos mediante el miedo, puede que estos desarrollen un temor que en apariencia no tenga nada que ver con el origen de este. Es decir, si les metemos miedo constantemente diciéndoles que los Reyes Magos no les van a traer nada si no aprueban todos los exámenes con un notable (y ese miedo se va cultivando dentro de ellos poco a poco como una flor en un jardín), es posible que, a los seis meses de esta exposición constante al mismo miedo, de repente sientan un pánico enorme a las arañas y tú no entiendas de dónde viene. Puede que mientras estaban recibiendo esos mensajes y esa presión durante la época navideña, vieran una araña en una foto de uno de sus libros de texto y, ¡zas!, la imagen se quedara implantada en su cerebro y la relacionasen, sin ser siquiera conscientes, con el miedo ejercido por sus padres.

Por otro lado, también están los miedos que tienen los padres y que trasladan, quizá sin querer, a sus hijos. Pueden ser progenitores que albergan sus propios temores e impregnan de ellos a sus hijos (miedo a volar, al mar o a salir de casa...) o bien que tienen miedo de que a sus hijos les pase algo malo: todos tenemos estos miedos, pero hay personas que los llevan más allá y esta inseguridad no deja a sus hijos, ni a ellos, llevar una vida normal, pues están continuamente alertando:

«¡Cuidado, eso no!», «¡No te subas ahí!, ¡te vas a caer!». Y esto conlleva que los niños se sientan acorralados y, por supuesto, que se llenen de temores adquiridos por las aprensiones de sus padres.

Si no se acompañan ni respetan los miedos, y si tampoco se frena el modo de educar mediante el miedo, este hace que los niños sufran una gran falta de autoestima, que no crean en sí mismos y que en muchas ocasiones se consideren incluso culpables de tenerlos. Esto les genera mucha ansiedad, nervios y estrés. Además, van teniendo cada vez más miedos y en ocasiones se encuentran en un callejón sin salida en el que lo que experimentan cuando sienten temor es muy fuerte y empeora, llegando a tener una mala calidad de vida emocional.

En realidad, como ves, en nuestras manos está el que

nuestros hijos abandonen estos sentimientos negativos o los lleven cargados en sus mochilas emocionales como un lastre más.

Cuando nuestros hijos e hijas están sintiendo alguno de sus miedos, además de utilizar todas las estrategias de acompañamiento emocional y respeto que ya hemos trabajado (el acompañamiento emocional es primordial), no debemos mostrarnos impacientes para que dejen de tenerlo o exponerlo. Si observan que estamos nerviosos para que ellos pierdan el miedo, lo que conseguiremos será que lo repriman y, en consecuencia, que hagan lo contrario a lo que necesitan. Ante los miedos de los hijos, siempre hay que mostrar calma por nuestra parte y amabilidad. En ningún caso les pediremos tranquilidad a ellos ni que paren de expresarse o de tenerlo, pero sí que les demostraremos que estamos ahí para ellos, que los entendemos y que los apoyamos en la expresión de su temor. Si no lo hacemos, irán adquiriendo más miedos.

Si, por ejemplo, vas con tu hijo de tres años a la farmacia y resulta que el farmacéutico le hace sentir desconfianza, y él se asusta y te dice que le da miedo, tú no puedes decirle: «Es un buen hombre, no pasa nada, no tiene por qué asustarte porque es bueno», ya que entonces estarás intentando frenar su miedo con toda la buena intención del mundo, pero no es lo que necesita. Debe sacarlo hacia fuera, decirte lo que le pasa, taparse la cara, temblar, lo que precise. Tú puedes preguntarle si está bien, si se siente cómodo o prefiere irse y volver más tarde. Si no es posible, puedes ofrecerle tus brazos y consuelo; puedes hablarle de alguna persona que a ti tampoco te generara confianza en tu niñez para que vea que le comprendes; puedes besarle y mantenerte cariñosa, afectiva, cercana. De este modo, sabrá que tener miedos es normal, así como que el hecho de que sus padres le cuiden y entiendan también lo es. Poco a poco se sentirá seguro y será capaz de ir a la farmacia sin sufrir.

Es importante, como adultos, no perder los nervios cuando nuestros hijos tienen miedos, no exagerar, ni ponerse a gritar ni a hacer teatro centrándonos en nuestras propias emociones... Tampoco hay que juzgar como exageraciones los comportamientos de nuestros hijos durante sus miedos. Ellos deben sacarlo todo sin dejarse nada dentro, así es como irán superando miedos y racionalizándolos, y podrán asimilar que realmente no pasa nada malo y que ni su vida ni su integridad están en peligro. Los que no debemos sacar nuestras emociones somos los adultos, ya que tenemos que ser conscientes de nuestras emociones, identificarlas y saber la prioridad del momento: acompañar de forma correcta los miedos de los niños.

Es esencial que los ayudemos a hablar sobre sus miedos, preocupaciones e inquietudes. Que establezcamos esa relación de confianza en la que ellos puedan explicarnos sin temor a ser juzgados cómo se sienten, qué sienten, cómo lo sienten y por qué creen que lo sienten para poder trabajar conjuntamente en ello, buscar información sobre lo que les da miedo, para poder impregnarse de conocimiento e ir valorando su posicionamiento en cuanto al mismo. Esta escucha, búsqueda y conexión, junto con el acompañamiento recibido durante su miedo, hará que estén preparados para regenerarse y superarlo.

Los miedos son naturales y normales: forman parte del ser humano y nos protegen para asegurar nuestra supervivencia. El cerebro se inquieta ante algo que cree que puede amenazarlo o atacarlo de alguna manera y necesita expresarse, valorar el peligro real para su existencia. Y, una vez que ha corroborado que no es un peligro real, ha de entenderlo, sacarlo para fuera en su máxima expresión, calmarlo, integrarlo como algo ya conocido a lo que no hay que temer y archivarlo. Para poder hacer este proceso, lo importante siempre es que los niños y adolescentes puedan manifestar todos y cada uno de sus miedos sin pudores y que puedan tener la máxima seguridad en sus padres. Seguridad en que no les fallarán, ni juzgarán, ni se burlarán, ni los ignorarán, ni se enfadarán porque los sientan, ni los forzarán a dejar de sentirlos o a enfrentarse a ellos. De este modo, los niños no verán los miedos como un problema (a no ser que sean miedos integrados por una situación traumática anterior que precise ayuda terapéutica extra; se deberá contar, en este caso, con el mismo acompañamiento emocional y buscar un profesional respetuoso para que los ayude con su miedo); en cambio, buscarán la solución a ellos en el acompañamiento de sus padres, en su apoyo y en su amor incondicional, que saben que tendrán en todo momento.

Imagina que a tu hija de doce años le da miedo el mar. Nunca le había ocurrido, pero resulta que el verano pasado le picó una medusa y, aunque esta era pequeña y su curación fue rápida, desde entonces no quiere volver a pisar el mar y, por supuesto, no quiere ni oír el nombre del animal marino. En aquel momento, la atendió un socorrista que la llevó al puesto de salud de la playa y ella estuvo sola, no acompañada ni por ti ni por su padre. El socorrista os había comentado que era mejor que no entrarais y accedisteis a ello. Aquí es importante destacar que los niños y adolescentes tienen el absoluto derecho de estar acompañados en todo lo relacionado con su salud (a no ser que sea una operación o similar). Debemos acompañarlos a todos los procesos médicos, revisiones y pruebas (análisis, radiografías, TAC, reconocimientos...), por mucho que en el centro de salud nos digan, como a veces ocurre, que está en su normativa (lo cierto es que en la normativa prevalecen los derechos de los niños). Lo hacen para que los padres, cuando están nerviosos, no entorpezcan el trabajo de los médicos o enfermeros. Debemos aprender, pues, a mantener la calma y a ofrecerles así esta emoción a nuestros hijos, a aportarles protección y amor incondicional, pero, aunque no lo logremos, siempre hay que exigir estar con ellos, y más en cuestiones de salud, ya que los niños sufren mucho por no estar con sus padres cuando viven una situación de ese tipo, y es importante, cómo no, aportarles un acompañamiento emocional adecuado. En este caso, entonces, deberías haber entrado con ella en el puesto de salud cuando le hacían las curas y, mientras ibas recogiendo sus lágrimas, su expresión del miedo, preguntarle por su experiencia, escucharla, sin juicios, sin dramas, sin forzar su tranquilidad. Como no se actuó así, debería habérsela acompañado inmediatamente después o, en su defecto, en los días posteriores. Si no se hizo nada de eso y se le han ido diciendo cosas como que tiene que superarlo, que no fue para tanto, que tiene que ser valiente, que se va a aburrir en verano, que ninguno de sus primos tiene miedo al mar, etc., se habrá alimentado su miedo, en vez de ayudarla a vencerlo.

No obstante, nunca es tarde y el momento idóneo para empezar de nuevo es precisamente ahora. Habla con tu hija sobre su miedo, déjala que exprese todo lo que lleva dentro, prométele que no la vas a juzgar (y no lo hagas). No des tu opinión, no le digas lo que tiene que hacer, solo escucha lo que tiene que explicarte, mírala a los ojos, que vea que la entiendes, pídele perdón por el acompañamiento incorrecto, dile que vas a respetar todo el tiempo que necesite hasta que se vea capaz de entrar en el mar, que buscaréis juntos alternativas para pasarlo bien, que todo se recompondrá. Busca con ella información sobre las medusas, sus características, por qué pican; investigad si hay algo que pueda ponerse en la piel para evitar que le piquen (ahora hay cremas para ello) a fin de ayudarla a rebajar su miedo y, sin obligarla a nada, a que vaya perdiendo su pánico al mar, etc. Y así, poco a poco, dejándola hablar siempre que quiera sobre ello y decir todo lo que siente, demostrándole que estamos ahí de manera incondicional, tarde o temprano, volverá a disfrutar en la playa.

Solo acompañando los miedos de nuestros hijos lograrán ellos el equilibrio emocional suficiente para superarlos.

¿Recuerdas el miedo que Alejandra tenía desde bien pequeña a la oscuridad durante la noche? A continuación, te explico qué hicieron incorrectamente sus padres y cómo deberían haber actuado de manera correcta:

Incorrecto	Correcto
A los diez años tuvo por primera vez este miedo y fue en busca de sus padres al salón para sentirse protegida, pero no obtuvo ningún acompañamiento.	Aunque ellos se abrieron a la idea de dejar encendida la luz del pasillo durante cinco minutos, en ningún momento se mostraron afectuosos ni atendieron a su hija. Esta situación fue crucial para el desarrollo que tuvo este miedo en Alejandra posteriormente. Para empezar, cuando ella llamó a su madre desde la cama, esta debería haberla atendido, ir allí, abrazarla, escucharla, encender la luz si así lo pedía, preguntarle qué le pasaba sin emitir juicios, sin quitarle importancia a sus miedos ni forzar una superación que en ese momento no era posible, respetando su emoción y estando allí para ella. Su madre debería haberle hecho compañía esa noche, hacerle sentir que el peligro lo había inventado su mente y que ella era su protectora, y que así sería siempre. Al día siguiente podrían haber hablado sobre el tema y podrían haber buscado juntas información en la biblioteca sobre por qué se hace de noche, sobre las estrellas, la luna..., de modo que Alejandra pudiera encontrar en la noche una compañera de vida, no un enemigo.

El miedo a la oscuridad se convirtió en una emoción reiterada, pero los padres de Alejandra enseguida le comentaron que debía ser valiente y que no molestara más con el tema.	Cuando no se acompaña bien el miedo, este se puede transformar en un problema. Los padres de Alejandra tuvieron varias oportunidades para mostrarle atención y amor incondicional, pero continuaron cometiendo los mismos errores y haciéndolo cada vez peor. No debieron decirle a su hija que tenía que ser valiente; esto es algo que no hay que decirles jamás a los niños o a los adolescentes. Frases como «llorar es de cobardes», «debes ser valiente», «no hay que tener miedo a nada» son totalmente incorrectas y vuelven a los niños todavía más inseguros, ya que acaban creyéndose culpables y raros por sentir miedos. Hay que enseñarles que los miedos son naturales, explicarles el mecanismo de actuación del miedo y su función y ayudarlos cuando lo sientan mediante el acompañamiento. En esta ocasión, los padres de Alejandra le pusieron un ultimátum: ya no querían oírla hablar más sobre el tema, y ella se sintió todavía más sola e incomprendida. Ahora no tenía ni la más mínima salida; se encontraba sin ningún tipo de apoyo ni sostén emocional. Podrían haber aprovechado esta oportunidad para hacer el acompañamiento emocional correcto, pero la perdieron, como tantas otras.
Los padres no atendieron sus miedos ni cuando alguien externo los ayudó a ver que estos estaban afectando a su calidad de vida y a su salud.	Cuando la profesora habló con ellos, primero vieron ofendido su ego. Aunque tanto la madre como el padre de Alejandra son personas con una mochila emocional cargada de sus infancias y adolescencias (y esto hace mucho más difícil educar a sus hijas en el respeto, el sentido común, el no control, la paciencia, la empatía y el amor incondicional), nunca es tarde para reaccionar. Esta fue una nueva oportunidad para conectar con su hija, atenderla, ayudarla y comprenderla. Pero siguieron por el camino «fácil», aquel de «ojos que no ven, corazón que no siente». Prefirieron no saber ni ver, para no sufrir, pero lo óptimo hubiese sido efectuar ese acompañamiento emocional todavía sin realizar.

Cuando Alejandra tenía dieciocho años, este miedo había evolucionado y se había convertido ya en un insomnio pronunciado, ansiedad y otros miedos.	Al haber arrastrado este miedo durante tantos años, se había vuelto un trauma emocional importante. Además, Alejandra se sentía mal por ello; necesitaba cada noche música, peluches, respiraciones y otros recursos que lo único que hacían era poner un parche a su situación, ya que esta no iba a cambiar por apoyarse en todo esto, iba a seguir estando ahí. La solución debía darse de otro modo. Aunque ella era una persona adulta, podemos decir que hasta que alguien no vive en una casa distinta de la de sus padres no vuela solo. Es decir, por muchos años que tengas, el hecho de vivir con tus padres ejerce una gran influencia en tu vida. Además, si te han educado mediante el control, este es como una pequeña cárcel para ti de la que quieres salir cuanto antes. Es por ello que el acompañamiento emocional a un hijo es mejor tarde que nunca. Si sus padres hubiesen, por fin, atendido su miedo, aun siendo ya una mujer, ella lo habría recibido como una gran bendición. Comenzaría aquí una relación distinta no solo con ellos, sino con el miedo y con ella misma. Si hubieran acompañado cada noche sus emociones y le hubieran dado cobijo como si de una niña de tres años se tratara, Alejandra pronto habría recuperado el control sobre su propia vida durante la noche y habría perdido, poco a poco, sus miedos.

En este capítulo hemos aprendido...

- Si se educa a los hijos en el respeto, la empatía, el acompañamiento emocional, el sentido común y el amor incondicional, estos tendrán miedos usuales como todos los humanos, pero poseerán las estrategias correctas para reconocerlos, sentirlos y superarlos.
- Si no se acompañan ni se respetan los miedos, y si tampoco se frena el modo de educar mediante el miedo, este

hace que los niños tengan una gran falta de autoestima, que no crean en sí mismos y que en muchas ocasiones se consideren culpables de tenerlos.
- Cuando nuestros hijos están sintiendo alguno de sus miedos, no debemos mostrarnos impacientes para que dejen de tenerlos o de exponerlos. Si observan que estamos nerviosos para que ellos pierdan su miedo, lo que conseguiremos será que lo repriman y, por tanto, que hagan lo contrario a lo que necesitan. Ante los miedos de los hijos, siempre hay que mostrar calma por nuestra parte y amabilidad.
- Es importante que ayudemos a nuestros hijos a hablar sobre sus miedos, preocupaciones e inquietudes. Que establezcamos esa relación de confianza en la que ellos puedan explicarnos, sin temor a ser juzgados, cómo se sienten, qué sienten, cómo lo sienten y por qué creen que lo sienten.
- Si acompañamos emocionalmente los miedos de nuestros hijos, estos lograrán el equilibrio emocional suficiente para superarlos.

Carolina, la hermana de Alejandra, tres años mayor, siempre había estado mucho más conectada a sus padres que ella (o al menos eso creía). Era una niña alta, de pelo rubio y liso, y a la que le gustaba mucho jugar con muñecas y saltar a la comba. Nunca lloraba. Desde muy pequeñita sus padres le habían dicho que no se debía llorar, y aprendió a reprimir las lágrimas en todas y cada una de las ocasiones en las que necesitaba sacarlas hacia fuera.

Cuando nació Alejandra, ella se sintió muy triste y apartada. Parecía que todo giraba en torno al bebé y, aunque sentía ganas de llorar, sabía que hacerlo no estaba bien. Lo sabía porque se lo habían dicho siempre y había comprobado que era cierto porque a la recién llegada también le pedían constantemente que dejara de llorar, que se callase ya, que no había motivos suficientes para el llanto... Por eso aguantaba, porque, según su parecer, no podía ser bueno llorar cuando le pedían de forma encarecida que no lo hiciese.

Comenzó en la guardería a los tres meses; estaba toda la mañana y parte de la tarde con sus cuidadoras. Aunque allí también pensaban que no se debía llorar, se pasaba largas horas llorando en la cuna que tenía únicamente para ella. Fue creciendo e hizo grandes amigos; iba contenta a la escuela, si bien las maestras solían comunicar a su madre, cuando esta iba a recogerla, que la niña mordía y pegaba mucho a sus compañeros. Ana se enfadaba muchísimo, pues no entendía cómo una niña tan tranquila y que nunca daba problemas en casa, decía textualmente, podía ser tan violenta en la escuela infantil. Para que dejara de morder, sus padres compraron un líquido en la farmacia, uno que se utiliza para que las personas que se mordisquean las uñas dejen de hacerlo, y se lo ponían en la boca cada vez que veían que hacía el gesto de morder a algún otro niño en el parque o cuando estaba jugando con sus primos. Con Alejandra no lo había intentado nunca. Carolina la veía como alguien a quien odiaba, aunque en el fondo sabía que su hermana era la persona a la que más amaba en el mundo, y por eso se contenía las ganas de morderla cuando en alguna ocasión le entraban deseos de hacerlo.

Con el tiempo, Carolina reforzó esta costumbre, que practicó también en el colegio, donde empezó a morder y a pegar a sus compañeros. Sus padres insistían en que en casa era una niña «muy buena», que nunca se quejaba de nada ni se enfadaba, que no lloraba ni rechistaba, que hacía siempre caso y era feliz. Los diferentes profesores por los que fue pasando durante los años escolares les aportaron distintos remedios, y sus padres llegaron incluso a llevarla a un psicólogo para tratar este tema. Lo cierto es que todos decían que la niña era agresiva, maleducada, que merecía un castigo cada vez que mordía, como ser aislada, no dejarla ir a excursiones o privarla de aquello que más le doliese, sujetarla fuertemente para evitar sus mordiscos, etc.

A nadie se le ocurrió ninguna otra solución a su «problema». Creció etiquetada en la escuela y también en la familia. Era *vox populi* que mordía y que se le iba mucho la mano, como solía decir su madre entre risas en las comidas familiares. La verdad es que con el tiempo dejó de hacerlo. Lo sustituyó por reírse e insultar a compañeros de su clase que ella consideraba «de bajo nivel», a los que no dudaba en ridiculizar, incluso con los profesores delante.

Un día, cuando Carolina tenía diecisiete años, la policía llamó a casa. Alejandra cogió el teléfono y se lo pasó muerta de miedo a su madre. «¿Un policía? ¿Qué querrá? ¿Llevarme a la cárcel?», pensó aterrorizada. Ese día no había logrado contener las lágrimas cuando le dijo a su madre que había sacado solo un siete en Ciencias Naturales. «Será por eso», sentenció.

La realidad era bien distinta: tenían en comisaría a su hermana por haberla visto amenazando de manera muy violenta y pegando un puñetazo a otra chica de su edad. La niña se fue corriendo espantada, pero a Carolina quisieron explicarle por qué no debía hacer eso y las consecuencias que podía tener si había una próxima vez. También quisieron reunirse con sus padres y descubrir qué había detrás de las conductas de la adolescente.

Después de hacer todos los trámites, estos lograron traerla de vuelta a casa, pero, lejos de estar enfadados, casi se sentían orgullosos de que su hija fuera alguien «fuerte» y «valiente», y a quien el resto de los compañeros temía. Su padre le preguntó por qué se había comportado así y ella respondió que a la chica le gustaba el mismo chico que a ella. Él le dijo que era eso lo que debía hacer, defender siempre lo suyo, aunque le pidió que, para la próxima vez, fuese más discreta.

Alejandra corrió a abrazarla y le susurró a la oreja que, por favor, no se metiera en más líos. Carolina le tocó el pelo en una especie de caricia y se miraron a los ojos. Alejandra no pudo contener las lágrimas y se marchó a toda prisa a su habitación para llorar tranquila. Estaba asustada, no quería perder a su hermana por nada del mundo.

Una vez más, nadie fue a consolarla.

6

¿Qué hacer ante la agresividad de hijos e hijas?

> La paz no puede mantenerse por la fuerza;
> solo puede lograrse con comprensión.
>
> Albert Einstein

El amor nunca es demasiado

En todas y cada una de las adversidades que se presentan en la vida de nuestros hijos, lo único esencial que necesitan por nuestra parte es amor incondicional. Ese amor que se demuestra tanto cuando todo está calmado, alegre y feliz, como cuando todo es un caos, un horror, un conflicto.

Debemos ser conscientes, siempre, de que, cuanto más

amor demostremos, más necesidades emocionales serán cubiertas y, por tanto, menos carencias habrá a todos los niveles. En cambio, cuanto menos amor demostremos, más dependencias y apegos tóxicos creamos en ellos, más miedos, más fobias y, por supuesto, más agresividad e impotencia, al tiempo que disfrutan de menos libertad y salud emocional.

Es muy importante que incorporemos esta premisa ahora que estamos estudiando las situaciones en las que los niños pegan, insultan, muerden, dicen palabrotas, dan patadas, golpes, tiran cosas, arremeten contra todo lo que se encuentran y con quien se encuentran. También es el momento exacto en el que hay que tener muy claro, por un lado, que los niños integran los modelos de autocontrol, de confianza, de comprensión, de amor y tolerancia que ven en sus padres (si no los ven, eso aprenden, a no tener ninguno de estos valores) y, por otro, que la única forma que tienen de sanar la violencia es mediante el amor, la templanza y el apoyo (esto en caso de que sea realmente un problema, ya que, como descubriremos, hay veces en que el problema solo lo crea nuestra mente y juicio adulto).

¿Por qué lo llaman agresividad cuando deberían llamarlo expresión?

Hoy en día, todo o casi todo lo que hacen los niños es juzgado, señalado, mirado con lupa. Si es lo que los adultos creen que deben hacer, entonces no se comenta, o si se hace es para alabarlos por lo obedientes que han sido...

Con la «agresividad» no iba a ser menos. Respecto a la misma, existe muchísima desinformación, ignorancia y, a la vez, injusticia. Injusticia porque un niño que tiene comportamientos «agresivos» lo que necesita es que los adultos que le rodean desarrollen un enorme respeto por sus emociones, que le entiendan, le cuiden, le sostengan y le enseñen a soltar todo eso que lleva dentro de alguna otra forma que no implique hacer daño a los demás o a sí mismo. De ninguna manera necesita un dedo acusador que le diga lo mal que se porta, lo malo que es y el problema tan grande que tiene, y que lo clasifique como el «diferente».

Tenemos tan poca información de las necesidades reales de los niños, niñas y adolescentes de ambos sexos que catalogamos como agresividad algo que no lo es. Sucede, por ejemplo, cuando un niño o adolescente tiene actitudes que no son normales —bajo la visión adulta, ya que en realidad sí lo son— y los adultos creemos que deberíamos hacer algo urgente para evitar comportamientos como morder, pegar, insultar, decir palabrotas, dar patadas, tirar del pelo, lanzar objetos, etc. Lo que se tiende a hacer es, primero, etiquetar al niño, afirmar que tiene un problema y pensar que algo hay que hacer para que deje de tenerlo y, segundo, buscar soluciones adultistas y conductistas, muy alejadas de lo que en realidad precisan, como castigarle, gritarle, mandarle a la silla de pensar, pegarle, llevarle a profesionales para que le enseñen a no hacerlo... De este modo, lo que no era un problema acaba siéndolo, ya que los adultos nos empeñamos en parar esta conducta sin saber qué hay detrás de ella, cuando la solución está, precisamente, en trabajar eso que se esconde tras todas estas maneras, en vez de centrarnos en las maneras mismas.

Lo que necesitan los niños es expresar sus emociones, y, como sabemos ya, cuanta más represión, más necesidad de expresión y de una forma más brusca y primitiva se manifiestará esta emoción, ya que se estará acostumbrando a retenerla. El vaso se va llenando y, cuando sale, lo hace rebosando.

Lo que nosotros llamamos agresividad es, en realidad, frustración, y la frustración, como todo proceso emocional, debe salir hacia fuera. Esta frustración es absolutamente humana, natural y, además, necesaria. Forma parte de nosotros y la sentimos cuando las cosas no salen como queremos, no logramos aquello que queremos, etc. Empezamos a sentirla siendo bebés, cuando, por ejemplo, comenzamos a caminar y nos caemos justo antes de alcanzar ese juguete que tanto deseamos tener; entonces nos echamos a llorar, pero no por habernos hecho daño, sino por no haber podido conseguir lo que anhelábamos. También la sentimos cuando, siendo muy pequeños, pasamos muchas horas sin nuestras madres y padres, y esta separación va creando una frustración interna que necesita ser manifestada. O en el momento en que tenemos un hermano y dentro de nosotros sentimos miedo de que nos dejen de querer, algo que ni tan siquiera entendemos y no sabemos cómo exteriorizarlo y que manifestamos, quizá, volviéndonos a hacer pipí sin quererlo, teniendo miedo por la noche o pegando a la nueva persona que creemos que es la responsable de estas nuevas sensaciones...

Lo único que hay que hacer para que nuestra frustración no salga hacia fuera y haga daño a alguien o a nosotros mismos es realizar un trabajo personal e interior a fin de que nos conozcamos a la perfección, tengamos un gran respeto por nosotros mismos y seamos capaces de manejar la frustración, vivir con ella y hacer que salga de manera pausada. Como los niños no pueden hacerlo solos, necesitan de nuestra guía coherente, amorosa, paciente y comprensiva. El problema es que no somos capaces de aportarles este acompañamiento porque nosotros mismos no entendemos nuestra frustración ni sabemos cómo pausarla de manera que no impacte en nadie. Debemos aprender a amar nuestra frustración y a que salga de nosotros de manera pulida y sin culpabilizar a nadie y, así, dar ejemplo a nuestros hijos.

A continuación, te muestro algunos ejemplos que suelen suceder cada día y en los que puedes ver cómo la realidad de los niños y la percepción de esta por parte de los adultos difiere totalmente. Si los adultos nos pusiéramos en el lugar de los niños y nos preocupásemos por buscar solución al punto de partida de la emoción, los niños no necesitarían expresarse de ese modo y, en consecuencia, no serían considerados como «agresivos»:

Lo que creemos que ha sucedido	Lo que los adultos suelen hacer ante lo que ha pasado	Lo que ha ocurrido en realidad
Un niño de dos años ha mordido a otra niña en la escuela infantil.	Enseguida lo ven como un problema, se encienden las alarmas y desde la escuela ponen en preaviso a los padres, los cuales se angustian mucho al saber que su hijo es un niño que muerde y que, por tanto, hace algo que socialmente no es aceptado y por lo que es señalado. Temen que se vuelva un niño violento al que le cueste hacer amigos.	Este niño todavía es un bebé que lo que hace es comunicarse. Puede que comunique una frustración, miedo, tristeza e incluso algo que le ha aportado felicidad o júbilo en un momento determinado. Ignora que eso que hace es doloroso, solo sabe que con eso ha podido expresar algo que llevaba dentro y que no sabía sacar hacia fuera.

| Una niña de cinco años ha pegado a su amiga en el parque. | Sus padres se enfadan, no entienden por qué de repente pega a su amiga con todo lo que la quiere. Se disculpan ante la familia de la niña, se van del parque porque consideran que esa conducta no se puede permitir, le dan un azote en el culo y le dicen lo mala que ha sido y lo poco que la va a querer su amiga. Insisten en que de ese modo solo perderá a amigos y nadie la querrá. | Ha sentido frustración y rabia porque su amiga le ha quitado la piedra con la que ella jugaba, y se ha expresado de ese modo. No es capaz de entender, todavía, que nadie tiene la culpa de lo que sentimos, sino que nosotros somos los responsables de nuestras emociones y podemos elegir siempre el camino que deseamos tomar en cuanto a las mismas. Algo que, por supuesto, solo podrán enseñarle sus padres; y difícilmente lo harán si cuando pasan episodios de este tipo le pegan, le hacen sentir culpable y le reiteran que nadie la va a querer. De esta manera, solo potenciarán que esto ocurra una y otra vez, haciendo que sus emociones salgan hacia fuera en contra de otros, y de forma más fuerte e impulsiva conforme vaya pasando el tiempo. |

| Un niño de siete años ha insultado a su madre en el coche. | Llegan tarde y su madre considera que, como siempre, él es el causante de la situación porque siempre tarda mucho en vestirse. Ha ido todo el camino enfadada con él reprochándole cosas a gritos sin parar. Antes de bajar del coche, su hijo no ha podido más y la ha llamado «pesada» y «tonta» y ha cerrado la puerta de un portazo. La madre le ha castigado sin jugar el partido de voleibol del sábado. Y lo ha hecho sacando la cabeza por la ventanilla y gritando altamente ofendida. | El niño ha expresado lo que llevaba aguantando durante todo el trayecto (y todos los días de curso), ya que su madre se pone demasiado nerviosa por las mañanas con las prisas y siempre le acaba diciendo y haciendo cosas que a él le duelen profundamente. Aunque no es del todo consciente, necesitaba sacar contra ella todo lo que su interior guardaba. Justo lo mismo que hace su madre con él. Si le diera la vuelta a la tortilla y empezase a crear una relación de conexión, amor, respeto, paciencia y tolerancia con su hijo, estas cosas no pasarían, ya que se evitarían con facilidad. |

| Una niña de diez años ha tirado enfadada un jarrón de su abuela. | Los abuelos de la niña creen que saca muy malas notas y que es muy maleducada porque no dice «buenos días» o «buenas tardes» cuando va a visitarlos a su casa. Hablando sobre las notas de sus primos, han dicho que ella nunca iba a poder ser profesora (lo que decía que quería ser) porque no sabía estudiar, cosa que sus primos sí saben hacer. Le han dicho que no iba a poder comer tarta casera de postre por su mal rendimiento académico. La niña, a la que le encanta esa tarta, no ha podido más y, con su frustración contenida, ha cogido el jarrón de encima de la mesa y lo ha lanzado al suelo llena de impotencia. | La niña no es una persona violenta ni agresiva. Simplemente, su mente necesitaba una salida a algo que llevaba guardando mucho tiempo. Ha cogido el jarrón porque es lo primero que ha encontrado en el momento álgido de su impotencia y ha intentado deshacerse del mismo tirándolo. Aunque su rabia se ha desahogado, sigue sintiendo la misma pena. Para que pueda conocerse a sí misma e ir cumpliendo sus propios sueños, necesita que sus padres pongan límites a sus abuelos, que no tienen por qué hablar así de ella, ni por qué hacer augurios sobre su futuro de este modo. Confianza y respeto es lo que necesita. |

Un niño de doce años ha pegado una patada a su hermana.	Los padres están hartos de su comportamiento agresivo. Desde que llegó su hermana parece otra persona que solo piensa en pegarle. La niña solo ha cogido el sacapuntas del estuche de su hermano y él ha montado en cólera. Su padre le ha dado una torta al momento (qué es eso de pegar continuamente a su hermana...) y el niño no solo ha pegado una patada, sino que también ha dado un puñetazo en la pared.	Es un niño al que no se acompañó correctamente en el nacimiento de su hermana, que guarda tristeza, siente miedo al abandono y frustración dentro de sí, y lo paga con quien cree que es culpable de ello: su hermana. No quiere hacerle daño, no la odia, solo necesita sacar y descargar su frustración, la causante (así lo piensa él) de su desazón. Se siente algo mejor cada vez que lo hace, aunque tremendamente arrepentido después, en su soledad. Lo que precisa este niño es un acompañamiento en este proceso, como si todavía fuera muy pequeño y acabase de nacer su hermana, para poder arreglar todo lo que se ha hecho incorrectamente desde entonces. Por supuesto, no hay que utilizar la violencia con él, ya que la violencia genera violencia y es lo que se transmite mediante la misma.

Todos los actos violentos esconden una historia detrás, una historia emocional que debe ser escuchada y atendida y que hay que modificar si es necesario y posible. Por ejemplo, si un niño ha perdido a su padre en un accidente, no podemos modificar la historia, pero sí darle todo el acompañamiento emocional para que viva el duelo lo mejor posible y siga adelante sin grandes carencias emocionales. Si un niño, en cambio, sufre constantes castigos y gritos por parte de su profesor, sí que podemos modificar su situación trasladándole de centro, por ejemplo, y acompañando las emociones. En ninguno de los casos anteriores los niños tenían un problema, solo emociones escondidas que debían sacar hacia fuera y la necesidad de la guía de un adulto amoroso, amable y empático que los ayudase a sacar todo esto de una manera pacífica.

Cuando los niños son muy pequeños, hasta los doce o trece años aproximadamente, no son nunca conscientes del daño que sus expresiones pueden generar en otros, solo están sumidos en su emoción, que es lo que ocupa su cerebro en un 90 por ciento. A partir de esa edad, puede que ya sean conscientes de que lo que hacen es perjudicial para las personas de su alrededor o, en concreto, para la persona sobre la que descargan su agresividad, pero siguen haciéndolo para liberarse emocionalmente, sacar la rabia e impotencia contenida por no alcanzar sus objetivos, por no conseguir lograr sus expectativas o por la carencia emocional que llevan dentro. No lo hacen porque les guste causar daño, sino porque no saben cómo gestionar todo lo que sienten. Piensan que siempre debe haber un culpable que «pague» por aquello que ellos están experimentando. Por tanto, lo que necesitan es ayuda para parar la agresividad con apoyo y atenciones, sin juicios ni cohibiciones, sino expresando lo que precisan sin dañar a nadie, ni siquiera a sí mismos.

Los niños que se expresan de este modo, en realidad, son personas que saben lo que quieren, que buscan sus objetivos, que no se dan por vencidos... No son sumisos ni quieren serlo, se enfrentan al resto de la gente porque luchan por sus metas. Todos queremos hijos así, que no se dejen influir por la sociedad y que vivan de sus sueños luchando por ellos. Ahora bien, debemos mantener en ellos ese espíritu luchador, que no se rinde, que no se cansa, que tiene claras sus metas, pero siempre sin dañar a nadie, ni física ni emocionalmente. Para aprenderlo, necesitan padres que les enseñen que para conseguir sus objetivos no se debe pisar a otros. Y esto es absolutamente inalcanzable si educamos desde el control, la anulación, el miedo, la agresividad, la exigencia, la autoridad y el adultismo. Porque, de esta manera, eso es lo que aprenden nuestros hijos, que hay que tratar a las personas como si fueran nuestros súbditos en vez de nuestros iguales.

¿Cómo actuar cuando los niños y las niñas cometen algún tipo de agresión?

Lo primero de todo, no hay que alarmarse. Son muchas las personas que me escriben preocupadas porque su hijo o hija les pegan cuando se enfadan, los insultan o dan golpes a otros niños en el parque. Pero yo les comento: «¿Qué es lo que causa, en realidad, tanta alarma? ¿De verdad lo que asusta es que al niño le pase algo, que tenga algún problema? ¿O quizá es lo que se puede crear socialmente alrededor de él? ¿Nos preocupa que sea el malo de la clase, que sea alguien del que hablan profesores, compañeros y familiares? ¿Nos da miedo que crezca siendo un violento, una persona no empática y con maldad?»

Es importante plantearse estas preguntas, reflexionar desde nuestro interior a qué tememos realmente cuando vemos comportamientos de este tipo. Y, una vez hecha esta reflexión, pensar si estamos centrándonos de verdad en sus necesidades emocionales o solo queremos cubrir deprisa esa parte que sale de una forma no adecuada que nos avergüenza y que se aleja de la imagen que nosotros queremos que tengan socialmente. Si nos damos cuenta de que es el qué dirán y nuestras expectativas las que están por medio, hay que liberarse de ellas para ver con claridad. Además, debemos abrir nuestro corazón a un cambio de visión radical del mundo infantil y juvenil en el que no veamos a los niños y adolescentes como culpables, rebeldes, desafiantes, retadores y malignos, entre otras cosas, sino como personas en desarrollo que necesitan de nuestra guía para saber qué les pasa y cómo pueden expresarlo sin hacer daño a nadie.

Cuando un niño pega o pensamos que está siendo agresivo, suceden a su alrededor una serie de factores que potencian el que siga actuando de ese modo (recordemos que no lo hace porque sea un ser malvado, sino que se está expresando y necesita una guía para poder hacerlo sin causar dolor). Es el caso, por ejemplo, de madres y padres del parque que ven cómo un niño pega en un momento determinado a otro niño por una pelota. Entre ellos dicen que tu hijo es «el que pega». Tú, su madre, te enfadas enormemente porque ha pegado y le dices que tiene la mano muy larga y que se ha portado muy mal. Su profesora escucha en la reunión cómo le cuentas este suceso y te dice que también hace lo mismo en el recreo cuando se enfada... Y así, paso a paso, poco a poco, se llena el vaso de la etiqueta.

Tu hijo, sin comerlo ni beberlo, se ha convertido en «el pegón», ya tiene clasificación. Un lastre que llevaréis como familia y que él arrastrará como individuo, siendo criticado, castigado y machacado cada vez que ocurra y haciendo que todo vaya a peor. Las etiquetas son como los tatuajes: se graban a fuego en la piel de una persona y esta acaba creyéndose que es alguien que no es, y quizá le cueste toda una vida quitársela sin ayuda de alguien.

La primera vez que el niño se comunicó pegando, lo único que tendríamos que haber hecho es haberlo acompañado con mucha paciencia y amor, haber parado su mano si llegábamos a tiempo, preguntarle qué le ocurría, si estaba bien, si podíamos ayudarle a encontrar una solución, atender con mucha empatía su sentir, ayudarle a buscar soluciones haciéndole ver que el único responsable de sus emociones era él... Nunca con amenazas, ni con una voz ruda que le dijese: «Eso está muy mal, no se pega», «Tu amigo se va a enfadar, te has portado fatal», sino como personas que somos capaces de entender lo que ha pasado, de ponernos en su lugar, de hacer de puente entre sus emociones y la expresión correcta de las mismas. Y, por supuesto, sin hacerle sentir mal, ni culpable, ni mala persona, ni cohibido, ni criticado, ni juzgado, ni como si fuera raro, diferente, cruel, etc., sino ayudándole a integrar que es una persona emocional, que debe aprender a sacarlo todo sin perjudicar a nadie ni perjudicarse.

Debemos centrarnos, pues, en hacer un acompañamiento emocional perfecto, tal y como aprendimos en el capítulo dedicado íntegramente a este tema, con el añadido de que hay que parar el acto agresivo. Si vemos que va a pegar, paramos la mano, pero con suavidad, con tranquilidad y templanza, con amabilidad, desde el amor y no desde nuestra frustración y furia adulta... Con este sencillo (y a la vez trascendental) hecho, aprenderán, de forma paulatina, que esto no es positivo ni la manera óptima de exteriorizar las emociones.

Puede que haya niños que tengan un problema real con la agresividad, pero suelen ser ya adolescentes. Como, por ejemplo, los chavales que vemos en algunos medios que pegan, insultan y tratan a sus padres como si fueran personas a las que hay que gobernar y que son verdaderamente violentos y agresivos. Chicos y chicas con los que todo el mundo se lleva las manos a la cabeza y dice cosas como: «¡Qué poca vergüenza tiene, amenazar a su madre!» o «¡Menudos maleducados, así nos va con tan poca mano dura!»... Y es precisamente lo contrario. El exceso de mano dura (que no tiene por qué ser física, también se da con la educación basada en la violencia,[*] con la no expresión y represión, con la no escucha

---

[*] Los psicólogos Nohemi Romo P., Bárbara G. Anguiano N., Ricardo N. Pulido O. y Gustavo Camacho L., de la Universidad de California (México), realizaron en 2007 varias investigaciones sobre los rasgos de personalidad en los niños con padres violentos. Como resultado, obtuvieron que cuando los niños vivían con algún tipo de violencia por parte de sus padres, en cualquiera de sus tipos (castigos, gritos, amenazas, chanta-

ni el acompañamiento emocional, con los gritos, los castigos, las órdenes, los padres ausentes emocional y presencialmente, las exigencias, las normas y la obsesión curricular, etc.) es lo que hace que las personas acaben siendo así, violentas, agresivas, que necesiten hacer daño para sentirse mejor, como leones enjaulados rugiendo a gritos una salida a su tormento. Estas personas no necesitan una salida a modo de reprimendas, más encarcelamiento, insultos, reproches y desconexión, sino todo lo contrario: necesitan a alguien que rebusque en ellos, que los ayude a sacar lo que llevan dentro y sepa encontrar el motivo concreto de su malestar para ir acompañando todas sus emociones hasta que puedan procesarlas y reconstruir su rompecabezas particular. Toda agresividad mal acompañada debe acompañarse en el momento presente como si ese chico fuera un niño pequeño que precisa acompañamiento y comprensión.

Por supuesto, no quiero decir que lo que hacen estos chavales esté bien, pero sí afirmo que son víctimas, no culpables. Víctimas de un sistema que no sabe ver lo que en realidad requieren los niños emocionalmente, que no quiere esforzarse en saber qué es lo importante en la vida de las personas y que solo forma una y otra vez a individuos insanos emocionalmente, con carencias, miedos, fobias, falta de autoestima, prepotencia, agresividad y falta de objetivos. Un sistema que llena sus vidas de cosas que pueden parecerles correctas y envidiables a los demás, pero que les hacen realmente infelices, sin rumbo, con fachadas y mentiras... En definitiva, per-

---

jes, falta de presencia, violencia física), esta dejaba grandes marcas en su personalidad tales como «inseguridad, retraimiento, inhibición, agresividad, personalidad negativa y con rasgos que no le permitirán crear relaciones sociales fácilmente, además de crearles el sentimiento de tener que estar buscando siempre resguardo y protección de todo».

sonas que no son felices, que lo único que necesitaban era comprensión, amor, apoyo y sostén en su infancia y adolescencia, y que podrían haber llegado a ser quienes en verdad son mediante una guía equilibrada que los hubiera ayudado en los buenos momentos y en las adversidades.

Siempre que consideremos que nuestro hijo o hija tiene un problema con la agresividad, primero debemos plantearnos cómo lo estamos educando, cómo acompañamos sus emociones. Si creemos que esto lo hemos hecho óptimamente, tenemos que observar e investigar (si no lo sabemos a simple vista) si ha habido algún cambio en su vida que precise todavía más acompañamiento y ayuda que los ofrecidos con todo el amor y la comprensión posibles: separación de los padres, duelo, experiencia traumática familiar o personal, llegada de un hermano, cambio de colegio o de ciclo escolar, marcha de su profesora a otro centro o de algún amigo importante, corte de pelo que no le acaba de gustar y con el que le cuesta verse, mudanza o cambio de residencia, impacto de alguna película que ha visto, días o tiempos recurrentes sin ver a su madre o padre, problemas con compañeros o profesores, cansancio extra...

Si no acompañamos todos estos procesos, puede que se conviertan en un problema enquistado que se transforme luego en episodios de expresión descontrolada y más violenta. Recordemos que mediante el acompañamiento potenciamos su autoestima y la confianza en sí mismos. Llenando estos vacíos evitaremos su falta y los problemas de inseguridad que más tarde se acaban volviendo contra otros.

En conclusión, si vemos que nuestros hijos pegan, insultan, muerden, dan patadas u otros actos que consideramos que pueden dañarlos a ellos mismos o a los demás, tenemos que:

- Entender que no es un problema, que es una emoción expresada de este modo.
- Tener en cuenta la edad de nuestros hijos e hijas y acompañar las emociones de manera acorde a su edad y a su entendimiento.
- No emitir juicios ni opiniones.
- No perder los nervios; mantener la calma y la serenidad.
- Intervenir ante la agresión, frenarla y evitarla cuando veamos que van a agredir de alguna u otra forma; es un buen ejemplo hacerlo sin violencia ni gritos, sin utilizar la fuerza, con coherencia y sin causar daño.
- No reírnos de ellos ni faltarles al respeto.
- Trabajar en nuestra propia frustración para no expresarla nosotros mientras ellos nos necesitan en la suya.
- Ofrecer una comunicación basada en la amabilidad, la empatía y la coherencia.
- Saber que cuanta más serenidad, más ayuda proporcionamos.
- Dejar de lado lo que puedan opinar los demás y poner toda la atención en nuestro hijo y en sus necesidades emocionales.
- No etiquetar ni dejar que le etiqueten.
- Centrarnos en nuestro hijo. Los otros niños necesitan el acompañamiento de sus padres y nuestro hijo necesita el nuestro.
- Tenemos que abandonar el victimismo («me has hecho daño», «me duele», «te has portado muy mal») y dejar de hacerlo contra él en nuestro día a día. Es necesario que aprendamos a acompañar sus emociones, practicando en cada ocasión emocional intensa que se nos presente. No tomárnoslo como algo personal si nuestro

hijo nos pega e insulta a nosotros. En este caso, está el añadido de que sentimos dañado nuestro ego, y decimos cosas como: «¿A mí?, ¡que soy tu madre!, ¿cómo se te ocurre?» Lo consideramos todavía peor porque pensamos que es un sacrilegio que nos pegue porque somos sus padres y vemos afectada nuestra autoestima y nuestros objetivos como padres. Para empezar, el mismo sacrilegio es pegar o tratar mal a un hijo que a una madre o padre. Bueno, esto segundo es diferente, ya que recordemos que nuestros hijos no lo hacen para causarnos daño, sino que se expresan y piden auxilio emocional así, y necesitan de nosotros para saber qué les pasa, identificar su emoción, reflexionar, calmarse y ponerla en el lugar del cerebro que corresponde.

Los niños son emoción, no razón. En cambio, nosotros deberíamos ser ambas cosas; tendríamos que poner freno antes de causarles daño —físico o emocional— y reconducir la situación, aun cuando es nuestra ira la que habla y cuando, en nuestro papel de padres, no sabemos dónde colocar emociones que no han sido bien acompañadas en nuestra infancia y adolescencia.

- No darle cojines ni otros artilugios para que «descargue» ahí sus actos agresivos, ya que eso lo único que hace es trasladar de lugar la violencia. En vez de dar a otro niño, a sí mismo o a nosotros, pega a un cojín, pero sigue necesitando descargar contra algo.
- Solo debemos acompañar sus emociones, detener sus actos agresivos sin ira y enseñar que no hace falta descargar con violencia contra nada ni nadie para encontrar la paz interior. La solución está dentro de cada uno.
- Hablar sobre ello, si es posible, una vez que ha pasado la tormenta (a partir de los cuatro años, aproximada-

mente) y recrear la escena con juguetes (animalitos, Playmobil...) o dibujando. Dejar que explique cómo se ha sentido, qué ha hecho y por qué cree que necesitaba hacerlo, cómo se resolvió y cómo podría haberlo resuelto... De esta forma, le damos herramientas para las próximas ocasiones. Durante este proceso, no se deben dar opiniones adultas ni manipular, solo escuchar, atender, entender y aportar nuestro abrazo de consuelo y comprensión.

- Por supuesto, un adulto no debe imponer castigos ni «consecuencias».* Recordemos que los niños aprenden por el acompañamiento, no por la represión y el miedo.

---

* Hoy en día hay una gran confusión de términos, y eso es debido a la moda de denominar «consecuencias» a los castigos, con lo que se crea una falsa tranquilidad a los padres, pues se les hace creer que, cambiándoles el nombre, no están castigando y, por tanto, no están causando los efectos negativos y nefastos de estos. Pero, de hecho, todo lo que sea impuesto por un adulto es un castigo, aunque lo queramos disfrazar de otras maneras. Si no dejas a tus hijos ir al parque o ver la tele porque han tardado en hacer los deberes, es un castigo disfrazado de consecuencia. En realidad, deberíamos darle prioridad a que nuestros hijos tengan tiempo de ocio, ayudarlos a hacer los deberes, estipular un tiempo máximo dedicado al ámbito escolar (ya pasan mucho tiempo en el colegio y con eso ya tienen cubierto el área curricular, no deberían ir cargados de tareas). Tienen que tener tiempo libre y a su gusto, ya que lo necesitan para su salud, es de vital importancia, igual que comer o dormir. Las únicas consecuencias que deberían tener los niños y niñas son las naturales o lógicas, algo que nada tiene que ver con la imposición o decisión de un adulto. Por ejemplo, acostarse tarde y tener sueño al día siguiente; comer poco y tener hambre al poco tiempo; romper un juguete mientras está enfadado y comprobar después que no quería romperlo y ahora no tiene arreglo, etc. Cosas que se van aprendiendo mediante las experiencias y las decisiones tomadas. Imponer nuestro criterio adulto —haciendo lo que creemos una consecuencia de sus actos cuando, en verdad, es implantar nuestro punto de vista sin dejarles procesar su propia circunstancia y aprender de ella— es un castigo, aunque queramos aferrarnos a la nueva denominación de «consecuencia» como un clavo ardiendo.

Como ves, todo radica en el acompañamiento emocional y en enseñarles, con ejemplo, paciencia y comprensión, que es totalmente natural expresar las emociones, pero sin agresividad.

Confía en tus hijos e hijas y ellos confiarán en ti, en la vida y en las emociones.

> La atención es la caricia más hermosa.
>
> Desconocido

¿Recuerdas cómo Carolina, la hermana de Alejandra, empezó mordiendo en sus primeros años de vida y ahora tiene comportamientos agresivos recurrentes? A continuación, te explico qué hicieron incorrectamente sus padres y cómo deberían haber actuado de manera correcta:

Incorrecto	Correcto
Carolina nunca lloraba; le enseñaron a reprimir sus emociones desde los primeros años de vida.	Las emociones deben salir. Si no salen y se guardan dentro, luego surgen de otra forma. Puede que con dolores de estómago, miedos o, como en el caso de Carolina, con agresividad. Algo que empieza con mordiscos que expresan emociones acaba siendo un verdadero problema en su vida. Sus padres deberían haber acompañado sus emociones, respetarlas y haberle enseñado a expresarlas sin hacer daño a nadie.

La separación de Carolina de su madre para ir a la escuela infantil fue muy temprana. Muy pronto empezó a morder, y lo consideraron un problema.	La separación temprana es algo que afecta mucho a los bebés. Aquí es donde se demuestra la sociedad adultista y obsoleta en la que vivimos, que no piensa en los niños y en sus derechos. Se siguen fomentando las bajas maternales de poco tiempo sin pensar en lo que verdaderamente necesitan los niños. Por ello, una familia que no pueda permitirse estar en casa debe ir a trabajar temprano y separarse de su bebé. Si esto ocurre, no obstante, cada día debemos recuperar el tiempo perdido, llevar en brazos a nuestro hijo todo el tiempo que podamos (cosa que no hicieron los padres de Carolina) y darle ese cobijo que no ha obtenido por nuestra parte durante esas horas. Esta separación necesitaba acompañamiento emocional y protección cuando estaban juntos. También, cuando empezó a morder, las profesoras de la escuela habrían necesitado pautas para saber cómo acompañar esto, sin etiquetar ni poner el grito en el cielo. Y acompañarlo en casa también, realizando así un trabajo conjunto. Los bebés se comunican de este modo. Si se le da la importancia de comunicación como tal y se los guía correctamente, la etapa pasa más pronto que tarde.
El proceso de Carolina de convertirse en hermana no fue acompañado, nadie se preocupó por sus emociones.	Siempre que van a tener hermanos, hay que acompañarlos emocionalmente. Desde el minuto uno. Y cuando ya están en casa, también. Si esto se descuida, los niños desarrollan malestares interiores que ni ellos mismos saben canalizar. Necesitan mucho amor y paciencia para adaptarse a su nueva vida, ya que cuando llega a casa un nuevo hermano es un renacer para todos. Da igual el número de hermanos que tengan, siempre se debe acompañar. Haciéndolo nos ahorramos muchos problemas, entre ellos la agresividad debida a la preocupación emocional interior.

Sus padres compraron un líquido que le ponían a Carolina en la boca cada vez que mordía.	Este remedio a sus mordeduras no comportaba otra cosa que volver a reprimir sus emociones como venían, poniendo desde que nació un parche a sus sentimientos y un freno perjudicial a este acto impulsivo de morder, ya que lo último que necesitan los niños para dejar de morder o de mostrarse violentos es que sean violentos con ellos utilizando medidas y barreras agresivas. Esto, además, atentaba contra su salud física, por mucho que este líquido fuera apto para la boca. Elegir los caminos cortos para intentar cambiar algo siempre trae largas consecuencias negativas.
Carolina entró en el colegio siendo etiquetada como «mordedora».	Las etiquetas son muy poderosas, los niños las acaban integrando como parte natural de sí mismos. Carolina entró en el colegio creyéndose su papel y lo llevó a cabo. Sus padres deberían haber parado este etiquetaje desde el inicio, sabiéndola acompañar, y haber trasladado la necesidad de este acompañamiento a sus profesores y orientadores. Esto fueron diferentes granos de arena que se fueron convirtiendo en una montaña por no haberlo sabido parar a tiempo.
Carolina creció siendo una «falsa líder», teniendo reiterados conflictos por acosar y maltratar a compañeros. Incluso llegó a ser arrestada.	Se trataba de una falsa líder porque era una persona altamente insegura, con la autoestima por los suelos y gran miedo a no encajar en la sociedad. Se ponía una coraza haciendo creer que era fuerte y con grandes propósitos en la vida, pero, en realidad, se sentía una niña desvalida y frágil, que lloraba muchas noches, que se sentía vacía, sola y profundamente triste. Ella creía que haciendo daño a los demás se posicionaba más alto socialmente, pero de hecho no le gustaba ser así ni hacer lo que hacía, ni tan siquiera le gustaba la ropa que llevaba ni mascar chicle en clase... Todo era por aparentar, creía que así era mejor, pensaba que ser temida era lo importante en la vida. Sus padres habían cometido errores muy grandes con ella desde el inicio; sin embargo, consideraban que lo habían hecho bien y que, aunque a veces «se pasaba», era un gran ejemplo para los niños de su edad. Estaban muy desconectados de ella y de sus necesidades reales, y esta desconexión hizo que ella se escudara en este falso papel de «niña fuerte», en verdad muy débil.

En este capítulo hemos aprendido...

Cuando un niño tiene comportamientos «agresivos» lo que necesita es que los adultos que le rodean desarrollen un enorme respeto por sus emociones, que le entiendan, le cuiden, le sostengan y le enseñen a soltar todo eso que lleva dentro de alguna otra forma que no implique hacer daño a los demás ni a sí mismo.

La solución a estas conductas está, precisamente, en trabajar el motivo que se esconde tras las mismas, en vez de centrarse en las conductas en sí, como si estas fueran la verdadera dificultad del niño.

Debemos aprender a amar nuestra frustración y a que salga de nosotros de manera pulida y sin culpabilizar a nadie y, así, dar ese ejemplo a nuestros hijos.

Siempre que veamos que van a agredir de alguna u otra forma, tenemos que intervenir ante la agresión, frenarla y evitarla. Ser un buen ejemplo, sin violencia ni gritos, sin fuerza, sino hacerlo con coherencia y sin causar daño, sabiendo que, cuanta más serenidad mostramos, más ayuda proporcionamos.

No debemos hacerle sentir mal, ni culpable, ni mala persona, ni cohibido, ni criticado, ni juzgado, ni como si fuera raro, diferente, cruel, etc. Tenemos que ayudarle a integrar que es una persona emocional, que debe aprender a sacarlo todo sin perjudicar ni perjudicarse.

Debemos centrarnos, pues, en hacer un acompañamiento emocional impecable, tal y como aprendimos en el tercer capítulo dedicado íntegramente a este tema, con el añadido de que hay que parar el acto agresivo. Si vemos que va a pegar, paramos la mano, pero con suavidad, con tranquilidad y templanza, con amabilidad, desde el amor y no desde nuestra frustración y furia adulta... Con este sencillo (y a la vez trascendental) gesto aprenderán, de forma paulatina, que esto no es positivo ni es la manera óptima de exteriorizar las emociones.

Hacía unos cinco años que los padres de Alejandra y Carolina habían decidido montar una pizzería con los ahorros que llevaban guardando toda la vida. Carolina enseguida accedió a trabajar allí por un módico sueldo; sin embargo, Alejandra no quería, pues soñaba con ser profesora, y de hecho tenía capacidad suficiente como para emprender cualquier sueño que se propusiese. No obstante, sus padres la obligaron a trabajar allí; el negocio comenzaba a funcionar y su padre siempre gritaba: «Allí tenemos que apencar todos», sin importarle lo más mínimo la opinión de su hija menor.

Cuando Alejandra tenía unos ocho años y se sentía agobiada con los exámenes, las notas, los deberes, el inglés extraescolar, las clases de matemáticas, la ayuda en casa, los horarios, las prisas, etc., siempre notaba una presión que la esclavizaba y le causaba mucha tristeza, ganas de llorar y nerviosismo, pero no sabía reconocerlo. Más tarde, con veintitrés años, cuando llegaba a casa cansada, angustiada, sintiéndose perdida en la vida y triste, entre otras cosas, sí sabía identificar su estado: tenía un alto grado de estrés. Solía leer mucho sobre ello. Todas las respuestas que iba encontrando a lo que le pasaba parecían hechas a medida para ella, para su desazón. Pero le resultaba imposible salir del bucle en el que se hallaba. Leía que debía cambiar de ritmo de vida, algo para ella impensable estando catorce horas (o más) en la pizzería, y que debía dejar de rodearse de gente tóxica (manipuladores, chantajistas, irrespetuosos...): una utopía, ya que pensaba que las personas más tóxicas que la rodeaban eran sus propios padres. «¿Cómo deshacerme de ellos?

¡Les fastidiaría la vida!», pensaba. También leía que debía buscar su meta en la vida y hacer lo que le gustase de verdad, pero eso ahora le resultaba tan lejano... Ser maestra era algo que solo lograba ver cuando aparecía en sus sueños sin esperarlo, algo que, casualmente, ocurría cada vez menos.

No veía salida, sentía que se ahogaba muchas noches, que le faltaba el aire, que no podía respirar. Lejos de pedir ayuda, había aprendido a realizar *in situ* una técnica que le enseñó Rosa, una mujer muy mayor, solitaria, que solía cenar los domingos en la pizzería. Charlaban durante dos horas cada domingo, justo el día que tanto sus padres como Carolina se cogían la tarde-noche libre y la dejaban sola con el nuevo compañero.

Rosa le dijo que siempre que tuviese una sensación de ahogo muy fuerte cogiera una bolsa de plástico y respirara profundamente dentro de ella, que eso la ayudaría a calmarse y recuperarse. La técnica era efectiva, al menos así lo creía ella, que lejos de intentar cambiar su vida, se aferraba a la bolsa como si fuera a darle la mano y a ayudarla a salir de su cárcel personal.

Un domingo, Rosa no fue a cenar, lo que era extraño pues no le había comentado nada. Fue entonces cuando Marcelo, el compañero que llevaba ya unos meses trabajando allí, le propuso una cita. La verdad es que a ella no le gustaba nada. Marcelo era veinte años mayor que Alejandra y, aunque la edad no le importaba, su forma de ser no le encajaba. Era un tanto machista, escupía antes de entrar a trabajar casi como un ritual, le gustaba el fútbol y odiaba el baloncesto y su única ilusión en la vida era ver algún partido en carne y hueso, y no por la televisión.

Alejandra no quería a un hombre así como pareja ni de broma. No obstante, sin saber muy bien por qué, aceptó. En el fondo de su corazón, creía que Marcelo era su perfecta vía de escape. Vivía solo a treinta minutos de su casa, lo que significaba poder estar más lejos de sus padres de lo que jamás había estado. Podía ser independiente (algo con lo que siempre había soñado), tenía coche, con lo cual ella podría moverse sin problemas y seguir trabajando y, por qué no, quizá estudiando (eso anhelaba) y disfrutando de su día a día.

El comienzo de una nueva vida la esperaba. Una vida, sin embargo, muy alejada de lo que ella quería en realidad.

7

Cómo ayudar a nuestros hijos y nuestras hijas a liberar el estrés

> La manera más rápida de reducir tu estrés es aprender a decir «no».
>
> Mariela Dabbah

El mundo no está hecho para los niños

El estrés forma parte de nuestro sistema emocional, de nuestro cerebro, es un proceso normal y nunca nos podemos librar de él en su totalidad. De hecho, sería un inconveniente para nuestra calidad de vida si no tuviéramos nada de estrés, ya que este desempeña una función.

El estrés nos ayuda a sobrevivir, lo sentimos cuando creemos que no tenemos recursos suficientes para superar las adversidades, las cuales consideramos una amenaza para nosotros. Podemos sentir estrés por cuatro cuestiones diferentes, tal y como indica la neurocientífica Sonia Lupien:* por circunstancias imprevisibles (algo que surge inesperadamente y que, al no esperarlo, nos genera estrés), por las cosas nuevas (la incertidumbre que sentimos ante las novedades), por la sensación de no tener el control sobre nuestra vida (todo lo que nos hace sentir que no controlamos la situación, que está fuera del alcance) y por las amenazas para la propia persona (es decir, por un lado, una amenaza para nuestra vida y, por otro, para la forma de vivirla y de verla, una amenaza a la forma de ser). Nuestro cerebro tiene un radar de peligros y desafíos para el ser humano. Siempre que se siente amenazado, genera hormonas del estrés (cortisol) para llenarse de la energía necesaria para defenderse.

El caso es que, hoy en día, abusamos del estrés constantemente debido al poco conocimiento que tenemos de nuestras emociones. Es decir, nos estresamos con facilidad ante cuestiones que no deberían estresarnos (o al menos no tanto), ya que no suponen ninguna amenaza real para nuestra vida. El verdadero problema, pues, no es el estrés en sí, sino que no sabemos gestionarlo correctamente. Y esto es lo que ven nuestros hijos: madres y padres que no conocen sus emociones, que pierden los nervios ante asuntos que no ponen en peligro sus vidas, que viven estresados, angustiados y llenos de ansiedad... Y, en consecuencia, eso aprenden ellos: a vivir con un conocimiento nulo sobre sus emociones y estresados

---

* Al final de este libro encontrarás el enlace a la entrevista que realizó Eduard Punset a esta neurocientífica, fundadora del Centre for Studies on Human Stress en el Douglas Hospital de Montreal (Canadá). Experta, por tanto, en el impacto del estrés en el cerebro y en las formas para combatirlo en nuestra sociedad actual.

ante situaciones que se podrían solventar de manera calmada y reflexionada.

El estrés extra es el que nos lleva a tener una mala calidad de vida y, en consecuencia, contribuye a que adquiramos otras enfermedades. Este tipo de estrés es el que no necesitamos para nada en nuestra vida, puesto que lo único que hace es generar y mantener el cortisol siempre en la sangre, activarnos y prepararnos para la amenaza (los pulmones se expanden por si necesitan más oxígeno; el pulso se acelera, ya que el corazón bombea más sangre; el hígado segrega glucosa para darle más energía al cuerpo...) y causarnos así un malestar constante.

Solemos pensar que los problemas con el estrés afectan solo a los adultos, pero la realidad es que cada año aumenta el número de niños con estrés extra y, por tanto, con ansiedad, insomnio, fobias o depresión, etc. El problema de esto no es solo la salud física y psicológica de los niños, que se ve mermada por el estrés, sino que la cruel realidad es que los causantes de este estrés somos sus padres por el ritmo de vida que les exigimos, muy alejado de sus verdaderas necesidades emocionales y vitales.

El mundo no está preparado para los niños, lo vemos cada día: horarios alejados de sus ritmos biológicos, horas y horas dedicadas a tareas repetitivas y que liman su curiosidad y capacidad de investigación, poco o nada de tiempo para jugar, exigencias y obligaciones extraescolares, metas por conseguir que consideran inalcanzables, prisas, gritos, castigos, amenazas, ausencia de acompañamiento emocional, un control absoluto de su vida, separación de los padres, cambios importantes sin acompañamiento, sufrimiento de acoso escolar sin apoyo adulto ni familiar, falta de amor incondicional, constantes discusiones familiares, etc.

Este alto nivel de estrés, tal y como investigaron y confirmaron varios doctores en «Evaluación y tratamiento del estrés cotidiano en la infancia»,[*] provoca problemas en su adaptación socioemocional y ejerce daños en los sistemas neuroendocrino y neurobiológico que les afectarán durante su vida presente y futura. Algo que corroboró un estudio realizado en la Universidad de Stanford (EE.UU.), que confirmó que un estrés extremo daña literalmente el cerebro de los niños. Este tipo de estrés es el que se da de manera diaria y de forma mantenida en el tiempo, y es mucho peor que un estrés concreto experimentado en un momento excepcional.

Los niños viven estresados por el estilo de vida que los obligamos a llevar y por no preocuparnos de sus necesidades emocionales reales. Si les ofreciésemos acompañamiento y comprensión en todas sus etapas vitales, no sufrirían de exceso de estrés, porque antepondríamos sus necesidades a cualquier otra exigencia social y únicamente tendrían el estrés necesario para su supervivencia.

¿Cómo rebajar sus niveles de estrés?

Es fácil valorar si un niño sufre de estrés o no. Si somos conscientes de que educamos mediante el control y las exigencias y no acompañamos emocionalmente a los hijos en sus emociones, podremos sospechar y corroborar, sin mucho esfuerzo, si sufre estrés. Ya que, entre otras muchas cosas, en

[*] «Evaluación y tratamiento del estrés cotidiano en la infancia.» María Victoria Trianes Torres, María J. Blanca Mena, Francisco Javier Fernández-Baena, Milagros Escobar Espejo y Enrique F. Maldonado Montero, Universidad de Málaga, *Papeles del Psicólogo*, 2012, volumen 33(1), pp. 30-35.

este caso vivirán con miedo a no cumplir nuestras expectativas y con la preocupación constante de estar haciéndolo todo como se espera de ellos o no y las consecuencias que esto puede generarles.

Además, hay algunos indicativos que nos alertan de que nuestro hijo puede estar pasando por altos niveles de estrés que hay que saber acompañar muy bien emocionalmente para que se rebajen y vuelva a sentirse dueño de su vida y feliz con la misma. Son los siguientes: problemas para dormir o pesadillas, dolores de cabeza y de estómago, preocupaciones recurrentes e imaginarias, cambios en el apetito (o mucho o poco), comportamientos más nerviosos, irritables o agresivos, no controlar los esfínteres después de varios años controlándolos, deseo de estar siempre solo, miedos recurrentes, desmotivación ante la vida, cansancio reiterado, dificultad para concentrarse, tartamudez, ansiedad, retroceso de algunas etapas (volver a hacer cosas que dejó de hacer cuando era más pequeño, explosiones emocionales, querer chupete...), necesidad exagerada de su madre o padre, tanto que se le hace muy difícil la separación, etc.

Por ello, es bueno que nos demos cuenta cuanto antes de la necesidad imperiosa que tienen nuestros hijos de que la rueda adultista pare y así poder tener una vida de niños, sin estrés, con responsabilidades, según el tiempo que les ha tocado vivir, pero sin dejar nunca que estas responsabilidades pongan en peligro ni su salud física y psicológica ni nuestro vínculo.

Así que nuestro trabajo principal debería ser el de cambiar nuestra manera de educar, empezando poco a poco, lo que implicaría entender nuestras emociones y carencias emocionales; liberarnos del qué dirán; establecer pequeños objetivos en nuestro día a día; dejar de controlar a nuestros hijos; olvidarnos de los castigos, los gritos y las amenazas; centrarnos en amar incondicionalmente; mantener una comunicación respetuosa y empática; escuchar sin juicios ni críticas; abrazar; permitir la expresión de sus emociones y acompañarlas correctamente; confiar; ser un buen ejemplo; restar importancia a la vida académica; centrarnos en mejorar nuestro vínculo emocional; ofrecer nuestro tiempo, sin ponerles más obligaciones que las necesarias para su supervivencia; dejarles tomar decisiones sin dar nuestra opinión ni imponernos, etc.

Pero, además, podemos emprender una serie de acciones que ayuden a nuestros hijos a liberar el estrés:

- *Promover el ejercicio físico:* Realizar actividades físicas es uno de los grandes aliados para superar el estrés. Los adultos podemos elegir diferentes actividades que por horario podamos permitirnos (sin que nos quite tiempo con nuestros hijos) y hay bastantes opciones. Con los niños es distinto: suelen ser siempre las mismas, en horarios difíciles en los que tienen que elegir entre jugar libremente, descansar o ir a hacer ejercicio...

  Para escoger una actividad hay que tener muchas cosas en cuenta. Lo primero es que ellos puedan elegir la que quieren practicar. Si sienten que hay una obligación o no les motiva, estaremos generando más estrés en vez de deshacernos de él. Por otro lado, si no les gusta ninguna actividad o les gusta poco y les va a aportar más nervios que otra cosa, podemos realizar media hora de ejercicios en familia. Con un par de colchonetas y algunas pautas, conseguiremos hacer algo divertido y propiciar dos cosas: movimiento y oxigenación del cuerpo y un mayor vínculo familiar, lo que hará que reduzcan sus niveles de estrés considerablemente.

- *Animarlos a que escriban cosas positivas de sus momentos difíciles:* algunas veces, podemos decirles que escriban, si les apetece, sobre momentos negativos que hayan vivido durante la semana y que, seguidamente, anoten qué cosas buenas creen que pueden sacar de esas situaciones. Si no saben escribir, podemos hacerlo nosotros por ellos, y si consideramos que son muy pequeños como para comprender el objetivo o los conceptos de esta práctica, podemos optar por hablar con ellos de cómo se han sentido, qué han experimentado y de las partes positivas de la vida, que siempre las hay, aun en las adversidades.
- *Favorecer un descanso óptimo:* Debemos asegurarnos de que nuestros hijos duermen bien. Esto no equivale a obsesionarse con que se vayan a la cama a una hora determinada y hacer que los momentos de irse a dormir se conviertan en luchas, enfados y gritos, ya que así añadimos más estrés y desconexión a nuestra relación. Para saber que descansan bien, precisamente, hemos de asegurarnos de que se van a dormir sintiéndose dichosos, en calma, con seguridad y protección. No nos preocuparemos de si necesitan nuestro acompañamiento para quedarse dormidos porque es lo natural, y fomentaremos un buen descanso a través de nuestro acompañamiento hacia el mismo.
- *Equilibrar sus horarios y asegurar las horas de juego:* Hemos de revisar si la agenda de los niños es demasiado exigente para con sus necesidades. Si es así, hay que descargarles de responsabilidades y estabilizarla. La verdad es que los niños, hasta la adolescencia, solo deberían ir al colegio (y desde los siete años como mínimo), y después de las clases tendrían que descansar y

dedicarse a jugar, ya que es lo que su cerebro necesita. Todo lo demás sobra, a no ser que ellos pidan expresamente hacer una actividad determinada porque les motiva mucho.

En la adolescencia lo importante debería ser tener tiempo suficiente para dormir, para hacer vida social y para autoconocerse.

Se trata, en definitiva, de establecer nuevos horarios con los que se sientan realmente liberados y con los que les aseguremos horas de juego libre, en los que nadie ni nada los moleste, no se les exija ni se les niegue nada (a no ser que suponga algo perjudicial de verdad) y que rellenen su vida como necesita su cerebro racional y emocional: con mucho juego y tiempo para sí, con apoyo y respeto.

— *Enseñarles a masajearse las mejillas:* Podemos aconsejarles que cada vez que se sientan con dolor de cabeza, agobiados, tristes, con preocupaciones, palpitaciones, nervios o irritabilidad se hagan un masaje en la mandíbula. Se trata de relajar la cara, poner los dedos índice y corazón de la mano derecha en el lado derecho de la mandíbula, los dedos índice y corazón de la mano izquierda en el izquierdo y hacer círculos ejerciendo un poco de presión. Ellos se lo pasan bien y aprenden una técnica «de rescate» para momentos de alto estrés. Por supuesto, podemos enseñarles a practicar la respiración profunda, diferentes ejercicios meditativos, etc. Pero deben ser fáciles, comprensibles y divertidos, y nunca se los hemos de imponer. Recordemos que la imposición conlleva más estrés y que de nada sirve enseñar yoga o *mindfulness* si los tratamos de forma adultista y conductista.

— *Propiciar el contacto con la naturaleza:* Debemos asegurarnos de que tengan dicho contacto cada semana, ya sea en un parque, un bosque, el mar, el río... Integrar esta costumbre en nuestro hogar nos vendrá bien a todos, y a ellos los primeros.

— *Fomentar buenos hábitos alimenticios y comer despacio:* Los niños pasan por diversas fases en su vida, que hay que respetar. Hay momentos en los que comen de todo y otros en que lo miran todo con lupa y comen menos... Pero el ejemplo sigue siendo la base de todo, aun en estas subidas y bajadas. Tener alimentos sanos y nutritivos depende de nosotros. Si compramos galletas, chucherías, procesados, chocolatinas, etc., no podemos pedir a nuestros hijos que no quieran comer eso y que dejen de pedirlo durante toda la tarde, ya que saben que en nuestra casa es lo normal.

Es ideal empezar a hacer pequeños-grandes cambios en nuestro hogar: modificar nuestros hábitos alimenticios, tener cosas sanas, ofrecérselas siempre que tengan hambre (frutas, frutos secos, galletas hechas por nosotros sin azúcar...), y, poco a poco, se acostumbrarán a estos. Ellos son muy agradecidos; enseguida valoran la nueva alimentación y se adaptan a ella, porque además se notan mucho más activos y menos nerviosos. Con una buena alimentación, los niños también rebajan sus niveles de azúcar química en sangre y se llenan de los nutrientes que únicamente necesita su cuerpo y, por tanto, reducen el estrés.

– *Jugar al cambio de emociones:* Hay un juego divertido que consiste en, cada vez que los niños experimenten una emoción, ayudarlos a que la cambien por otra totalmente contraria. Por ejemplo, si están sintiendo rabia porque tienen que estudiar y no quieren, quizá, en ese momento, hay que ayudarlos a que conviertan su rabia en alegría y positividad. Con este simple hecho, si lo hacemos con motivación, amabilidad y siendo amorosos, ellos se impregnarán del cambio, de la energía, de ver las cosas de otro color. Como es obvio, debemos enseñar y practicar el juego justo cuando lo veamos preciso. Si están en medio de un momento emocional intenso muy grande porque su madre se va al trabajo y no quieren que se marche, pues no es conveniente ni óptimo... Funciona muy bien en situaciones exclusivamente relacionadas con el estrés escolar o el ritmo de vida que llevan.

– *Escuchar música:* Que tengan sus aparatos musicales y puedan escuchar la música que les guste, que les haga vibrar, jugar y sentirse libres es esencial. La música es una gran medicina para todos los males y para el estrés, pero siempre dejándoles elegir y que la escuchen cuando lo necesiten.

Como sabemos, contra el estrés solo sirve la práctica diaria, trabajar todos los días por el bienestar de nuestros hijos y darnos cuenta de que la manera en la que los tratamos y las cosas que les exigimos son un punto de inflexión en su estilo de vida, en su salud y en el modo de experimentar las situaciones. Por supuesto, si creemos que precisamos ayuda, la debemos pedir, pero siempre a un profesional respetuoso y no adultista, consciente de las verdaderas necesidades de los niños.

No obstante, tenemos que recordar que lo mejor para que nuestros hijos superen el estrés es, precisamente, dejar a los niños ser niños.

> La tensión es quien crees que debes ser. La relajación es quien eres.
>
> PROVERBIO CHINO

¿Recuerdas cómo Alejandra aprendió a reconocer el estrés que sufría desde la infancia siendo ya adulta? A continuación, te explico qué hicieron incorrectamente sus padres y cómo deberían haber actuado de manera correcta:

Incorrecto	Correcto
Los padres de Alejandra decidieron montar una pizzería y la obligaron a trabajar, pese a que ella quería estudiar para ser maestra.	Que los padres hayan querido montar un negocio es estupendo, pero, por supuesto, no deberían haber contado con la colaboración de sus hijas, ya que ellas debían decidir sobre sus propias vidas. En el caso de Alejandra, deberían haber apoyado su decisión y ofrecido alas a sus sueños, no saboteárselos y ahogarlos con frases como «Tú eso no puedes conseguirlo», «Para qué quieres estudiar Magisterio», etc. Su estrés se habría esfumado si hubiese ido a la universidad a hacer lo que realmente quería.
Alejandra había sentido estrés desde pequeña y ahora, con veintitrés años, seguía sintiéndolo y buscando estrategias para combatirlo.	Alejandra vivió una infancia y adolescencia acorralada, sin salida, sin apoyo, sin poder ser niña, sin expresarse, sin jugar. Absolutamente asfixiada por quehaceres académicos y extraescolares que no deseaba y por las labores del hogar… Ahora era capaz de reconocer lo que le pasaba después de investigarlo mucho, pero, por desgracia, estaba igual o peor. Se veía siendo adulta y en un callejón sin salida, maniatada por sus padres física y emocionalmente y siendo infeliz. Sus padres deberían haber sido conscientes de su estrés, haberla liberado de responsabilidades y obligaciones durante su infancia, haberle permitido jugar todo lo posible, haber trabajado en su vínculo, acompañar sus emociones, entenderla y compartir confidencias, respeto, amor, confianza, tolerancia y empatía. Y seguir haciéndolo así en su transición a la vida adulta, manteniendo en su hija la buena autoestima, la seguridad en ella misma y la sensación de ser apoyada y protegida por sus padres.

Alejandra decidió refugiarse en brazos de Marcelo, simplemente por poder salir de su encrucijada.	Alejandra nunca se había enamorado y tampoco estaba enamorada de Marcelo. Vio en él a un hombre sencillo y buena persona que, quizá, podía lograr hacerla feliz y enamorarla. En el fondo, ella sabía que no quería estar con él, pero la idea de salir de su casa por fin la cautivó. Esto demuestra que los padres debemos crear un hogar con un clima de confianza y de amor en el que nuestros hijos se sientan bien, respetados y a gusto. Si no, cualquier vía es buena para escaparse de la prisión emocional (amores a los que no se ama, drogas u otras adicciones, ansiedades...).

En este capítulo hemos aprendido...

- El estrés forma parte de nuestro sistema emocional, de nuestro cerebro. Es un proceso normal y nunca nos podemos librar de él en su totalidad. De hecho, sería un inconveniente para nuestra calidad de vida si no tuviéramos nada de estrés, ya que este desempeña una función.
- Cada año aumenta el número de niños afectados por estrés extra y, en consecuencia, por ansiedad, insomnio, fobias o depresión, etc. Su salud física y psicológica se ve mermada por el estrés.
- Los niños viven estresados por el estilo de vida que los obligamos a llevar y por no preocuparnos de sus necesidades emocionales reales. Si les ofreciésemos acompañamiento y comprensión en todas sus etapas vitales, no sufrirían de exceso de estrés, porque antepondríamos sus necesidades a cualquier otra exigencia social y únicamente tendrían el estrés necesario para su supervivencia.
- Nuestro trabajo principal debería ser cambiar nuestra

manera de educar, empezando poco a poco, lo que implicaría entender nuestras emociones y carencias emocionales; liberarnos del qué dirán; establecer pequeños objetivos en nuestro día a día; dejar de controlar a nuestros hijos; olvidarnos de los castigos, los gritos y las amenazas; centrarnos en amar incondicionalmente; mantener una comunicación respetuosa y empática; escuchar sin juicios ni críticas; abrazar; permitir la expresión de sus emociones y acompañarlas correctamente; confiar; ser un buen ejemplo; restar importancia a la vida académica y centrarnos en mejorar nuestro vínculo emocional; ofrecer nuestro tiempo, sin ponerles más obligaciones que las necesarias para su supervivencia; dejarles tomar decisiones sin dar nuestra opinión ni imponernos... Además de realizar otras acciones y juegos que ayuden a nuestros hijos a liberar el estrés.

Una niña de ocho años con largo pelo castaño jugaba con dos pequeños elefantes de plástico y sus respectivos árboles, sentada en una pequeña mecedora de madera que tenía en la habitación. Su madre entró enfadada, como siempre, y le repitió: «Carolina, ¿no te he dicho que te vistas de una vez? Yo no sé ya ni en qué idioma hablarte, nunca haces ni puñetero caso, vives en tu mundo, que a saber qué mundo es.»

Alejandra, su madre, sentía constantemente que a sus treinta y dos años se había convertido en alguien muy lejano a quien ella era en realidad. No obstante, no era capaz de contenerse, de reconducirse, de dejarse llevar y volver a ser la Alejandra que sabía que existía dentro de sí.

Se había quedado embarazada apenas unos meses después de empezar a convivir con Marcelo, y lloró muchísimo, ya que su idea no era ser madre llevando tan poco tiempo en una relación. Sin embargo, era algo que cabía esperar, ya que a él no le gustaba utilizar protección, y así se lo hacía saber.

No estaba enamorada de Marcelo, nunca lo había estado, y en esos momentos, con dos hijos y un restaurante propio junto a su marido, se encontraba en el mismo punto de partida que unos años atrás, aquella noche de domingo en la pizzería de sus padres: tenía estrés, ansiedad e infelicidad. Lo único que le aportaba un ápice de luz era pensar en sus hijos, imaginarse con ellos siendo libre, viviendo en una casita en el campo y trabajando de profesora en un colegio en horas «normales».

Todo eso le parecía un sueño imposible de alcanzar, porque su vida era una auténtica rueda de tristeza. Cada día lo mismo. Se sentía exhausta, cansada, sin tiempo para sus hijos ni para ella, y cada noche se iba a dormir con una persona a la que ni tan siquiera conocía de verdad. Además, había descuidado su salud hasta niveles insospechados: comía a diario muchos dulces y su alimentación se basaba en cosas fritas, a deshoras, aunque su delgadez era extrema. Y encima fumaba, algo que siempre había detestado de sus padres, pero creía que de alguna forma así calmaba su ansiedad. Apenas tomaba agua, se hidrataba a base de Coca-Cola.

No se hablaba con su hermana Carolina desde hacía ocho años, ni siquiera conocía a sus hijos. La echaba de menos, tenía la sensación de que había estado cerca de ella toda la vida; sin embargo, siempre la sentía muy lejos. Y ahora que tenía hijos, el que no disfrutaran juntas le pesaba mucho. Carolina llevaba unos años «tonteando» con las drogas y viviendo con personas oscuras e interesadas y, por supuesto, había dejado de trabajar con sus padres cuando estos la echaron de casa por «drogata».

Alejandra a veces se preguntaba: «¿Qué he hecho yo para merecer esto?» Y luego encontraba la respuesta: «Soy imbécil, yo tengo la culpa de todo, no debería existir.» Se autosaboteaba constantemente, se llegaba a odiar a sí misma; sin embargo, cometía los mismos errores una y otra vez.

Tenía la sensación de que pagaba su infelicidad con sus hijos. No podía evitar chillarles, amenazarlos y zarandearlos; llegaba a odiar sus reclamos durante la noche y les exigía más de lo que podían. Sabía, dentro de su corazón, que daría la vida por ellos, pero no tenía fuerzas para tratarlos con amabilidad, parecía que toda su ira contenida contra el resto del mundo explotaba contra ellos dos.

Una noche de un sábado, llegó cansada del restaurante y se encontró a Marcelo durmiendo en el sofá con los dos niños todavía despiertos. Él se había acostumbrado a no hacer nada por y para los niños; su excusa para volver antes del restaurante los sábados era únicamente para poder descansar él.

Sus hijos estaban jugando en la habitación de Daniel, de seis años. Habían cogido polvos de talco y hacían como si fueran polvitos mágicos de hadas que convertían los juguetes en seres con vida. Daniel se encargaba de lanzar los polvos por encima de cada personaje y Carolina de simular su transformación.

Cuando Alejandra vio aquello, sintió cómo su corazón bombeaba rápidamente y la ira le apretaba la sien, que notaba a punto de estallar. Empezó a dar gritos como si estuviera poseída, cogió a su hijo de los hombros, lo levantó, lo puso a su altura y, mirándole a los ojos, le dijo: «Eres un niño muy malo, ¡el peor de todos los niños! ¿Sabes qué pasa con los niños malos? Que vienen las brujas a comérselos.» Le dio varios azotes en el culo, pero Carolina le paró la mano: «Mamá, deja a mi hermano, solo jugábamos.» Alejandra la miró con desdén y le gritó: «¡¿Sabes qué te digo?! Que eres lo peor que me ha pasado en la vida.» La niña empalideció, se unió al llanto de su hermano y se escondió bajo el escritorio, un espacio que consideraba su pequeño refugio, y no dijo ni una sola palabra más.

Cuando ya estaban acostados, cada uno en su habitación, y ella había acabado de barrer los polvos de talco, en el silencio de la noche, la culpa llegó a su interior. No podía soportarla. La corroía por dentro. «¿Cómo es posible? ¿Por qué le he dicho eso a mi hija? ¿Por qué me he comportado así con mi hijo? Ellos son mi única salvación. ¿Por qué, por qué, por qué?» Llorando sin consuelo, sin descanso, sin apoyo, fue al cuarto de baño a mirarse en el espejo. Se daba asco. Era lo peor que le había podido pasar a su hija, tener una madre como ella, y no al revés, pensó.

No pudo aguantar más y, a sabiendas de que podía despertarla, fue a la habitación de Carolina, se abrazó a ella fuertemente, le empezó a besar la frente, los bellos ojos cerrados, la nariz y las mejillas. Le pidió perdón, le dijo que la amaba, que lo sentía desde lo más profundo de su ser. Su hija se despertó y, aunque no dudó de que su madre estaba ahí para cuidarla, por un momento sintió que ella era la que cuidaba de su mamá, la que debía sostenerla y ayudarla a salir de ahí.

—Mamá, no te preocupes, yo te perdono.

—Te prometo que voy a cambiar, hija, nunca más volverá a pasar nada parecido.

Se durmieron juntas y abrazadas, y fue la mejor noche de sus vidas.

Alejandra se despertó motivada: estaba convencida de que había una salida a todo aquello y de que había otra forma de educar; solo tenía que pensar en todo lo que ella había necesitado por parte de sus padres y no obtuvo, así como en convertirse en la aliada de sus hijos y en no seguir siendo su enemiga.

Había otra forma de educar en la que no dañara a sus hijos ni se dañara a sí misma y, costara lo que costase, iba a lograr llevarla a cabo.

Empezaba un nuevo día, empezaba una nueva vida.

8

Consejos para madres y padres: todo empieza en ti

> A veces no te das cuenta de tu propia fuerza hasta que te ves cara a cara con tu mayor debilidad.
>
> Susan Gale

Así como educas, eres; así como educas, tus hijos serán

Absolutamente todo lo que hacemos nosotros, nuestros comportamientos, nuestros ideales, nuestros miedos e intereses, nuestras ilusiones y sueños, los prejuicios que tengamos, nuestra forma de ver y vivir la vida, la manera de tratar a las personas, las críticas que hagamos o no hagamos, el cuidado que tengamos por todas las formas de vida, la falsedad, el racismo, el amor o la tolerancia que mostramos, etc., todo lo que somos lo serán nuestros hijos, ya que al ser padres nos convertimos en el espejo donde se reflejan, los cimientos de sus vidas.

Por ello, es imprescindible reflexionar sobre cómo somos y nuestro modo de vivir para poder mejorar y acercarnos al tipo de personas que queremos ser y, por ende, al tipo de padres que debemos ser con nuestros hijos.

¿Eres asertivo cuando te comunicas con los demás?

Cuando hablo con mis alumnas y alumnos en mis cursos sobre la asertividad y les pregunto cómo de asertivos creen que son, no saben qué contestar; es como si hubiera una confusión global con muchos otros conceptos y se les hiciera difícil colocar la asertividad en un punto determinado.

Esta capacidad consiste, precisamente, en hablar con las personas sin hacerles daño y sin, por supuesto, hacérnoslo a nosotros mismos. Se trata de decir lo que pensamos, lo que sentimos; dar nuestra opinión y defender nuestros derechos sin intentar manipular a la otra persona o personas, y sin dejar que nadie nos maneje a nosotros, ya que estaría entrometiéndose en nuestra forma de ver la vida y queriendo imponer la suya.

Cuando alguien no es asertivo, tiene la autoestima por los suelos, no se quiere a sí mismo y por eso no sabe tener unas relaciones asertivas y empáticas con los demás. Puede ser una persona dócil y manejable, con la que la gente acabe haciendo lo que le dé la gana según sus necesidades, o una persona más bien violenta, que intente imponer sus opiniones a la fuerza, como verdades absolutas y sin empatía ni capacidad de escucha.

Los adultos de hoy en día no somos asertivos, o lo somos muy poco. Nos educaron mediante el «ver, oír y callar» y no fueron asertivos con nosotros. Todo era impuesto, no teníamos libertad para tomar decisiones, no podíamos decir que no y ser respetados por ello, etc. Y así hemos integrado nuestra manera de comunicarnos y, en consecuencia, de tratar a nuestros hijos: sin asertividad. Esta facultad no es algo que venga de serie con nosotros, sino que es un valor que desarrollamos por imitación al rodearnos de personas asertivas con nosotros y con el resto.

Una persona no asertiva trata a sus hijos de manera que impone sus decisiones, de forma que los niños se sienten poco valorados; además, los trata sin amabilidad ni tolerancia, les habla a gritos cuando pretende conseguir algo, está en tensión, a la defensiva, utiliza los desprecios y las burlas, solo le importa lo que ella quiere y piensa, se siente incomprendida cuando no entiende por qué el otro no coincide con lo que ella quiere, pierde el control con asiduidad, echa «la culpa» siempre a los niños, compara, solo se siente bien si logra lo que desea, etc.

Es importante aprender a ser asertivos no solo para mejorar la relación con nuestros hijos, sino también en todas las relaciones. Las madres y padres no asertivos suelen tener un perfil agresivo con sus hijos y, sin embargo, con el resto de los adultos (padres, suegros, amigos, compañeros de trabajo, jefes, vecinos...) su perfil acostumbra ser dócil y no se atreven a decir nada por miedo a la reacción de los otros, ni a poner límites, a decir que no, a expresar lo que sienten o a proteger sus derechos, y todo lo llevan por dentro. Algo que luego les hace explotar con quienes más aman.

¿Cómo son, por tanto, las personas asertivas? Personas que expresan y dicen lo que piensan y sienten sin necesidad de pisar a otros, que comprenden otros puntos de vista, pero siendo fieles al suyo. Personas que, sin embargo, abren su mente a nuevas maneras de pensar, dicen lo que necesitan aunque sea algo totalmente opuesto a lo que los demás precisan, saben hablar de sus problemas y piden ayuda si la requieren, son capaces de decir que no desde la calma, nunca hacen lo que realmente no quieren hacer por miedo al qué dirán, conocen sus derechos y luchan por ellos, no dejan que les falten al respeto pero tampoco lo faltan, saben que como cualquier persona deben ser escuchadas, atendidas y valoradas por el simple hecho de ser persona, siempre buscan la manera de resolver los conflictos teniendo en cuenta a todas las partes y sin agresividad ni imposición, expresan sus emociones, no les da vergüenza hacerlo si están contentos, tristes, enfadados, frustrados, etc. Pero siempre teniendo en cuenta que los demás no tienen por qué cargar con las mismas...

En definitiva, una persona asertiva es aquella que se ama a sí misma y tiene un profundo respeto por su persona y por el resto de las personas, sabiendo que nadie es mejor que nadie, que todos tenemos los mismos derechos y estos deben ser respetados.

Para que tus hijos en el presente y en el futuro...

- ✓ Digan lo que piensan sin pisar a otros, déjales que se expresen ahora guiándolos sin faltarles al respeto.
- ✓ Comprendan otros puntos de vista siendo fieles al suyo, deben tener la confianza suficiente para explicar sus puntos de vista, así como ver en ti un modo de hablar de los tuyos sin imponer. Así integrarán que no solo se piensa como ellos, que hay más opciones, pero nadie es más importante. Todos pueden convivir si son respetuosos.

- Pidan lo que necesiten, aunque no sea lo que tú necesitas o lo que a ti te parece bien, escucha sus peticiones, tenlas en cuenta, atiéndelas, compréndelas... Y si no son viables, empatiza con sus enfados y frustraciones, ya que serán normales, y acompaña sus emociones. Solo así tendrán herramientas para afrontar las adversidades.
- Hablen de sus problemas y pidan ayuda, aunque para ti no sean problemas (pero para ellos lo son), no mires desde tus ojos de adulto y mira a través de los suyos. Pon atención a todo lo que te cuenten; que tus hijos tengan la tranquilidad de poder pedir ayuda sin reproches.
- Se tomen la vida con calma, apórtales tranquilidad, positividad, contempla el vaso medio lleno, así como otras salidas y posibilidades... Viendo en ti calma ante los problemas y su resolución, aprenderán a estar tranquilos y sosegados hasta en los momentos más difíciles e intensos emocionalmente.
- Sepan decir «no», primero debemos aprender nosotros a decirles que no correctamente. Es decir, estamos muy acostumbrados a decirles que no por todo, a imponer nuestra negativa como si de ello dependiese nuestra autoestima; el «no» siempre va por delante en nuestra relación, y esto es incongruente e injusto. Para que ellos puedan dar las negativas correctas en su vida adulta, deben primero saber qué es lo verdaderamente importante y a lo que de hecho merece la pena decir que sí o que no. Cada vez que vayamos a decirles un «no», hay que plantearse si en realidad podría ser un sí. Y, si es posible, mejor decirlo directamente para no confundir a los hijos con noes vacíos. Si vamos a decir que no, que sea real, con fundamento, pensando en sus nece-

sidades, con razón de ser. Debemos hacerlo con voz templada, comprensiva y amorosa, y, por supuesto, es preciso que tengan tu sostén emocional si lo pasan mal a raíz de este «no». Así es como se aprende a decir «no»: primero, que sea un «no» reflexionado y realista, no dar negativas por todo, y, segundo, permitiéndote decir que «no», escuchándote y teniéndote en cuenta en todo momento. Si coartamos sus noes después se sienten inseguros de expresarlos en otros contextos sociales.

- ✓ Defiendan sus derechos, para empezar, deberemos defender nosotros sus derechos (y los nuestros). ¿Cómo vamos a enseñarles a que defiendan sus derechos correctamente si sus propios padres no los defendemos? Todos tenemos derecho a ser tratados con respeto y reconocimiento, a ser escuchados y atendidos emocionalmente, a decir lo que pensamos, a cometer errores, a decidir qué hacer, a disfrutar, a vivir nuestras emociones, a ser nosotros mismos... Para ello, los padres debemos dejar hacerlo y también tenemos que defender a los hijos cuando vean que otras personas vulneran sus derechos (profesores, familiares, amigos...).
- ✓ Resuelvan conflictos sin agresividad, debemos resolverlos nosotros sin ella, porque si, por ejemplo, nuestros hijos se enfadan entre ellos y pretendemos que recuperen la estabilidad y la calma mediante gritos, castigos, diciéndoles lo mal que se han portado o llevándolos a cada uno a una habitación, etc., nunca van a aprender a resolver conflictos y malestares de forma tranquila, honesta y reflexionada. Practica la calma en los momentos de estrés, verás qué cambio radical ves en ellos y en ti.

✓ Conozcan y expresen sus emociones, primero, identifica, conoce y ama las tuyas y, por supuesto, acompaña las suyas. Verás cómo de esta forma ellos no tendrán problemas para expresar sus emociones, y cada vez lo harán de una manera más pausada y más equilibrada. Cuanto mejor acompañados estén, antes se conocerán a sí mismos.

Puedes practicar tu asertividad a diario y en cualquier situación ayudándote de varias herramientas, teniendo siempre en cuenta que es un trabajo de fondo y de constancia. Entre estas herramientas está la comunicación no verbal, ser siempre consciente de que el gesto que mantienes para comunicarte con los demás se corresponde con lo que dices, asegurarte de mirar a los ojos, transmitir tranquilidad y tu verdadera personalidad con la mirada, ser cercano, amable y coherente, no utilizar un tono de voz alto, sino equilibrado, no meter miedos ni intimidar, ser claro y sincero, escuchar atentamente y hablar sin acaparar toda la atención, entender que debe ser un dar y un recibir, no hacer preguntas dañinas a otras personas, ni entrometidas, pero sí mostrando disposición a saber y a ayudar, etc.

Es importante que, cuando te encuentres en un momento concreto con tus hijos en el que seas consciente de que no vas a ser asertivo, puedas, antes de cometer el error, pararte a pensar y plantearte qué es aquello que te preocupa y cuál es el motivo por el que vas a perder las maneras y los nervios, y analizar con reflexión y sin adultismo tu respuesta sincera. Otra opción es visualizar el conflicto que se puede generar emocionalmente dentro de tus hijos y en vuestra relación si tú no muestras asertividad, y definir qué sucederá después de este comportamiento tuyo y cómo vas a enmendar el error.

Eso te frenará y te ayudará a serlo, y también si piensas en qué pasará si, por el contrario, eres asertivo y respetas a tus hijos y sus necesidades emocionales.

Este tipo de ejercicios en todas las situaciones «difíciles» con ellos te ayudará a trabajar tu asertividad y a ponerla en práctica cada vez mejor y de forma más frecuente.

Como ves, para educar en la asertividad y lograr que nuestros hijos sean asertivos ahora y en sus vidas adultas debemos ser asertivos con ellos. Es el único camino posible.

Trabaja tu autocontrol para enseñar autocontrol a tus hijos

Cuando estamos en la vida adulta y vemos que no somos lo que queremos ser, solemos buscar muchas soluciones, cursos, libros de autoayuda, terapias... Queremos remedios rápidos, con los que obtener resultados tempranos y ver cómo nuestra vida cambia de rumbo rápidamente. Lo cierto es que nada puede darse tan deprisa, todo conlleva un trabajo de reaprendizaje, es decir, hay que sacar todo lo que se ha aprendido y recorrido y aprender de nuevo empezando de cero. Es como cuando queremos perder peso y lo pretendemos hacer sin esfuerzo, de la noche a la mañana, sin cambiar nuestros hábitos, sin compromiso, sin hacer un clic real en nuestra mente y en el corazón. Puede que perdamos peso, pero pronto lo ganaremos de nuevo si no modificamos nuestros hábitos. No hay atajos en el camino.

Llegar a educar sin perder los nervios (conectando con nuestros hijos y acompañando sus emociones íntegramente, con la seguridad de que lo que hacemos es lo mejor para ellos y para nosotros) supone un gran cambio de conciencia, en el que se pasa por momentos duros en los que queremos negar la realidad, volver la vista atrás y desear no haber sabido que todo se puede hacer de otra manera. Hay instantes en los que nos gustaría regresar adonde todo nos resultaba mucho más cómodo, y poder gritar y castigar, entre otras muchas cosas, sin tener remordimientos. Este proceso resulta a veces doloroso. La metamorfosis, ese clic que necesitamos, llega después de mucha práctica y confianza, y debemos comprometernos por una transformación de hábitos radical. Una vez que vayamos incluyendo herramientas y modificando nuestros patrones y formas arraigadas, veremos que cuesta cada vez menos. Los errores son cada vez menores y los sabemos detectar con facilidad, pedir perdón y aprender de los mismos.

> No es posible despertar a la conciencia sin dolor. La gente es capaz de hacer cualquier cosa, por absurda que sea, para evitar enfrentarse a su propia alma. Nadie se ilumina imaginando figuras de luz, sino por hacer consciente la oscuridad.
>
> CARL GUSTAV JUNG

El autocontrol es una de las áreas que más cuesta arriba se nos hace. Primero, porque no es fácil saber en qué nos equivocamos, quitarnos las capas de ego y ser sinceros con nosotros mismos; después, porque nos resistimos a aceptar nuestros errores. Una vez que los conocemos con exactitud, debemos aceptarlos, y no justificarnos buscando responsables, dándoles vueltas y escapándonos como podemos. La aceptación es el primer paso: eres como eres, haces lo que haces y quieres cambiar en algunas cosas, es lícito y positivo.

Y, a continuación, debes trabajar profundamente en conocerte a ti mismo, saber quién eres en realidad, qué quieres, adónde vas, qué deseas modificar en tu vida, si eres o no feliz... Y aprender a quererte a ti mismo tal y como eres, con tus aciertos y tus errores, pero queriendo transformar aquellos que te hagan daño y hagan daño a tus hijos.

Para un correcto autocontrol, debes tener fuerza de voluntad, que es la que te ayuda a llevar a cabo lo que en realidad quieres y debes realizar, abandonando los deseos que tu impulsividad te transmite, siendo más fuerte psicológicamente que ellos. Está científicamente comprobado que la fuerza de voluntad y el autocontrol están alojados en la corteza cerebral, donde se encuentra la razón. En cambio, los impulsos, lo que hacemos casi sin pensar dejándonos llevar por nuestras emociones más inmediatas, se encuentran en nuestro sistema límbico (emocional). Para lograr autocontrolarnos y saber parar cuando hay que parar, cambiar de actitud, de camino o de decisión, etc., hay que razonar y pensar antes de empezar la acción.

Para poder pensar en lo que de verdad quieres, debes tener claro aquello que quieres, saberlo sin ninguna duda, pero de manera profunda y trascendental, no superficial. Si por ejemplo vas a gritar, a comparar a tus hijos y a manipular a uno de ellos porque no quiere hacer los deberes y su hermano ya los ha acabado, la fuerza de voluntad que te ayudará a frenar esto y a acercarte a él con complicidad, amor, respeto, tolerancia, amabilidad, búsqueda de soluciones, etc., será el resultado de pensar en lo que en tu interior y de manera sincera quieres que sea la relación con tu hijo, el tipo de madre o padre que realmente quieres ser, la conexión contigo que tu hijo necesita, las atenciones que debes prestarle y el afecto y la tolerancia que debes tener en ese momento. No será el resultado de lo que crees superficialmente (en este caso que haga los deberes ya). El secreto de autocontrolarse es precisamente tener clara tu meta de forma consciente y saber visualizar tus objetivos y centrarte en ellos, no en las barreras que puedan aparecer en el camino.

El científico y psicólogo Roy Baumeister, de la Universidad Estatal de Florida, fue el primero que estudió las limitaciones y los entresijos del autocontrol y la fuerza de voluntad, y llegó a la conclusión de que el autocontrol es como un músculo que se puede entrenar y fortalecer cada vez más. Como todo músculo, también necesita descanso. Baumeister confirmó que cuando lo hemos utilizado todo el día (en el trabajo, en la cola del supermercado, con la pareja...), estamos muy cansados, y por esa razón, en las cuestiones más importantes, como las relaciones con los hijos, fallamos, ya que llevamos todo el día esforzándonos en autocontrolarnos y al estar con ellos dejamos de entrenarlo y le damos descanso.

Esto nos pasa también cuando llevamos todo el día autocontrolándonos con nuestros hijos, ejercitando el músculo, teniendo paciencia, respirando, siendo amables, conectando, comprendiendo... Puede que al final del día no podamos más y cometamos grandes errores. Es importante, entonces, que aprendamos a ser muy conscientes de nuestros objetivos reales e intentemos siempre entrenar el músculo en la consecución de los objetivos, no preocuparnos tanto por el qué dirán, no obsesionarnos con lo que hacen o dicen los demás, sino centrarnos en mejorar como madres y padres.

Para ayudarnos a integrar el autocontrol como un modo de vida, en el que los errores sean cada vez menores y cuando se cometan no sean garrafales, podemos seguir diferentes pautas, que, unidas a las que ya hemos aprendido, supondrán un antes y un después en la relación con nuestros hijos:

- *Crea tu propia rutina de sueño:* Cuando tenemos hijos pequeños es bastante difícil tener una rutina propia en cuanto al sueño, pues dependemos de sus necesidades y, en función de su edad y sus emociones, este puede variar mucho. Proponernos dormir seis horas a veces puede suponer todo un reto. Por este motivo, debemos tener siempre en cuenta que debemos adaptarnos a las particularidades de nuestros hijos intentando sacar huecos para descansar y cuidar nuestro sueño.

  No obstante, seguir una rutina antes de ir a la cama ayuda mucho a que al día siguiente estemos más preparados para mantener nuestro autocontrol. Una vez que tus hijos estén acostados y haya silencio en el hogar, en vez de irte a dormir precipitadamente, procura disponer de algo de tiempo para ti que te ayude a entrar en calma, sacar todos los nervios del día, conectar contigo y predisponerte así a dormir plácidamente las horas que puedas, aunque no sean seguidas. Hay quien se da una ducha de agua templada, quien lee diez páginas de un libro, quien hace cinco minutos de ejercicios moderados, quien escucha música... El caso es que encuentres tu hábito y lo hagas cada día sin fallar ninguno, trabajando tu fuerza de voluntad y enfocándote en tu objetivo: estar más preparado para controlar los nervios al día siguiente.

- *Agradece:* Ser agradecido es una de las cosas que más van a permitir ejercitar tu músculo del autocontrol. Agradece lo que eres, lo que tienes, que estás vivo, que tus hijos están contigo y sé alegre. Dedica unos minutos diarios al agradecimiento consciente; te hará tocar con los pies en la tierra.

— *Practica cinco minutos diarios de meditación:* Hay pocas personas que entienden lo que significa realmente meditar; se suele imaginar al típico yogui con un turbante o en un centro budista... Y sí, por supuesto que los hay y debería haber muchos más para ayudar a este mundo a encontrar el equilibrio y la calma, pero tú no tienes por qué ser uno de ellos.

Por eso debes centrarte en encontrar cinco minutos, o más, de meditación en los que la practiques como buenamente puedas. Elige una postura cómoda, pero que a su vez te obligue a mantener la espalda recta sintiendo tu cuerpo; cierra los ojos, respira de manera profunda y procura no pensar en nada. El simple hecho de intentarlo ya te ayuda a trabajar tu autocontrol; no hace falta que te obsesiones por la búsqueda de «la mente en blanco» porque eso para la mayoría de la gente es muy difícil, pero la práctica diaria es lo que hará que te sientas mejor.

- *Trabaja la atención plena:* La atención es algo que también se puede ejercitar como un músculo. Cuanta más capacidad de atención tenemos, más preparados estaremos para atender a nuestros hijos sin perder la paciencia. Resolver diariamente una sopa de letras, un puzle o ver alguna serie que nos guste en otro idioma con subtítulos nos ayudará muchísimo a cultivarla. Ahora bien, no se trata de dejar de pasar tiempo con nuestros hijos y ponernos a hacer puzles, sino de encontrar pequeños ratos libres en los que poder hacerlo, favoreciendo también nuestra relajación.
- *Empieza por pequeños objetivos:* No quieras hacerlo todo a la vez cuando debas autocontrolarte; empieza por metas pequeñas que te ayuden a avanzar. Si, por ejemplo, pierdes los nervios cuando tus hijos no quieren dormir y estás muy cansado, céntrate cada día en acompañar este momento sin preocuparte demasiado por los restantes. Enfocarte en un objetivo te ayudará con el resto.
- *Perdónate y libérate cuando cometas errores:* Si te castigas a ti mismo vas a estar todavía más nervioso e irritable, y entonces no vas a poder salir nunca de tu bucle personal, en el que tienes errores, te sientes mal por ellos y vuelves a cometerlos porque cuando se dan situaciones similares estás previamente en tensión (aunque no te des cuenta) y te da la sensación de que siempre estás igual y nunca afianzas el paso hacia el cambio. En este mismo capítulo, aprenderás más sobre la culpa y

verás que es muy importante librarse de ella para estar más conectado con los hijos.
- *Busca un grupo afín a ti y a tus metas familiares:* Como seres sociales, necesitamos sentirnos conectados con otras personas que piensen de forma similar a nosotros, y así no tener que estar viviendo en un entorno en el que no nos sentimos del todo nosotros mismos. En mis formaciones y cursos se crean alianzas muy bonitas de personas que se conocen de modo virtual, pero que después se encuentran de manera presencial y tienen la sensación de conectar plenamente, de poder decir sin miedo que educan sin controlar ni castigar a sus hijos y que cada vez son mejores madres, padres y personas. Se trata de que encuentres el lugar donde te sientas libre, te sientas tú, y tus hijos también te vean ser tú.

Es importante no hacer falsas promesas. Al cerebro le gusta mucho la sensación y la emoción de los nuevos retos y de los objetivos y las metas innovadoras, pero no el esfuerzo que suponen. Eso explica por qué todos los meses de septiembre o enero nos proponemos ir al gimnasio (u otras ilusiones) y lo dejamos pronto, porque a nuestro cerebro (y a nosotros) le encanta segregar endorfinas y adrenalina al imaginarse en el cambio, al conseguir metas, que es para él casi como si ya las hubiese conseguido. Pero el reto es superar estas primeras veces y mantener la promesa y cumplirla una vez pasados los obstáculos. En ese instante es cuando empiezas a experimentar ese «subidón cerebral» de forma constante. Cuando te levantas cada mañana, saber que tratas a tus hijos y a tus hijas como verdaderamente merecen y necesitan, que estás donde quieres y vives en función de tus valores es la mejor de las recompensas, y aunque hay momentos difíciles (siempre tiene que haberlos, forman parte de la vida), estos se superan bien una vez vencidos los primeros baches y habiendo puesto en práctica la fuerza de voluntad consciente y diaria.

El nuevo estilo de vida y el nuevo autocontrol se contagian, como todas las emociones. Y esta nube positiva que estará encima de tu cabeza se trasladará a todos los miembros de tu hogar y a todas las personas que tengan la suerte de estar cerca de ti.

Abraza tu ira

Todas nuestras emociones nos enseñan algo, todas tienen su razón de ser. No hay que temer la ira, ni rechazarla. Hay que tomársela como algo que forma parte de ti y que hay que transformar.

Si sentimos ira y somos conscientes de ella, nos centramos siempre en querer reprimirla, en pararla, en vez de aprender con y de ella. Nunca hay que contenerla, simplemente, hay que liberarla de un modo en el que no hagamos daño a nadie ni tampoco a nosotros mismos. Cuando lo hacemos de manera responsable y meditada, ya no sale de forma improcedente, sino filtrada y procesada por nuestra propia mente, sin herir a nadie. Es posible expresar la ira de manera que nos sintamos bien con nosotros mismos y que los demás se vean favorecidos por nuestra expresión y no se sientan culpables o víctimas de la misma.

Cuando sintamos ira y creamos que vamos a explotar debemos:

1. Reconocer que lo que estamos sintiendo es rabia.
2. Para poder calmarla, hay que ser conscientes de lo que

nos pasa, el motivo por el cual la sentimos. Solo sabiéndolo y conociéndonos en profundidad, podrá salir de una manera coherente, sin causar dolor a nadie.
3. Separar lo que hacen nuestros hijos o los demás de lo que sentimos. Nadie es responsable de nuestras emociones, solo nosotros mismos. Lo que hacen o dicen los demás nunca justifica nuestra rabia.
4. Ponerle palabras. Por ejemplo, «Siento ira porque tengo prisa y eso me hace estar nerviosa porque no quiero llegar tarde, ya que soy muy perfeccionista», en vez de «Siento ira porque mis hijos tardan en vestirse». Si observas con atención, verás una diferencia abismal. En la primera frase no haces un juicio sobre nadie, sino que eres sincera con tu sentir, mientras que en la segunda estás evaluando el comportamiento de otros, tus hijos, para justificarte, cuando el único comportamiento que debe importarte con relación a tus emociones es el tuyo.
5. Integrar por completo que nadie tiene la culpa de nuestra rabia. Solo nosotros la sentimos, solo nosotros podemos transformarla en calma, paz, empatía y búsqueda de soluciones desde la cooperación, no desde el juicio al otro.
6. Conectar con las necesidades de nuestros hijos desde la empatía. Cuando somos capaces de saber lo que realmente nos pasa, de no dar a los demás la culpa y centrarnos solo en nuestro motivo verdadero, también somos capaces de sentir y filtrar nuestra ira, sin reprimirla, y, por tanto, de escuchar y atender a nuestros hijos.

Durante la lectura de este libro, habrás ido aprendiendo diferentes técnicas que puedes utilizar también para el control de la ira, para potenciar el conocimiento personal de la misma y para mantener bien enfocada tu fuerza de voluntad respecto a ella. Perseverando en tu motivación y tus ganas de cambiar vuestro día a día, vas a ver grandes resultados que te harán vivir la vida con mayor felicidad. Asimismo, algunas técnicas más concretas podrían ser escribir semanalmente una lista de lo que se te ha pasado por la cabeza cada vez que has sentido ira y cómo transformarías esos pensamientos a otros que eximieran a tus hijos de toda responsabilidad respecto a la misma. También puedes contar por dentro entre 45 y 60 segundos cada vez que sientas rabia, para ayudarte a hacer el ejercicio de colar tus pensamientos, reflexionar y separar lo que tú sientes y tu necesidad real de la de tus hijos y no echarles la culpa de nada de lo que es tuyo. Contar no es lo mismo que marcharte y desahogarte en otro lado, soltar cuatro gritos en otra habitación y volver adonde estabas con ellos; de hecho, este es un remedio que potencia la rabia y que constituye un parche más, como si mordieras un calcetín o apretaras una pelota antiestrés, pues solo trasladas la rabia a otra cosa, pero no realizas la práctica que en realidad te liberará y te conectará con tus hijos y con las personas con las que compartes tu vida.

Por otro lado, *in situ*, en la práctica, puedes preguntarte si eso que está ocurriendo amenaza, de verdad, tu vida o la de tus hijos. La respuesta suele ser que no. Este pensamiento, unido a tu trabajo de separar la responsabilidad de tus hijos de tu emoción, te ayudará a relajarte.

Otras técnicas para cuando necesites una ayuda inmediata, una salida mental rápida que te permita ver que no hay culpables en las comunicaciones y relaciones, que solo está la manera en la que decidamos tomarnos las cosas, consiste en imaginarte que ese día es el último de tu vida, en observar a tus hijos y ver el amor infinito que os une. Creer que vas a morir al día siguiente, creértelo de verdad, hace que tu cerebro y tus hormonas conecten con la verdadera necesidad del ser humano: el amor incondicional. Esta sensación liberará tu ira en forma de bienestar.

Como puedes ver, la ira no es más que el motivo imaginario que la mente quiere pensar. Obsesionarnos con culpabilizar y responsabilizar a nuestros hijos es lo que hace que no veamos salida a la rabia porque estamos demasiado ocupados señalando en vez de buscar la solución dentro de nosotros mismos.

Lo que pensamos y sentimos no podemos reprimirlo, ahora bien, sí que podemos decidir a qué pensamientos les prestamos atención y nos dejamos llevar por ellos, y a cuáles no. Esto marcará la relación con nuestros hijos y nuestras relaciones y nuestra forma de vivir la vida en general.

> No hay nada que nos pueda hacer otra persona que nos pueda causar la rabia.
>
> MARSHALL B. ROSENBERG

Transforma la necesidad de limitar a tus hijos en la de comunicar

Convertirnos en madres y padres es algo que nos acompaña siempre, veinticuatro horas al día, siete días a la semana. Nunca dejamos de serlo, supone un compromiso de por vida. Es cansado, sí, y a veces estresante y extenuante tener personas a tu cargo, que son tu responsabilidad y cuyas vidas dependen de ti. Sí que lo es. Pero bien es cierto que nadie nos obligó a tener hijos. Cuando tomamos la decisión —reflexionada o no—, lo hicimos libremente (en la mayoría de los casos) y porque quisimos, y ya sabíamos que comportaría cambiar nuestra vida para siempre.

El tema de los límites a los hijos sigue generando muchos problemas en los hogares. Creemos que limitar es imponer y obligar a los hijos a hacer lo que queremos cuando queremos, pensando únicamente en nosotros mismos y en nuestras necesidades e intereses, y estos, tal y como hemos aprendido, no son para nada nuestros objetivos.

Nos solemos centrar en establecer unos límites, y si estos no se cumplen, perdemos los nervios y la relación con nuestros hijos se vuelve cada vez más distante. Además, como solemos responsabilizarlos a ellos de todo lo que emocionalmente nos ocurre, tenemos la sensación interior de que se portan muy mal y de que no hacen caso, sin pararnos a pensar concienzudamente en aquello que les pedimos y en separar nuestros objetivos y emociones de lo que su cerebro en verdad puede, debe o quiere realizar. Nuestros hijos no tienen por qué cargar con nuestras carencias emocionales ni con nuestra falta de conocimiento sobre nosotros mismos.

En realidad, lo que hacemos no es comunicar o informar sobre los límites necesarios para su integridad, sino que utilizamos la disciplina. El objetivo de esta es lograr que los hijos hagan lo que los padres queremos en ese momento, en función de nuestras emociones y objetivos. Les imponemos nuestros ideales con la falsa promesa de que «es por su bien», cuando nada a lo que se obligue se hace por el bien de nadie, únicamente por el ego de quien manda, por no pararse a pensar ni un segundo en las necesidades del otro ni tener en cuenta sus emociones.

Nuestra prioridad debe ser tener con nuestros hijos y nuestras hijas una relación basada en el respeto, en la que confíen en nosotros, en la que nadie sea más que nadie y no haya violencia ni se enseñe mediante la misma.

En vez de centrarnos en limitar tal y como lo conocemos socialmente (que sería coartar y poner barreras) debemos entender que limitar, en realidad, es comunicar los valores y ajustarnos a las necesidades reales de nuestros hijos, no a las que nosotros creemos que tienen.

Una de las definiciones oficiales de limitar es, precisamente, la de ajustarse a algo, ceñirse a ello. Es esta la que nos interesa y en la que nos vamos a centrar: en la acción de ajustarnos a nuestros hijos, en función de sus ritmos y de sus motivaciones. Por ello, los límites que establezcamos deben ser en su beneficio, no en el nuestro.

¿Cómo poner unos límites verdaderamente respetuosos con nuestros hijos, es decir, cómo informarlos de lo verdaderamente necesario e innecesario de manera óptima?

- Teniendo buenos valores y siendo un ejemplo de ellos. Si nosotros como adultos, personas ya formadas, trabajadas emocionalmente y cultivadas, perdemos los nervios ante cualquier situación, criticamos a los demás, refunfuñamos por todo, tenemos prejuicios, no cuidamos de nuestro cuerpo ni nuestra mente, gritamos, tratamos a nuestra pareja de forma incoherente, vivimos quejándonos, tenemos la idea de que los demás nos molestan, insultamos, comparamos y nos burlamos de las personas, etc., esto es lo que vamos a integrar en nuestros hijos.

    ¿Cómo queremos enseñarles valores si nosotros mismos no los tenemos? El primer paso para que nuestros hijos sepan poner freno a cosas que deben tenerlo puesto es poseer unos buenos valores e inculcarlos mediante el ejemplo, así como considerar el respeto como nuestra señal de identidad y nuestra máxima prioridad. Cuando respetamos, entendemos que nuestros hijos no quieren lavarse los dientes en ese momento. De esta forma, respetamos su tiempo, con amabilidad, con absoluta comprensión, sin hacerles daño, sin gritar, sin amenazar, sin decirles que se les van a caer los dientes, etc. Solo respetando sus tiempos, su ritmo, sabiendo que su prioridad ahora no es la misma que la nuestra, ellos entenderán que lavarse los dientes es un principio en nuestro hogar, algo que hay que hacer por salud, algo que, además, hacemos todos, pero que se respeta la elección del momento por parte de la persona. Si ese momento no llega, qué mínimo que apoyarlos para que lo hagan de manera divertida, tranquila, afable, con amabilidad y honestidad, buscando estrategias que les hagan reír, jugar, pasarlo bien... Cuando somos respetuosos con todo y con todos, ellos aprenden solo esa manera de comunicarse en la vida y entienden que en algunos sitios como en el colegio, en un restaurante o en casa de sus primos hay otras normas. Aprenden a respetar todo, entienden que el valor de respetar conlleva también ser respetado. Vivir respetando algo a lo que no te tienen que obligar, sino que se convierte en parte de tu personalidad y en tu forma de vida.

Necesitamos mandar a los niños, marcarles unos límites, decidir qué pueden y qué no hacer porque nos da miedo no obrar así. Pensamos que, en ese caso, se van a volver unos salvajes desagradecidos, exigentes, desafiantes, tiranos, unos inadaptados sociales... Y debemos perder este temor; son cosas que crea nuestra mente porque así nos han enseñado a pensar.

En nuestra infancia nos inculcaron normas y exigencias, y creemos que el único camino posible es ese, que nuestros hijos no llegarán a buen puerto si no actuamos así. Los niños no aprenden con nuestras exigencias; estas solo los obligan a hacer lo que queremos, se sienten presionados y no amados ni valorados. Y, también por esto, se resisten. Cuantas más imposiciones y malas formas, más difícil nos va a resultar que hagan las cosas, por muy necesarias que sean.

Cuando eres presionado, te sientes encarcelado y luchas por salir de esa cárcel; no eres libre, estás limitado, no eres tú mismo, eres quien te demandan que seas porque si no lo eres te hacen sentir culpable y los decepcionas. Entonces, estás entre dos mundos, entre hacer o pedir lo que quieres en ese momento, o agachar la cabeza y cumplir con lo que te dicen. En cambio, si te sientes comprendido, escuchado y valorado, abres tu corazón a hacer las cosas que realmente necesitas. Y vas haciéndolo de manera habitual muy pronto. Los niños repiten lo que observan en sus padres; por ello, debes poner toda tu energía en hacer lo que pides y en enseñar desde la calma.

Por ello, te damos las siguientes pautas:

- *Olvida el orden:* Muchas personas no somos nada organizadas, pero cuando nos convertimos en madres y padres, parece que nos obsesionamos con el orden. No somos nada flexibles y todo lo que no esté ordenado parece que desordena nuestra mente. Vivir con niños es eso, vivir con personas que juegan, que exploran, que enredan, que manchan, que experimentan... Es imposible mantener la casa perfecta y todo en orden. Sin embargo, este afán llega en la paternidad, porque así nos educaron: a ser ordenados, a no salirnos de la raya, a tenerlo todo pulido, recogido... Unos cánones muy alejados de lo que un cerebro infantil y adolescente necesita. Si queremos enseñar a que cuiden sus cosas, primero debemos ser nosotros cuidadosos con las nuestras y no estar tan pendientes de las suyas. Y no nos debe importar si hay que recoger lo suyo: algunos días colaborarán, otros no, pero lo observarán y lo aprenderán rápido y les saldrá de su interior, no movidos por la obligación de sus padres. También hay que tener en cuenta que ellos tienen otra forma de ver el orden. Hacen sus propias estructuras mentales según sus necesidades. Puede que sus muñecos estén tirados en el suelo porque los van a necesitar después para seguir con la aventura; aun así, nos quedamos atascados en pedirles con insistencia que recojan y, además, si no lo hacen, les imponemos unas consecuencias o castigos, sin pararnos a pensar en sus emociones en ningún momento.

Es mucho más fácil mantenernos tranquilos con el orden, dejarles espacio y valorar si eso que les pedimos es realmente importante, si atenta contra su seguridad, y si no es así, trabajar estas ansias de poder. Esto no significa que nuestros hijos deban vivir en un caos horrible, donde no quepan en su habitación y se asfixien con el desorden. Solo se trata de empatizar, escuchar, saber observar y sosegar nuestras ganas de marcarles una organización. Recordemos que nuestra casa debe estar preparada para todos los integrantes, y no solo para los adultos. No podemos tener niños pequeños y pretender que haya jarrones, cosas de vidrio, sofás con los cojines impolutos, camas con sábanas bien estiradas, habitaciones sin cosas por el suelo... Cuando relajemos nuestro sentido del orden, viviremos más felices y permitiremos a nuestros hijos serlo también. Podemos enseñar orden, claro, con el ejemplo y ayudándolos a recoger cuando sea necesario, siempre y cuando tengamos en cuenta el porqué del desorden. Si vamos a estropear una casa de plastilina con sus habitantes y todo, mejor no ordenar en ese momento. Todo tiene su tiempo y su lugar.

- *Crea su motivación interior:* El problema más común en los hogares es que aquello que solemos pedir los padres en ningún caso motiva a los niños, y no porque estos sean unos manipuladores perversos, simplemente porque son cosas que están fuera de su mundo, o en un mundo que, aunque sea «de niños», como los deberes, no responde a sus necesidades emocionales, ya que un niño no necesita hacer deberes; un niño necesita jugar, jugar, jugar, jugar, moverse mucho, investigar, crear, reír, descansar, hacer algo que le guste... Si nosotros, dentro de nuestros valores en el hogar, consideramos que los deberes son importantes, ellos lo integrarán como tal, siempre y cuando los apoyemos en la causa, sin que se convierta en una lucha de poder, de gritos, de imposiciones, de amenazas, de desprecios...

Se deben sentir queridos siempre y nosotros tenemos que buscar la manera de motivarlos. Quizá encuentran su motivación interior en relación con los deberes si los ayudamos a buscar información interesante de aquello que aprenden, si visitamos un museo distinto de manera regular, si hacemos con ellos juegos relacionados o estamos con ellos mientras juegan, si empatizamos en todo momento, si les hacemos bromas, somos amorosos, tenemos paciencia y solidaridad... Cuando un hijo hace algo para cumplir con nosotros y sentirse valorado solo por ver que nos satisface, sin hacerlo de corazón, no es feliz. No es feliz ni se siente bien, porque cuando las cosas no se hacen de corazón no te sientes bien, no aprendes a tomar decisiones, y mucho menos te interesa lo que estás realizando.

- *Comunica:* Nunca debemos dar órdenes. Cuando lo hacemos, los estamos anulando como personas, ya que no consideramos lo que realmente quieren, lo que tienen que aportar o decir respecto a lo que se les pide. Si queremos que nuestra hija se duche porque ya lleva dos días sin hacerlo y ha hecho deporte, lo que tenemos que hacer es comunicárselo, darle información sobre ello, pero no a la hora que nos parezca ni cuando a nosotros nos venga bien, ni en un tono altivo y elevado; hay que tener una relación de confianza, amor y complicidad suficiente que le permita entender que ese día hay que ducharse por un tema de salud. Le preguntaremos cuándo prefiere hacerlo y le explicaremos los beneficios de la ducha siendo amables, estando en calma y adaptándonos a su desarrollo y ritmo.

Para empatizar con nuestros hijos, podemos imaginarnos que son personas que hace poco que viven en nuestro país, pero no hablan nuestra lengua. Si nos pidieran ayuda o tuviéramos que decirles algo, ¿cómo lo haríamos?, ¿comunicándonos con tranquilidad y empatía? ¿O con exigencias, reproches y chantajes? Pues del mismo modo debemos actuar con ellos, como si habláramos con personas que no comprenden lo que nosotros comprendemos, y adaptarnos a ellos. Tener esto en la mente nos ayudará a equilibrar nuestras emociones y a entender sus intereses y sus maneras, muy distintas de las nuestras. Para informar de lo realmente necesario debemos vencer a nuestro ego, ese que nos envía señales constantes de cómo tiene que ser todo según nuestra opinión y creencias, y aprender a estar tranquilos en todas las situaciones y a generar un clima de confianza y de amor. Debemos creernos, desde lo más hondo de nuestro corazón, que no somos superiores a nuestros hijos. Todos somos personas, todos tenemos derecho a un trato integrador y respetuoso.

- *Seguridad, salud y bienestar:* Siempre que creamos que es necesario comunicar algo a nuestros hijos y propiciar que eso se realice o que no, debemos fijarnos en si lo que pensamos que necesitan es lo que realmente necesitan. Cuando veamos esto claro, tendremos que pasarlo por el filtro de su seguridad, salud y bienestar, es decir, ¿es eso óptimo y de verdad necesario para su seguridad, salud o bienestar? Muchas personas, ante esto, me suelen decir: «Pero si le digo que vaya a lavarse los dientes es por su salud, ¿no?» Sí, la salud bucal es muy importante, pero no hace falta enseñarlo desde la imposición; se puede enseñar desde el respeto, cepillándonos nosotros los dientes, teniendo paciencia, no obligando a que se los laven cuando nosotros queremos, siendo flexibles, comprensivos, sin hacer nada a la fuerza...

Todo se consigue, de verdad. Cuando les tengamos que decir a algo que no (por ejemplo, no comer más galletas, no quedarse más rato viendo la tele, no poner la música a toda pastilla porque son las doce de la noche), siempre debemos plantearnos si lo que les decimos responde a los principios de seguridad, salud y bienestar y si ese «no» tiene razón de ser. Si hay que decirlo, se dice, pero siempre meditando sobre el mismo y con una explicación amable, tranquila y respetuosa. A partir de ahora, puedes hacer un listado de cosas que normalmente les pides a tus hijos y valorar si cumplen estas premisas (las dices por seguridad, salud y bienestar). Después, deja en esta lista solo lo que sea necesario de verdad y establece estrategias de cómo harás para comunicarlas, para predicar con el ejemplo, para expresarlo de forma pausada, pensando en ellos, sin forzarlos ni obligarlos, con conexión, y sintiendo que empiezan a hacerlo con su propia motivación y entendimiento, no porque les dices que eso es lo correcto.

- *Sé creativo y divertido:* Hay veces que los niños deben realizar determinados quehaceres (siempre que sean adecuados para su desarrollo y realmente necesarios por su seguridad, salud y bienestar), pero no quieren. Primero, debemos ser pacientes, flexibles y respetuosos con sus tiempos. Después, podemos recurrir a la creatividad y darles arrumacos y afecto, diversión y juego para ayudarlos en esas tareas. No hay color entre exigir/mandar y cooperar unidos.

- *Acompaña las emociones cuando sea necesario:* Puede que haya cosas que en el hogar se deben hacer por salud (como descansar) o por el modo de vida y por necesidad (como ir a trabajar), y que por ello nuestros hijos lo pasen mal. A veces no quieren irse a dormir y les gustaría quedarse a jugar más tiempo o no quieren separarse de nosotros cuando nos marchamos al trabajo.

En estos casos, la única manera que tendrán de integrar valores, aspectos necesarios y otros aspectos que forman parte de la casa y de la vida es sintiéndose comprendidos y acompañados, siguiendo los principios del acompañamiento emocional, siendo compasivos y su sostén en todo momento, con amabilidad y empatía.

> No hay peor pecado que provocar lágrimas en una cara que nos ha regalado sus mejores sonrisas.
>
> BOB MARLEY

Cuando limitamos a los niños por todo, en realidad no son ellos mismos, porque lo que hacemos es controlarlos en vez de dejar que puedan aprender sobre sus aciertos y errores, sobre sus intereses y motivaciones. Cuando actuamos así, lo único que los niños quieren es revelarse, salir de ahí, intentar hacer lo contrario porque es lo que necesitan, y, claro, entonces los padres pensamos que los debemos controlar más porque los vemos descontrolados. Se convierte pues, en el cuento de nunca acabar.

Esto no significa que los niños vayan a ser personas desequilibradas, salvajes, sin normas, que hacen todo lo que se les pasa por la mente. De hecho, este es uno de los mayores miedos, el creer que, si no los limitamos, si no les decimos a todo que no, nos tomarán el pelo y se volverán unos seres violentos y tiranos. Lo único que tenemos que hacer es establecer unos valores en nuestro hogar y ponerlos en práctica. Por ejemplo, si tenemos claro que en nuestro hogar no se pega, no se grita, no se impone, no se dicen mentiras y se trata a todo el mundo con respeto, el primer paso es ser coherentes como adultos: vivir sin mentiras, sin imponer, sin pegar, sin gritar... Después, hay que entender que los niños están aprendiendo emocionalmente, y mientras se desarrollan y van creciendo, van integrándolo. Si hay fallos en ellos, no pasa nada: se vuelve a empezar sin reproches, sin perder los nervios y sin obligaciones, con amor y comprensión. No se tienen que sentir sometidos, sino escuchados y atendidos. Si los errores los cometemos nosotros, pedimos perdón con el corazón en la mano (así ellos aprenderán a pedir perdón y a saber lo que supone) y nos ponemos manos a la obra para no cometerlos más, o cometer los menos posibles.

Todas las personas somos únicas y diferentes; se trata de saber estar, guardar la compostura y ser pacientes, ya que todo se aprende. Y debemos estar ahí para ellos siempre.

Desecha la culpa y avanza

Puede que a lo largo de la lectura te hayas sentido culpable en algunas ocasiones; es absolutamente normal.

La culpa es una de esas sensaciones que nos enseñaron en la infancia. Cuando no efectuábamos lo que nuestros padres consideraban correcto, nos hacían sentir culpables. Culpables por no comérnoslo todo, por llorar, por no querer ir al colegio, por enfadarnos con nuestros hermanos, por acostarnos tarde, por no ayudar a poner la mesa, por no sacar buenas notas, por gritar, por pedir algo o desecharlo, por enfadarnos... Y ese modo de vivir la vida, con culpa, se queda en nuestro ADN, y crecemos así, culpabilizando al resto de la gente de todo lo que nos ocurre y sintiéndonos culpables por todo.

Deberíamos cambiar esta manera de vivir cuanto antes. De nada vale sentirse culpable por algo que ya no se puede modificar. Cometimos errores en el pasado que ahora no podemos borrar. Muchas madres y padres se sienten tan culpables por no haber actuado bien en el pasado con sus hijos que no disfrutan del presente; les reconcome la culpa, y este mismo sentimiento les hace cometer los mismos errores una y otra vez, ya que cuando están con sus hijos se encuentran en tensión, pendientes de hacerlo de manera óptima, y no disfrutan del momento, no se permiten relajarse y estar en paz.

Reflexionar sobre lo que nos hace sentir culpables es un gran paso; pensar en todo aquello que nos hace sentir de este modo para poder aceptar que no somos culpables, sino responsables, pero que no podemos modificar lo que ya ha pasado. Solo podemos tomarnos el presente de otra forma e ir aliviando esta sensación y proponernos una relación con nuestros hijos basada en el respeto, la conexión, la honestidad, la sinceridad, la calma, la comprensión, la tolerancia, la amabilidad...

Solo tenemos que aprender de los errores, aceptarlos, proponernos no volver a cometerlos, pensar cómo deberíamos haber actuado y encargarnos de reparar el daño causado en nuestros hijos. Como ya conocemos las consecuencias negativas de no acompañar y de controlar, debemos aprovechar para acercarnos a ellos, atenderlos, amarlos, comprenderlos y escucharlos. Si cometemos de nuevo algunas equivocaciones, no tenemos que sabotearnos ni maldecirnos, sino tomarnos el nuevo día como una nueva oportunidad.

Si estás leyendo este libro, es que algo en ti se ha despertado, perdónate, libérate y vive.

> No es la experiencia del día de hoy lo que vuelve locos a los hombres. Es el remordimiento por algo que sucedió ayer, y el miedo a lo que nos pueda traer mañana.
>
> ROBERT JONES BURDETTE (*El día dorado*)

¿Recuerdas el tipo de vida que tiene Alejandra ahora, siendo adulta? A continuación, te explico qué hace incorrectamente y cómo puede actuar de manera óptima sintiéndose bien con ella misma y con sus hijos:

Incorrecto	Correcto
Alejandra piensa de su hija que no le hace ni puñetero caso.	No puede evitar controlar a sus hijos, exigirles y demandarles cosas que ellos no pueden darle. Se dedica a pedir, a limitar, a examinar lo que hacen, y no ha establecido con ellos una relación basada en el respeto y la comprensión. Ella los educa obviando las emociones de estos y las suyas porque es lo que ha vivido toda la vida. Y, aunque durante su infancia y adolescencia era muy consciente de todo lo que le había causado esta desconexión con sus padres, ahora lo ha olvidado todo, solo repite patrones. Incluso llega a decir eso de «Ahora entiendo a mi madre, pobrecita, qué años le di», pero en su interior sabe que esto no tiene razón de ser, que la que debe cambiar es ella. Como pasos más importantes tendría que identificar sus emociones, acompañar las de sus hijos, empatizar con ellos, ser tolerante y amable, no verlos nunca como enemigos, sino como parte de su equipo de vida, dejar de buscar culpables y centrarse en conectar desde la tranquilidad y la confianza.

Paga sus frustraciones y su infelicidad con sus hijos.	Nos han educado para pensar que los niños pueden, emocionalmente, cargar con todo, que tenemos poder sobre ellos. Si a eso le sumamos que, por el hecho de ser sus padres, nos creemos superiores, llegamos al punto más alto de la incoherencia y de la desconexión. De todos modos, no solemos ser conscientes de ello, no lo hacemos adrede; simplemente, lo llevamos de serie, pensamos que es lo normal. Al tener esta base de adultismo, cuando nosotros estamos mal emocionalmente, no sabemos controlar nuestros impulsos y todo lo pagamos con nuestros hijos. No somos capaces de parar, respirar, comprender, reflexionar, sosegarnos y relativizar. No debemos permitirnos faltarles al respeto o hacerles sentir culpables por sentimientos y vivencias que son puramente nuestras, ni por ningún otro motivo. Si Alejandra aumentara su autoestima y tomara decisiones, mejoraría la relación con ella misma y, por tanto, con sus hijos.
No es capaz de separarse ni de cambiar su vida de rumbo.	Se cree no válida, no ve ni sabe sus capacidades, está escondida en un caparazón del que salir se le hace imposible. Debería coger las riendas de su vida, encontrar una salida, buscar ayuda y empezar a reconducir su camino. Tendría que educar a sus hijos con respeto, respetarse a sí misma y lograr dedicarse a lo que realmente su corazón le indica desde que era una niña.
Se siente culpable.	Vive en una espiral de error-culpa-preocupación-error-culpa-preocupación constante. Es decir, comete errores con sus hijos, se machaca con la culpa después, se preocupa intensamente para no volverlos a cometer al día siguiente, pero tiene una y otra vez las mismas equivocaciones.

> Debería utilizar los errores para avanzar, para aprender de ellos, y si los comete, no tendría que sentirse culpable, sino atreverse a aceptarlos y poner todo su esfuerzo en superarlos al día siguiente. Al sentirse culpable, su autoestima y autoconcepto se ven cada vez más afectados, y ella se hunde, se deprime y se aleja de la madre y la persona que realmente quiere ser.

En este capítulo hemos aprendido...

- La asertividad es la capacidad de hablar con las personas sin hacerles daño y sin, por supuesto, hacérnoslo a nosotros mismos. Se trata de decir lo que pensamos, lo que sentimos, dar nuestra opinión y defender nuestros derechos sin intentar manipular a otros y sin dejar que nadie nos maneje a nosotros y que se entrometa en nuestra forma de ver la vida imponiendo la suya.
- Para educar en la asertividad y lograr que nuestros hijos sean asertivos ahora y en sus vidas adultas, debemos ser asertivos con ellos, es el único camino posible.
- El autocontrol es una de las áreas que más cuesta arriba se nos hace. Primero, porque nos cuesta saber en qué nos equivocamos, quitarnos las capas de ego y ser sinceros con nosotros mismos; después, porque nos cuesta aceptar los errores. Una vez que los conocemos con exactitud, debemos aceptarlos, y no justificarnos buscando responsables, dándoles vueltas y escapándonos como podemos. La aceptación es el primer paso: somos como somos, hacemos lo que hacemos y queremos cambiar en algunas cosas, es lícito

y positivo. A continuación, debemos trabajar profundamente en conocernos a nosotros mismos, saber quiénes somos en realidad, qué queremos, adónde vamos, qué deseamos modificar en nuestra vida, si somos o no felices..., y aprender a querernos a nosotros mismos tal y como somos, con nuestros aciertos y errores, pero queriendo transformar aquellos que nos hagan daño y hagan daño a nuestros hijos.

- El autocontrol es como un músculo, el secreto está en ejercitarlo. Debemos tener clara nuestra meta conscientemente y saber visualizar nuestros objetivos para centrarnos en ellos, y no en las barreras que puedan aparecer en el camino.
- Nunca hay que reprimir la ira; simplemente, hay que sacarla de un modo en el que no hagamos daño a nadie ni tampoco a nosotros mismos.
- Nuestra prioridad debe ser tener con nuestros hijos e hijas una relación basada en el respeto, en la que confíen en nosotros, en la que nadie sea más que nadie y no haya violencia ni se enseñe mediante la misma. En vez de centrarnos en limitar tal y como lo conocemos socialmente, que equivaldría a coartar y poner barreras, debemos entender los límites como comunicar los valores y ajustarnos a las necesidades reales de nuestros hijos, no a las que nosotros creemos que tienen.
- Cuando limitamos a los niños por todo, en realidad no son ellos mismos, porque lo que hacemos es controlarlos, ejercer un control sobre sus vidas en vez de dejar que puedan aprender sobre sus aciertos y errores, sobre sus intereses y motivaciones. Cuando actuamos así, lo único que los niños quieren es revelarse, salir de ahí, intentar hacer lo contrario porque es lo que necesitan,

y, claro, entonces nosotros, los padres, pensamos que los debemos controlar más porque los vemos descontrolados. Se convierte pues, en el cuento de nunca acabar.

- Reflexionar y pensar sobre lo que nos hace sentir culpables es un gran paso para poder aceptar que no somos culpables, sino responsables. No podemos modificar lo que ya ha pasado, solo podemos tomarnos el presente de otra forma e ir aliviando esta sensación. Podemos proponernos una relación con nuestros hijos basada en el respeto, la conexión, la honestidad, la sinceridad, la calma, la comprensión, la tolerancia, la amabilidad...

SEGUNDA PARTE

Educar sin perder los nervios y los retos educativos de hoy en día

En realidad, si sigues y practicas los principios y las ideas que se explican en este libro y los integras como parte de tu vida, sin dudas ni miedos, con seguridad y confianza en que haces lo mejor para tus hijos y sus vidas, para vuestra relación, podrás enfrentarte a cualquier situación que os ponga la vida y la superaréis juntos, con conexión, amor, respeto y resiliencia.

Educar a los hijos e hijas no es fácil. Ahora más que nunca somos conscientes de ello, y es que sería muy sencillo cerrar los ojos a todos los aprendizajes que has ido asimilando durante este camino, autoconvencerte de que no eres un robot y no puedes estar siempre al cien por cien ni ser perfecto, que no lo haces tan mal, o que tus padres te educaron igual y tú eres una persona «de bien». Lo cierto es que puedes ser una persona de bien, claro, una buena persona, pero si no fuiste acompañado emocionalmente, ni sostenido, ni valorado, ni querido por lo que eras y solo se te apreciaba por lo que hacías, etc., esto se habrá quedado dentro ti, puede que en forma de falta de autoestima, de inseguridad, de necesidad de encajar en un grupo, de temor a ser tú mismo; quizá tienes rabia interior, fumas, bebes o tienes insomnio... Es posible que solo veas las consecuencias negativas a la hora de educar, ya que al convertirte en madre o padre has vuelto a revivir de manera inconsciente la forma en la que te educaron, y ahí sí que te das cuenta de que pierdes los nervios, te enervas, quieres controlar a toda costa, no eres capaz de conectar con tus hijos, los culpas de todo, buscas soluciones pensadas en que cambien ellos sin nunca contemplar la posibilidad de que el cambio debe empezar en ti.

No solo somos los padres los que influimos en las vidas de nuestros hijos, ya que tienen más familia, profesores, amigos y experiencias que hacen que ellos vayan creando su destino en función de las decisiones tomadas, del camino vivido y elegido, de las circunstancias y de la genética. No obstante, nosotros siempre somos sus raíces y no podemos volverle la espalda a esta realidad.

Tómate este viaje como uno de autodescubrimiento, de superación, de desarrollo personal, de vencer obstáculos, de conciencia, de amor, de valoración ante la vida... No te machaques por tus errores, reconócelos, acéptalos, busca soluciones y sigue adelante.

Actualmente, hay cuatro temas, entre otros, que inquietan mucho a los padres: el *bullying*, las nuevas tecnologías, las relaciones entre hermanos y la adolescencia. Y aunque si pasas de una educación autoritaria y controladora a una respetuosa, consciente y empática vas a tener herramientas suficientes para afrontar y superar estos problemas, he querido ofrecerte asesoramiento sobre ellas en esta segunda parte de la lectura, una información breve pero relevante que te ayudará a poner el broche de oro a este gran trabajo de transformación.

¿Qué podemos hacer frente al bullying?

Aunque los primeros estudios sobre el acoso escolar, conocido por el término inglés *bullying*, establecido en 1980, se empezaron a realizar en la década de los setenta, este ha existido siempre o, al menos, desde que se implantó en el mundo una sociedad adultista y autoritaria hacia los niños. Si bien no tenemos referencias de que los primeros homínidos sufrieran burlas, chantajes o agresiones físicas o verbales de sus iguales, sí las hay de la gran importancia que tenía el grupo para su supervivencia, y, pese a las diferencias existentes, humillar a alguien y hacerle la vida emocionalmente imposible por gusto era algo que no se concebía.

Durante estos casi cincuenta años de estudios sobre las características del acoso escolar, las cifras de casos han ido incrementándose cada vez más; no parece haber freno ante esta situación. No solo no han parado de subir, sino que, además, todo se ha multiplicado hasta niveles insospechados. Las situaciones de *bullying* han aumentado en cantidad, pero también en gravedad; tanto las circunstancias por las que se genera como los desenlaces de las mismas son cada día más preocupantes.

La sociedad precisa un cambio radical en cuanto al modo de tratar este asunto, una transformación, y además de manera rápida. Hay miles y miles de niños y adolescentes pasando verdaderos calvarios en sus escuelas e institutos, que se sienten solos e infelices y que merecen retomar sus vidas, vivirlas libremente y siendo respetados, como cualquier otra persona.

Para llevar a cabo este gran cambio, se necesitan herramientas y tomar medidas desde otra perspectiva, ya que las que hay hoy en día lo único que hacen es perpetuar la situación. Se suele esconder el acoso, pues vemos como normales actitudes que no lo son. Las llamamos «cosas de niños» cuando la violencia y la agresividad (tal y como se genera en el acoso, y siempre que no se acompañe correctamente) nunca es cosa de niños, ya que hay algo detrás que está provocando esto. Se actúa tarde y mal. Al acosador se le etiqueta, se le castiga y no se le proporciona ayuda; tampoco a la víctima (o en muy pocos casos). Esto hace que nunca haya remedios eficaces, solo parches que incrementan el abuso por parte del acosador y el sentimiento de inferioridad de la víctima. Cuando pasa algo así, tanto uno como otro necesitan acompañamiento emocional constante y urgente para poder ir modificando su comportamiento, mejorando y saliendo de su suplicio personal y social.

Definición del acoso escolar

Es importante definir qué es exactamente el *bullying*, ya que, como digo, nuestra sociedad está tan acostumbrada a la violencia que le cuesta reconocer el problema.

Es algo que:

- Se repite en el tiempo. No sucede una sola vez, sino que ocurre comúnmente.
- Sucede en un lugar donde acosador y víctima coinciden en tiempo y espacio.

- Es un maltrato entre iguales, ya que, aunque pueda variar años arriba o abajo, suelen tener una edad parecida o encontrarse en la misma etapa vital.
- La relación entre ellos no es proporcionada ni bien estructurada; es desequilibrada. Uno se cree que tiene poder sobre el otro, se cree superior y con autoridad hacia el mismo.
- Suele darse de un grupo contra uno o dos. En realidad, dentro de este grupo hay una persona que es la que lleva la voz cantante; las demás, por lo general, no desean acosar, simplemente tienen miedo de que, si no lo hacen, se conviertan en víctimas y sufran como sufre esta. Los integrantes del grupo que observan son, en realidad, cómplices del maltrato, pero no son maltratadores. Lo ven e incluso llegan a participar, pero por miedo y por no fallar al grupo; por el qué dirán y por la incertidumbre de lo que va a pasar después no se rebelan ante la injusticia. Son marionetas del acosador.
- Las agresiones que se suelen dar son físicas y verbales: chantajes, insultos, amenazas, burlas, mofas, motes, discriminaciones, gritos, robos, pellizcos, empujones, excluir del grupo e ignorar al niño, tirones de pelo, etc. El mayor número de casos se producen sin llegar a la violencia física, sino que es un continuo acoso psicológico e intimidante.
- En España, el número de casos en los que los agresores son niños es mayor que el de las niñas, pero tampoco varía mucho; están bastante nivelados. El tipo de acoso sí que es algo distinto. Los niños suelen emplear una violencia más verbal (insultos y mofas) y física (invadiendo el espacio) y las niñas, una violencia más sutil,

como dejar de lado a la persona, decirle que no está admitida en el grupo o que no es válida...
- Cada vez es mayor el rango de edades en el que se produce el acoso escolar. Ahora se empieza antes, en primero de primaria, y en la universidad todavía hay muchas personas que acosan a sus compañeros. Como esto no se ha erradicado, sino que cada vez constituye un problema más integrado en la sociedad, el abuso se extrapola a los trabajos y a otras relaciones sociales.
- Cada vez hay más tipos de *bullying*, es decir, los motivos por los que se realiza aumentan en número y en variedad. Puede ser racista, sexual, homófobo, machista, social, ciberacoso, etc.

Como las escuelas y familias no tienen las herramientas necesarias para prevenirlo y erradicarlo, estas situaciones se van alargando en el tiempo y se convierten en grandes conflictos en la vida de las víctimas, que se ven en un laberinto sin salida. Por ello, hoy en día se dan muchísimos suicidios de menores por sufrir *bullying*. Estas personas no vieron ninguna otra solución a su sufrimiento y solo contemplaron como única opción quitarse la vida. Estas víctimas se acabaron creyendo culpables de lo que les estaba pasando; pensaban que eran diferentes, que no cumplían con los cánones establecidos o solicitados y que eran la vergüenza de su familia y del centro escolar.

En todos mis años como especialista en esta área, he conocido a personas que han perdido a un familiar en esta trágica circunstancia, y todas coincidían en que no tenían mucha información sobre lo que les estaba ocurriendo a sus hijos e hijas.

Las víctimas suelen sentirse cada vez más solas y a la vez

más culpables, se encierran en sí mismas y ven pocas opciones para sus vidas.

Los niños y niñas a los que acosan desarrollan lo que se llama «indefensión aprendida», término acuñado por el psicólogo Martin Seligman. Son personas expuestas a situaciones dolorosas, difíciles, agresivas y constantes, que, habiendo intentado de alguna u otra forma zafarse de ellas sin éxito, sufren al asimilar que, por mucho que hagan, no tienen escapatoria. No poseen herramientas para superar la situación y acaban aceptando su cruz, sin ninguna motivación para avanzar, aprender y buscar más soluciones que les ayuden a salir de allí. Se creen culpables y merecedores de lo que les ocurre.*

Tanto las personas que acosan como las acosadas pueden tener diversas personalidades; no obstante, los perfiles suelen resultar bastante similares. Las primeros son personas agresivas, sin nada de empatía, manipuladoras y chantajistas sutiles entre su grupo, queridos en el mismo, con una gran falta de autoestima y seguridad, un grado enorme de ansiedad, etc. Las segundas son más sensibles, solitarias y poco habladoras, inseguras y con miedos y falta de autoestima.

Muchas personas que son víctimas luego se convierten en acosadores. Son ese tipo de chavales que han aguantado el acoso y la falta de apoyo durante muchos años y deciden hacer con otro lo que les han hecho a ellos. Suele suceder cuando cambian de entorno, es decir, si les ha pasado siempre en el instituto, optan por entrar en la universidad con otro carácter, una coraza, y piensan que siendo acosadores les irá

---

* La indefensión aprendida es muy común también en la violencia de género. Muchas mujeres agotan sus posibilidades de salir de ese calvario y aceptan, sumisas, que no hay otra salida. Sin motivación ante la vida, sin más puertas que abrir, sin salida.

mejor socialmente... En muchas ocasiones, estas conversiones se dan ya en la vida adulta: personas que han sufrido mucho acoso en su infancia y adolescencia se rebelan con sus parejas e hijos. Por ello, es una cuestión que no solo repercute en el presente, sino que también afecta durante toda la vida.

Tanto los acosadores como las víctimas tienen poca o casi nula conexión con sus padres. Además, ambos suelen ser personas que sufren mucho estrés en su vida. En sus hogares se da una falta de afecto y de comunicación, con padres controladores o ausentes que ejercen un exceso de control y les prestan poca o ninguna ayuda; son personas no acompañadas emocionalmente, expuestas a la violencia, a las que no se escucha y que no reciben atenciones emocionales. También pueden ser personas que han perdido a seres queridos o han sufrido separaciones, abusos o situaciones complicadas sin haber tenido un buen acompañamiento emocional. Niños y niñas que viven cohibidos en sus hogares, que son sumisos en los mismos, mientras que, en el mundo exterior, o se rebelan, o se hacen todavía más pequeños. Los castigos, los gritos, las amenazas, las burlas, los miedos, la falta de cariño y afecto, la exigencia de aprobación, los prejuicios, las críticas y la ausencia de atención emocional real, entre otras cosas, es algo con lo que conviven diariamente.

Tanto para víctimas como para acosadores, hay consecuencias. Las más comunes son falta de autoestima, inseguridades, dificultades sociales, estrés y ansiedad, adicciones, depresión, trastornos alimenticios, TOC, soledad, desmotivación ante la vida, etc. Algo más habitual en las víctimas es, además, el creerse culpables o merecedoras de lo que les ocurre, así como el *shock* postraumático. Lo más usual en acosadores, además, es la manifestación de la violencia.

No obstante, como ves, tanto los acosados como los acosadores son víctimas y necesitan ayuda. Unos por lo que sufren y han sufrido, y los otros, para dejar de hacer sufrir. Pero ambos son personas con mochilas y carencias emocionales que necesitan ser rescatadas de las garras que las mantienen atrapadas.

¿Qué hacer para evitarlo?

De los dos grandes trabajos que tenemos que hacer para poder acabar con el *bullying*, el primero y más importante es prevenirlo.

Es impensable e incoherente creer que, aunque tratemos sin respeto a nuestros hijos, alumnos, pacientes o conocidos que se encuentran en la infancia y adolescencia, estos podrán aprender a respetar, a respetarse o a hacer respetar de forma respetuosa.

En la sociedad actual, se produce lo que se denomina «normalización de la violencia». Esto ocurre cuando no vemos como un problema algo que sí lo es, cuando consideramos como normal algo que está muy alejado de la normalidad. Para ayudarte a entenderlo, voy a ponerte un ejemplo de un diálogo que utilicé en mis redes sociales y que supuso un gran aprendizaje para muchas personas:

—Ayer vi cómo un hombre amenazaba a una mujer diciéndole que tirara ya para casa o le daba dos hostias.
—¿Y qué hiciste?
—La verdad es que me dieron ganas de acercarme a ella y decirle que saliera de esa relación tóxica, que no tenía por qué aguantar a esa persona, que tenía derecho a vivir su vida. Pobrecita, de verdad.

—Ayer vi cómo una mujer amenazaba a su perro diciéndole que tirara ya para casa o le daba dos hostias.

—¿Y qué hiciste?

—La verdad es que me dieron ganas de acercarme a ella y decirle que ya me llevaba yo el perro a casa, ¿para qué tiene un perro si lo trata de ese modo? De verdad, es que la gente está muy mal.

—Ayer vi cómo un hombre amenazaba a su hija diciéndole que tirara ya para casa o le daba dos hostias.

—¿Y qué hiciste?

—La verdad es que me dieron ganas de acercarme a él y decirle que eso es lo que hay que hacer, que luego se te suben a la chepa y no veas, se convierten en unos violentos. Así hay que educar.

Y esto ocurre diariamente. Somos incapaces de darnos cuenta de que hemos normalizado la violencia hacia los niños, que los tratamos de una manera irrespetuosa, controladora y con aires de superioridad, que lo único que hace es que se vuelvan de este mismo modo.

Los niños y las niñas tienen derecho a ser tratados como personas. Es curioso cómo vemos la violencia sin dudar cuando se trata de adultos o de animales, pero no somos capaces de verla cuando se practica con los niños o adolescentes.

Educando con violencia, educamos a seres que serán violentos o sumisos, pero que en ningún caso se amarán lo suficiente a sí mismos como para vivir realmente con un íntegro bienestar vital y emocional, en el que no dañen a los demás ni se dañen como personas. Educando con violencia plantamos la semilla del acoso, tanto de acosadores como de víctimas.

Es imposible cambiar la realidad sobre el acoso escolar si no cambiamos nuestra manera de educar. Si educamos con gritos, chantajes, ridiculizaciones, burlas, exigencias, amenazas, superioridad, motes..., hacemos justo lo mismo que luego pedimos que se suprima en los colegios e institutos. No somos conscientes de que enseñamos aquello que queremos eliminar.

Algo que suele preocupar mucho a las familias con las que trabajo el tema del acoso escolar es pensar que alguno de sus hijos pueda sufrirlo en el colegio. Les da mucho miedo, y más cuando salen en los medios de comunicación noticias verdaderamente alarmantes. Cuando quieren ponerse manos a la obra, quedan impactados al ver que el trabajo se realiza desde el hogar.

Cuando pregunto en mis cursos en qué posición preferirían que estuviesen sus hijos, si en la de acosadores o en la de víctimas (es interesante que antes de seguir leyendo hagas esta reflexión), ninguna madre y ningún padre quiere que sus hijos estén en ninguno de los dos lados, pero suelen coincidir en preferir que sean víctimas.

Esto parece extraño, pero tiene una explicación, y es que nos han educado para encajar en la sociedad, para caer bien, ser «bien mirados». Con una madre o padre de la víctima, todo el mundo empatiza y tiene compasión; en cambio, los padres de los que generan el acoso son señalados, culpabilizados y criticados. Es por eso por lo que, aunque es algo muy interior, ahí está, acechándonos.

Si educamos a nuestros hijos e hijas en la violencia, pueden ser tanto una cosa como la otra, dependerá de su personalidad, de su genética y de la situación concreta para tirar para un lado o para el otro. No quiero decir que todos los niños y chavales que son educados mediante la violencia, el control y la autoridad vayan a convertirse en agresores o víctimas (como ya hemos visto, las consecuencias de esta educación pueden ser muchas), pero que tienen muchas más posibilidades, sí, claro que sí, ya que es lo que viven en sus propios hogares.

En un taller que ofrecí a un medio de comunicación, una mujer me dijo que le parecía muy «fuerte» que comparase la violencia que puede vivir una mujer maltratada con darle una torta a una hija por no querer comerse el plato, por ejemplo. Podemos cerrar los ojos tanto como queramos, pero pegar a un hijo es maltratar, sea flojo o fuerte, sea poco o mucho, es maltratar y es utilizar la fuerza para conseguir lo que queremos. Si educamos de este modo, esto es lo que enseñamos.

Está claro que para prevenir el maltrato entre iguales lo único que podemos hacer es educar de otra forma, ya que, aunque nuestros hijos no van a poder evitar vivir en el mundo en el que vivimos, donde van a ver injusticias, personas violentas, críticas, prejuicios, burlas, sexismo, racismo y faltas de respeto, sí que van a tener las herramientas necesarias para, por un lado, no ser acosadores y, por otro, saber qué hacer en el caso de ser acosados.

Muchos padres que son conscientes de que sus hijos están maltratando a otros se enfadan y dicen que no es así, que es una tontería y una exageración, y no son capaces de reconocer que ellos les hacen a sus hijos lo que estos hacen a los demás. Este proceso, como ves, conlleva una transformación profunda en la sociedad. La mayoría de los agresores se creen superiores o con el derecho a ser como son, pero es porque ven exactamente eso en sus hogares.

Aunque ya sabes todas las pautas, pues las has ido aprendiendo a lo largo de este libro, te recuerdo las más importantes a la hora de educar en la paz:

- *Empatizar:* tienes que ser empático con tus hijos, entender sus motivos y apoyar sus causas cuando sea posible manteniendo siempre la calma.

- *Acompañar todas sus emociones:* tal y como has aprendido, practica con cada emoción de tus hijos; cada vez tendrás más experiencia y seguridad.
- *Ser asertivo:* mediante la asertividad con ellos y con todas las personas, sé su guía en todo momento.
- *Tratar como nos gusta ser tratados:* nunca les hagas lo que no te gusta que te hagan. Una premisa muy sencilla a menudo muy difícil de poner en práctica por parte de los padres.
- *Ayudarles a poner límites a los demás:* para poder hacer esto, primero debes aprender tú a poner límites a los demás. Es decir, si tus hijos ven cómo la vecina toca la coleta y la cara a tu hija en el ascensor y a ti no te gusta, y cuando llegáis a casa te quejas, llamas pesada y poco respetuosa a esa vecina, pero dejas que lo haga, tu hija estará aprendiendo esto, que debe aguantar algo que no desea por quedar bien, aunque luego se sienta mal por ello. Lo segundo que debes hacer es dejarlos decidir y apoyarlos en sus decisiones si no ponen en peligro su seguridad, su salud y su bienestar, ya que solo de esta forma aprenderán a tomar decisiones propias con independencia de lo que los demás piensan.
- *Ejemplo y coherencia:* como somos ejemplo absolutamente en todo, debemos ser un buen y coherente ejemplo. Si andas criticando a las personas, riéndote de los demás, siendo irrespetuoso con los ideales del resto, mientes, no cuidas tu salud, gritas, tienes malos hábitos alimenticios, insultas a las personas homosexuales o con un color de piel distinto del tuyo, haces diferencias entre sexos, etc., ¿qué esperas que integren tus hijos? Vive tu vida de tal manera que te respetes y respetes, es el único camino.

- *Colaboración:* apoya a tus hijos, no tengas miedo a ayudarlos y prestarles tu cooperación.
- *Cohesión:* trabaja en equipo; no es cuestión de que los padres jueguen en un equipo y los hijos en otro, debéis jugar en el mismo. Estar cohesionados con ellos y fomentar la confianza es muy importante para estar informado de todo lo que les pasa.
- *Amor incondicional:* muéstrales amor tanto en los buenos momentos como en los difíciles.
- *Escuchar y prestar atención:* estate siempre cerca. Siempre debes atender sus necesidades, escucharlos y ofrecerles tu aliento.
- *Comunicación positiva:* comunícate de forma amable, con sinceridad y honestidad, sin controlar, sin castigar, sin gritar, sin exigir, sin ridiculizar, sin manipular, sin inculcar miedos, sin faltar al respeto.
- *Mostrar respeto hacia todas las personas:* demuéstrales que respetas a todos por igual, incluyéndoles a ellos.

¿Qué hacer cuando nuestros hijos o nuestras hijas están sufriendo *bullying* o provocándolo?

Aunque cada centro educativo tiene su protocolo y cada vez hay más concienciación sobre el tema, la realidad es que, como la violencia está normalizada, en muchas ocasiones no confirmamos el problema hasta que está muy avanzado.

Tanto profesores como padres ven las burlas, las exclusiones, los motes, las amenazas..., pero piensan que es algo «normal» a estas edades. No es normal en ninguna edad que alguien cause daño a otros por el placer de hacerlo, no sin querer, no un día en el que emocionalmente estaba más enfadado, triste, nervioso, o bien quería reivindicar algún derecho o manifestar frustración, etc., sino por el hecho de crear malestar en la otra persona.

Se supone que educando sin violencia nuestros hijos no tendrán miedo a contarnos nada de lo que les ocurre en el colegio porque no temerán ser juzgados, sino que serán escuchados y apoyados. Para mantener una relación de confianza, no basta con preguntarles qué tal les ha ido en el colegio y repetirnos cada día con la misma pregunta y en el mismo tono y mientras nos contestan estar mirando nuestro móvil o haciendo la cena sin prestarles atención. Hay que tener una relación de confianza como la que tenemos con algún amigo muy especial, con nuestra propia pareja o con nosotros mismos, considerando siempre que son nuestros hijos e hijas y, por tanto, esta es más importante que cualquier otra relación social, ya que a ellos los amamos incondicionalmente y nos necesitan para aprender de la vida. Se trata, entonces, de hablar largo y tendido cada día, de conocerlo todo sobre su vida sin juicios ni insultos, de estar alerta ante cualquier cambio o situación que nos parezca extraña, y de saber, en primera instancia, que les debemos ayudar siempre.

De todos modos, para valorar si nuestro hijo está sufriendo *bullying* en el colegio, tenemos que observar si de repente:

- Quiere estar más tiempo a solas en su habitación.
- No habla de amigos/as.
- Cuenta (o se le escapa) repetidas veces cómo alguien no le ha dejado jugar o se ha reído de él/ella.
- No controla los esfínteres y antes lo hacía.
- Tiene insomnio o miedo durante la noche.

- No quiere ir al colegio.
- Cuando va de excursión, ves que nadie quiere ir a su lado.
- Sus utensilios (estuche, mochila, ropa...) tienen desperfectos.
- Le ves algún signo físico como arañazos, marcas de haberle clavado el boli, etc.
- Notas su falta de apetito o su mucho apetito.
- Muestra ira descontrolada.
- Tiene poca confianza en la familia.
- Tiene fobias.
- No quiere ir a ningún sitio el fin de semana.
- No va a cumpleaños.
- Etc.

En cuanto alberguemos una sospecha de acoso, primero tendremos que hablar con nuestros hijos sin usar un tono amenazante o que los haga sentirse presionados con el objetivo de obtener información. Después de ello, nos reuniremos con el tutor/a y, antes de hablar nosotros, le pediremos que nos explique cómo ve a nuestro hijo o hija socialmente. Durante su charla, siempre debemos escuchar y prestar atención a algunas cosas que nos pueden dar pistas. Por ejemplo, si dice que a veces tiene problemas con un grupo concreto, o que le ve solo en el patio, o que no habla con mucha gente, que en clase no se atreve a participar...

Si no, le pediremos que durante una semana le observe y que pida al resto de los profesores que también lo haga. A la semana, volveremos para recabar la información. Si se confirma el acoso, el colegio debe hablar con los padres del acosador y de la víctima, reunir información y tomar medidas. Siempre que ocurran estas cosas, hay que tratar los conflictos de manera respetuosa y en ningún caso ser partícipe de esto o no darle la importancia que merece.

Para valorar si nuestro hijo está provocando el *bullying* en el colegio, tenemos que observar si de repente:

- Insulta a compañeros.
- Excluye del juego a otros niños.
- Estropea el material de los demás.
- Se ríe de otros niños.
- Dice a los demás lo que tienen que hacer.
- Pega reiteradamente a otros.
- Tiene ira descontrolada o sumisión total.
- Manifiesta poca confianza en la familia.
- Tiene actitudes muy agresivas con sus hermanos.
- Habla de los compañeros con desprecio.
- Se cree superior a los demás al hablar de algo relacionado con su clase.
- Etc.

El procedimiento es el mismo, pero a la inversa: hay que apoyar que deje de hacerlo, en vez de tratar de que deje de padecerlo.

En el colegio deben aportar ayuda incondicional, no dejar el peso solo en las familias y no intentar erradicarlo tratando mal a los niños, sino con las mismas pautas que tienen los padres (las que has aprendido en este libro).

No dudes en buscar un profesional respetuoso que os ayude en este proceso, tanto si tu hijo acosa como si sufre un abuso, y a hacer un trabajo integral en el que modifiques tu manera de educar y también tus hijos tengan herramientas para su cambio.

Por último, si ves que en el colegio no te aportan ayuda y

tu hijo es la víctima, lo mejor que puedes hacer es trasladarlo a otro centro. Cuando comento esto, muchas personas dicen: «El que no tiene la culpa se tiene que ir...». No es cuestión de eso; es cuestión de que cuando una persona sufre acoso no solo se contagia el grupo y la clase, sino que también está impregnando el patio, la clase de música, los profesores, etc. Con esto quiero decir que psicológicamente es muy incómodo y duro tener que ir cada día a un lugar donde has sufrido mucho, aunque ya no te insulten ni te hagan la vida imposible. Por ejemplo, cuando una mujer que ha sido maltratada por su marido se separa de él, aunque el hombre tenga orden de alejamiento, lo más probable es que ella quiera vivir en otro lugar, porque ese le recuerda todo el mal sufrido.

Así que no debemos preocuparnos tanto del ego, de los culpables o de la rabia interior, sino siempre de mirar por el bien de nuestros hijos. Si no hay cambios en la escuela, hay que trasladarle a otra, en la que previamente deberemos reunirnos con los responsables y expresar lo que necesitamos, siempre con la ayuda de un profesional (no esperes a final de curso para hacerlo si tu hijo está pasando por algo que no mejora). Conozco a un niño que sufrió acoso escolar por ser «el nuevo» en primero de primaria. Los padres se dieron cuenta cuando le vieron arañazos en los brazos, pero nadie les había avisado de nada y él sentía miedo de contarlo. Entonces, lograron una reeducación muy buena en el centro, y hasta la directora renunció a su puesto por haber hecho las cosas mal y haberse callado el maltrato de otros compañeros hacia el niño. Y aunque a los acosadores se los estaba ayudando y ya no le hacían nada ni a él ni a nadie, le cambiaron de clase y todo iba mejor en el nuevo curso, pero él se hacía pipí solo con ver la puerta del centro, y es que volver cada día al lugar de donde querías desaparecer es una aberración para cualquier persona.

Va a depender de cada caso y de cada situación, pero el traslado siempre es una buena opción. Es posible que los niños, aun siendo el lugar donde lo pasan mal, digan que no quieren cambiarse porque piensan eso de «es mejor malo conocido que bueno por conocer...». Pero después agradecen mucho su nueva vida.

Trabajar para eliminar el acoso escolar supone un gran esfuerzo conjunto entre la familia, la escuela y la sociedad. No obstante, entre todos podemos erradicar esta herida social que va en contra de los derechos humanos.

Moraleja: El maltrato entre iguales, acoso escolar o *bullying* es imposible de erradicar si no transformamos nuestra manera de educar. Si educamos mediante amenazas, burlas, autoridad..., eso es lo que aprenden los niños como manera óptima de comunicarse. Cuando se da, hay que defender a nuestros hijos (respetando a las otras personas, pero sin tenerles miedo) y mirar por su bienestar, entendiendo que nadie tiene derecho a vivir en un ambiente nocivo para su salud mental y física. Y si son ellos los que lo provocan, aportarles las herramientas suficientes para que dejen de hacerlo.

Las nuevas tecnologías y los niños

Como estamos acostumbrados a buscar culpables en todo, debido a la forma en la que nos educaron y a la costumbre social, hemos conseguido que las tecnologías entren dentro de este saco y supongan un gran reto para los padres de hoy en día.

En el siglo actual si los niños y niñas...

- están más nerviosos
- contestan o se enfadan a menudo
- obtienen resultados académicos bajos
- hablan poco
- se sienten infelices
- tienen falta de atención o problemas de aprendizaje
- etc.

Lo solemos atribuir al uso de las tecnologías y, por supuesto, a la irresponsabilidad de los niños y su falta de compromiso para con otras cuestiones de la vida. No contemplamos nada más, como el uso indebido de las tecnologías por exceso de tiempo, la falta de comunicación entre hijos y padres y la educación autoritaria y a la vez permisiva en relación con este tema.

La OCDE (Organización para la Cooperación y el Desarrollo Económico) confirma en algunas de sus estadísticas que los chavales españoles pasan diariamente unas dos horas de media utilizando las tecnologías (incluida la televisión), lo que llega a las tres horas y media durante el fin de semana. Y que, además, en los últimos años esto se ha incrementado en una hora diaria, más o menos. Este tipo de informaciones son útiles para la sociedad, para tener una idea aproximada, pero nos alejan de nuestro objetivo real: conectar con nuestros hijos, ya que, cuando los padres las leen, se centran en reducir el número de horas a toda costa, y no importan las formas ni las necesidades de los niños, solo reducir el uso de las tecnologías. No son conscientes de que un trato inadecuado a los hijos es, precisamente, lo que propicia las consecuencias negativas antes citadas, entre otros aspectos. Así que, en el caso de que las tecnologías causaran estos daños cerebrales o emocionales a los niños (siempre que abusamos de algo, obtenemos daños), nosotros provocaríamos justo lo mismo que estas si intentáramos que dejasen de usarlas por la fuerza, mediante el adultismo, el control, los castigos y la desconexión.

Las nuevas tecnologías son una buenísima herramienta de aprendizaje para los niños. Mediante ellas, podemos informarnos, cultivarnos y estudiar absolutamente de todo, matemáticas y otros idiomas, así como aprender a leer, ver otros países por satélite, conocer diferentes culturas y hasta a otras personas...

La tecnología no es mala, al contrario: nos ofrece muchísimas oportunidades de crecimiento personal, académico y social, y cada vez nos irá aportando más, ya que la era tecnológica no es solo el presente, sino también el futuro.

No podemos separar a nuestros hijos de su realidad; esta es la época en la que han nacido y en la que les toca crecer. A unos, como a mi abuela, les tocó crecer durante la guerra civil española y la posterior dictadura, y tuvo que adaptar su infancia a esta experiencia. Mi madre se pasaba horas en la calle sin supervisión adulta, jugando a las canicas con su hermano y unos amigos. Yo crecí con mi radiocasete pegado a mí, grabando lo que emitían en la radio en cintas, y sin embargo mis hijos ven completamente normales los ordenadores, los móviles e internet; no se imaginan un mundo sin nada de esto.

Evolución humana, ley de vida.

El problema, en consecuencia, no son las tecnologías. El problema es, precisamente, no saber establecer unas pautas de utilización óptimas para su desarrollo y etapa vital, y, por tanto, correctas y positivas para con nuestros hijos, pensando en su salud y en su seguridad, así como tener una relación del todo alejada de lo que de verdad necesitan emocionalmente.

Muchas personas me escriben intranquilas para contarme que sus hijos pasan muchas horas con la consola (tableta, ordenador, móvil...) y que cuando les dicen que las dejen siempre surgen conflictos y enfados. Como temen ese momento, cada vez lo alargan más y más; los enfados no cesan y la relación se estropea con más intensidad. En este caso, el error está claro: los padres no tienen una buena comunicación con sus hijos, no han hablado de los pros y contras de la tecnología con ellos, no han establecido un horario adecuado decidido entre todos (a partir de los tres años, aproximadamente, ya podemos decidir juntos cuándo utilizar este tipo de aparatos, por ejemplo, en el coche durante los viajes, un ratito en la sobremesa, mientras su hermana bebé duerme la siesta y él no, etc.). Todo está desequilibrado y se acaba haciendo a la fuerza, por imposición y sin diálogo.

¿Qué horarios establecer y cómo?

Como padres, somos los responsables de la vida y de la óptima educación de nuestros hijos; por ello, en nuestras manos está adecuarnos a la época en la que les ha tocado vivir, sin restringir su uso, ya que, por un lado, toda prohibición se convierte en deseo. Es decir, si nos apropiamos de algo que no es nuestro, de la libertad de nuestros hijos de conocer aquello con lo que es normal que crezcan, empezarán a sentir curiosidad por las tecnologías y verán que están en todas partes; si imposibilitamos su uso, será muy normal que no se sientan con la confianza de pedir probarlas, de solicitar tener algo de tiempo para utilizarlas y hablar abiertamente de lo que sienten en torno a esta situación. Por otro lado, van a necesitar la tecnología en su vida presente (durante su vida académica, en la infancia y adolescencia) y futura (en el trabajo).

Algunas estrategias para concretar el uso de las tecnologías, respetando sus emociones y tratándolos con respeto* son:

- *Sé empático con ellos:* Entenderlos no significa que debamos decirles que sí a estar horas y horas ante las pantallas, ni tampoco que nos dé pena que paren cuando se haya estipulado. Significa que debe prevalecer el amor que les tenemos y la comprensión por sus intereses, aunque en ese momento tengamos que pedirles que dejen la tecnología a un lado. Al empatizar con nuestros hijos, la conexión con ellos es mucho más profunda y estable.
- *Utiliza la sencillez:* Nunca podremos informarlos bien de las cuestiones importantes para su vida si nos contradecimos continuamente y nos acostumbramos a comportarnos dependiendo de cómo nos encontremos ese día. Si hemos tenido un buen día de trabajo, pueden tener la tableta más tiempo; si llegamos estresados, entonces menos... Esto no hace más que confundir a los hijos y alejarnos de lo que nos ocupa: el buen uso de las tecnologías y la seguridad de ellos durante el tiempo que las utilizan.
- *Sé coherente:* No podemos pedir algo que nosotros mismos no somos capaces de llevar a cabo. Es inviable exigir a los hijos que dejen el móvil cuando nosotros estamos con la cabeza gacha pegados al nuestro. Esto solo les

---

* Algunos fragmentos de este texto están extraídos de manera no literal de un artículo que escribí para *El País* sobre el uso de internet y los hijos. Puedes encontrarlo en los enlaces de interés de la parte final del libro.

aporta inseguridades y falta de comprensión hacia lo que les comunicamos como correcto. Predicar con el ejemplo es la mejor enseñanza.

— *Descarta los juicios y las etiquetas:* Debemos dejar de lado las críticas, las frases lapidarias que solo hacen daño y que son, simplemente, un intento desbocado de poner un límite desde la emoción adulta, desde la impotencia que generan a veces estas situaciones y que debemos empezar a gestionar correctamente para mejorar la relación con nuestros hijos y que aprendan de verdad sobre la parte negativa de las nuevas tecnologías.

— *Reflexiona de manera sincera:* Siempre que vayas a hablar sobre ello con tus hijos, pregúntate si es ciertamente necesario o no, si obedece a un interés real por un correcto y seguro desarrollo de tus hijos (en este caso, un uso óptimo de las tecnologías) o bien está promovido por el qué dirán o tu ego adulto. Si es necesario y real lo que pides, y no está basado en tus intereses adultos, entonces es importante informar de ello y ayudarlos a llevarlo a cabo.

— *Escucha con atención:* Escucha su opinión y sus motivos, hazlo con verdadero interés, aunque no estés de acuerdo con ellos. Recuerda que son las personas que más quieres del mundo.

— *Háblales con cariño y respeto:* Una vez que los hayamos escuchado, deberemos exponer lo que ocurre con amabilidad y tranquilidad. Nuestra comunicación no verbal debe ser también afable y respetuosa.

— *Entiende sus emociones y comprende sus enfados:* Los hijos tardan algo en integrar y entender el hábito de tener las tecnologías solo un tiempo concreto o cuando las necesiten para algo importante, por ejemplo. Durante este tiempo, ellos pueden explotar emocionalmente y enfadarse al no poder seguir con ellas, es lo normal. Debemos realizar un buen acompañamiento emocional y saber de antemano que, en muchas ocasiones, aunque comprendan la situación y la necesidad, pueden y tienen derecho a no apetecerles dejarlas en ese momento. Por norma general, los niños de hoy en día tienen muy poco tiempo para ellos, pocas horas libres, no disponen de tiempo real de juego sin restricciones, están llenos de responsabilidades, deberes y quehaceres... Y es absolutamente normal que cuando están en su momento de ocio (y en muchos casos parte de él consiste en disfrutar de las tecnologías, como para mi madre las canicas o para mí grabar canciones de la radio) y deben apagar el aparato, se enfaden. Después del acompañamiento emocional, pues, hay que seguir adelante con la decisión si es de verdad importante y pensando en sus beneficios, y debemos hacerlo desde el sentido común, la tranquilidad y el respeto. No perder los nervios en estos momentos (y en todos) nos dará la llave para que cada vez estas situaciones sean menos intensas y se repitan menos en el tiempo. Simplemente, ellos entenderán e integrarán esos hábitos como parte normal de su día a día (como saben que no pueden alimentarse a base de chocolate o dormir pocas horas eternamente) por cuestiones de seguridad, salud y bienestar.

¿Cómo protegerlos de los peligros de internet?

La seguridad con las tecnologías es un aspecto que forma parte también del hecho de tener unas limitaciones respetuosas adecuadas. Cuando uno tiene una relación con sus hijos basada en el respeto, con horarios adecuados y confianza sobre lo que ven y hacen, establecer la seguridad es mucho más sencillo.

He realizado muchas encuestas a mis alumnos sobre este tema y lo cierto es que, antes de trabajar conmigo, o bien no tenían idea de lo que sus hijos hacían con las nuevas tecnologías (simplemente los dejaban utilizarlas durante más o menos horas), o no sabían que existía la posibilidad de proteger los aparatos. A veces, incluso se daban ambas opciones.

Lo más importante es preparar los aparatos tecnológicos con controles parentales; equiparlos con un buen software y un antivirus óptimo; valorar qué más opciones hay de seguridad dependiendo del tipo de dispositivo; revisar siempre qué ven nuestros hijos y qué les gustaría ver; hablar con naturalidad sobre las oportunidades que aportan las tecnologías, así como de las que no lo son, etc.

Lo que verdaderamente marcará la diferencia será la confianza entre ellos y nosotros; el hecho de dejar de lado todo tipo de burla, mofa o juicio para que no se escondan; darles una libertad segura, en la que podamos comprobar que no están expuestos a ningún peligro real y al mismo tiempo puedan autoconocerse; una comunicación respetuosa, y ofrecer ayuda cuando sea necesario.

¿Cuándo sería óptimo que los niños y las niñas empezasen a utilizar las nuevas tecnologías?

La verdad es que eso va a depender de cada familia y la demanda de los niños.

Cuando son bebés y en sus primeros años de vida, no necesitan las tecnologías para nada (a no ser que participen en algún programa especial que se apoye en la tecnología para ayudar a los niños en algo concreto de su desarrollo), ya que tienen que explorar, moverse, correr, saltar, experimentar... Con esto no quiero decir que en esta etapa deban estar prohibidas, ya que creo que todo con sentido común es positivo (escuchar alguna canción en familia de YouTube, por ejemplo), pero lo que sí confirmo es que no se debe dar aparatos a los niños para que permanezcan callados, se entretengan y no molesten, algo que se suele hacer mucho dentro del mundo adultista durante los primeros años, e incluso meses, de vida. Y luego nos ponemos de los nervios si lloran y se enfadan porque quieren más. Entonces, las situaciones se nos van de las manos, y como queremos que dejen de llorar les damos más aparatos... Entramos así en una espiral difícil de reconducir.

Los niños pequeños no piden las tecnologías porque las necesiten para vivir, simplemente, una mala gestión adulta ha hecho que el cerebro se haya acostumbrado a sentir las hormonas de la felicidad cuando las utilizan, y por eso las reclaman más a menudo. Si respondemos ofreciéndoselas más o a nuestro antojo, nunca estableceremos un uso adecuado y arrastraremos el problema desde el inicio.

Cuando ya van creciendo (tres o cuatro años en adelante) puede que las reclamen para resolver sus curiosidades, aprender cosas nuevas o desarrollar sus estrategias mentales. No hay nada de malo en ello, siempre que se establezcan los tiempos de manera adecuada y pensando en su salud, no en nuestro bienestar.

Hay que tener coherencia en lo que respecta a la utilización de las tecnologías y entender que estas forman parte de su vida; deben integrarse como algo normal, así como también los momentos en los que se emplean.

Por otra parte, cuando pasamos un tiempo con nuestros hijos (sin mirar nuestros dispositivos tecnológicos, claro), charlamos, jugamos, nos reímos, nos abrazamos, cantamos, bailamos, disfrutamos..., no hacen falta tecnologías por ninguna de las partes. Es importante y necesario disponer de este tipo de tiempo diariamente. Aunque ahora lo consideremos un imposible, todo es cuestión de fuerza de voluntad.

Moraleja: Las nuevas tecnologías forman parte del presente y del futuro, son normales en su vida. No se trata entonces de prohibirlas y de verlas como enemigas, sino de trabajar profundamente para crear una relación con nuestros hijos e hijas basada en el respeto, la confianza y en el acompañamiento emocional, así como de establecer horarios de uso de manera que sean realmente seguras para ellos a distintos niveles.

Las relaciones entre hermanos

Tener hermanos es una de las cosas más bellas que nos puede ocurrir como personas, ya que significa tener a alguien en tu vida para siempre, que no te abandonará, que te ama de manera incondicional y que crece y evoluciona contigo. Con independencia de la situación concreta de nuestra vida y de la edad que tengamos, convertirnos en hermanos siempre es una satisfacción.

Los hermanos son la base de nuestras relaciones sociales (si no se tienen hermanos, las primeras relaciones y esta base inicial se suelen establecer con primos o con amigos muy allegados). Son las primeras personas con las que convivimos, además de nuestros padres, y debemos compartir con ellos el amor y las atenciones de estos. Por tanto, como padres, somos los responsables de que la relación entre ellos sea estrecha, bella, comprensiva, respetuosa, con el amor como valor principal... Es decir, debemos ser sus guías, y los acompañaremos en su camino de crecimiento como hermanos para que su relación se fundamente en el respeto, hoy y siempre.

La manera como acompañemos emocionalmente las relaciones entre nuestros hijos marcará su relación presente y futura. Como padres, no lograremos que la relación entre ellos sea óptima si nos pasamos el día haciendo comparaciones, con favoritismos, o bien escuchamos solo a uno y le dedicamos tiempo en exclusiva a este, destacamos siempre al mismo y rebajamos también siempre al mismo, buscamos soluciones pensando en nuestro beneficio adulto, sin intervenir correctamente, perdiendo los nervios... Precisamente, cuando los conflictos se empiezan a dar a diario, si no son bien acompañados y apoyados, se van agravando en el tiempo y en el alcance, ya que cada vez son más comprometidos y peligrosos.

Cuando los niños tienen una relación basada en el respeto entre ellos, se sienten a gusto, dichosos, comprendidos, seguros y con una buena autoestima, y esto tiene un impacto en todas sus relaciones sociales y emocionales.

¿Cómo preparar a los hijos e hijas para la llegada de un hermano?

Para poder ayudar a nuestros hijos a que tengan una buena relación entre ellos cuando ya han crecido y las peleas son constantes, debemos valorar cómo ha sido el acompañamiento ofrecido hasta ahora, tanto individualmente como al conjunto como hermanos, para saber en qué punto se puede encontrar la confianza y el respeto entre ellos.

Durante el embarazo o el procedimiento de adopción, debemos hablar con naturalidad con los hijos que ya tenemos en casa de todo lo que conlleva este proceso, sin ningún tipo de tapujos. No debemos tener miedo de hablar con ellos de las cosas relevantes de la vida, como la reproducción, el nacimiento, el primer año de vida... porque forma parte de esta, igual que no hay que tener miedo a hablar de sexo o de la muerte. Es importante compartir estos meses con ilusión, felicidad, diálogo, escucha, y visualizar cuando el hermano esté, haciéndoles partícipes de todo, etc. Muchas madres me confirman no haber tocado el tema porque sentían pena, pena de «destronar» al niño que ya tenían. Incluso han llegado a afirmar que se sentían culpables (como ves, la culpa, esa que cargamos siempre...). Para empezar, no destronamos a nadie porque no tenemos reyes en casa, tenemos hijos, y a los hijos se los ama a todos por igual; hay sitio para todos en el corazón de una madre y un padre.

Debemos hablarles sobre el proceso y sobre las necesidades de la nueva persona que va a llegar, independientemente de la edad que tengan. Es decir, da igual que sea un bebé de dos años o una niña de diez, lo importante es acoplarnos a su entendimiento y ofrecer siempre un apoyo y tener charlas sinceras, respetuosas y desde el corazón. De todos modos, es obvio que cuanto más pequeño sea, menos va a entender el concepto de lo que supone, ya que un niño de dos años sigue siendo un bebé con la necesidad de ser atendido veinticuatro horas. Por ello, no podemos pretender que comprenda lo que va a comportar ni durante el proceso ni cuando ya esté su hermano en casa, porque lo único que entiende es que ya no es lo mismo que era antes. Muchas personas me comentan que durante el embarazo comentaron con su hijo de tres o cuatro años la llegada de su hermano, compartieron ilusiones, se pintaron la barriga, le explicaron que el bebé necesitaría estar siempre en brazos de mamá, que ella le debería atender en mayor medida, que le tendrían que cambiar el pañal..., y luego esas personas no comprenden cómo, habiéndoselo explicado, los niños no se acuerdan y tienen actitudes irritables y desesperantes (para los padres).

Claro que recuerdan lo que hablasteis, pero lo único que ven es que el tiempo no se lo dedican en exclusiva a ellos o que mamá pasa más rato con el bebé y está siempre atenta al mismo. Como instinto mamífero es lo normal; las mujeres estamos capacitadas para proteger, alimentar y atender a nuestros retoños y asegurar su supervivencia: es una cuestión de biología y naturaleza y haremos todo lo posible por llevarla a cabo. Durante el puerperio (en el caso de haber dado a luz), además, las hormonas están a flor de piel y todo en el interior de la mamá se recoloca, y entonces necesita muchos cuidados y amor para poder cuidar a sus hijos (en el caso de no haber dado a luz, también hay que cuidar de ella, pero el componente hormonal no es el mismo). En este período, las madres a veces desarrollan una especie de «rechazo» puntual hacia los hijos que ya están en casa, y es que la «madre loba» que lleva dentro solo siente la necesidad de estar en su cueva con su nueva cría. No hay que sentirse mal por ello, forma parte de nuestra programación mamífera. Perdónate y sigue adelante, pasando tiempo en exclusiva con los hijos que ya tienes y con el bebé. De hecho, el bebé puede ir en tus brazos, en un fular o en una mochila ergonómica,* y estar tranquilo obteniendo lo que necesita mientras la mamá aporta a las demás crías lo que también necesitan.

* Sistema de porteo ergonómico en el que se respeta la fisionomía de los niños. Recomiendo siempre ir a un sitio especializado en porteo para que la mochila sea realmente respetuosa.

Muchos padres se molestan cuando hablo de la figura de la madre en las primeras etapas de los hijos. No es mi intención hacerles sentir mal, esto es una cuestión de ciencia y de neurobiología: los niños necesitan a sus madres, son su base emocional. Y, aunque los padres tienen un papel fundamental, durante los primeros años de vida de los hijos su mayor cometido es el de apoyar, sostener, empatizar y amar a la madre con todo su corazón, siempre atendiendo a sus hijos y fomentando la relación con ellos, el afecto y la atención, pero también entendiendo perfectamente lo que una madre supone, es y será para los hijos. Esa es la mayor prueba de amor, tanto para la madre como para los hijos.

Para «prepararlos» para la llegada de un hermano, en definitiva, lo que hay que tener en cuenta es la naturalidad durante el proceso y la empatía cuando ya están en casa; por mucha explicación y acompañamiento que haya habido antes de que llegara, el impacto emocional siempre se va a dar, tengan la edad que tengan. De ahí que cuando llega el nuevo integrante haya retrocesos: es algo normal y usual que surjan problemas como volverse a hacer pipí, necesitar tus brazos, querer chupete, etc. Esto no pasa porque los niños quieran llamar la atención, es por un motivo también de supervivencia humana. En la antigüedad, los primeros años de vida, de los cero a los siete de años, aproximadamente, eran los años más vulnerables para la supervivencia en la vida de un niño, ya que es el período en el que el cerebro es puramente emocional, a lo que se suma su corta edad. Por ello, cuando llegaba un nuevo miembro a la tribu, los hijos que estaban primero aseguraban su supervivencia siguiendo durmiendo con sus padres e igual de acompañados por los mismos, como si fueran bebés, para poder protegerse de los depredadores. Hoy en día no temernos a que nos coman, pero este rasgo biológico continúa ahí. Con estos retrocesos, lo único que les ocurre es que están asegurando sus cuidados, sus atenciones, sus necesidades emocionales; en conclusión, están protegiendo su supervivencia.

Cuanto más pequeños son los niños cuando se convierten en hermanos, más difícil es para ellos, ya que más vulnerables son y más necesidades emocionales —y a todos los niveles— tienen. Eso de «cuanto antes mejor, así pasan etapas a la vez», en realidad, forma parte de la concepción de la sociedad adultista en la que vivimos, ya que se piensa en la comodidad e intereses de los padres, pero no en las necesidades de los hijos (de los que están y de los que vendrán). La verdad es que cuantos más años se lleven, más preparado estará el mayor para entender y para volar un poquito más libremente, aunque esto no quiere decir que un niño con cinco años deba ser del todo independiente cuando llegue su hermano; al contrario, necesita mucho acompañamiento, pero su cerebro de humano que quiere sobrevivir ha obtenido acompañamiento exclusivo durante más tiempo. De todos modos, la mejor edad para tener otro hijo no importa si estamos dispuestos a darles el acompañamiento emocional que cada uno necesita. De este modo, ellos no se sienten desplazados ni juzgados, se siguen sintiendo amados y tremendamente felices.

Hay niños que nunca han disfrutado de tiempo en exclusiva porque al nacer ya había otro hermano o hermanos y por eso su sentir, si llega un tercer o cuarto hermano, es distinto, aunque debe ser igualmente acompañado.

En el caso de hermanos gemelos, trillizos o que han compartido embarazo y, por tanto, han nacido el mismo día, la diferencia de edad no se puede contemplar porque no la hay. Entonces solo queda dar mucho apoyo a la madre, sostenerla y que ella pueda estar con ambos bebés en la misma medida.

¿Los celos entre hermanos existen?

En realidad, los celos están más relacionados con nuestra manera de acompañar la llegada de nuevos hermanos que con lo que los niños sienten. Aunque a veces digan que odian a sus hermanos, que no los quieren (incluso tengo familias que me escriben preocupadas porque los primeros hijos dicen, literalmente, que desean que se mueran), nada de esto lo sienten. Los niños aman a sus hermanos, les hace felices tenerlos. Lo único a lo que tienen miedo es a perderte a ti, a no estar contigo, a que ya no los quieras, a que ya no los cuides, a que te olvides de que existen... Esto explica que sientan mucha confusión emocional: aman a sus hermanos, pero preferirían volver a ser una familia sin ellos. Para ayudarlos en estos pensamientos, estamos nosotros y nuestro acompañamiento emocional incondicional. Cuanto antes vean que todo lo malo y peligroso que imaginan no se hace realidad, antes se relajarán y podrán vivir en amor y armonía disfrutando de su nueva etapa como hermanos.

Como adultos, tenemos necesidad de poner nombres a las etapas y etiquetarlas. Y lo que hacemos con esto es generar problemas donde realmente, con un buen acompañamiento por nuestra parte, no los hubiese habido. Por ejemplo, imagina que tienes una niña de cuatro años y un recién nacido; la niña, como tal, experimenta varios retrocesos, nota además que tiene poco tiempo a solas con su madre, observa cómo la misma le hace más cariños al bebé, se siente desplazada y poco protegida, sin el acompañamiento apropiado. Es normal que tenga explosiones emocionales, desconexión, irritabilidad, falta de apetito... Y cuando va al colegio, le comentas a la profesora sin ningún tipo de tapujo que tiene celos; esta ya la etiqueta y la niña así lo integra. Después, en casa de familiares, abuelos, tíos, primos, también se recalca esto, y hasta cuando vas al pediatra o a comprar. Todo esto hace que, por un lado, te distancies más de ella y te relajes pensando que es un momento que pasará, y que no sepas aportarle el acompañamiento que necesita, y por otro, que ella se sienta etiquetada, culpable y triste.

Ante la llegada de un hermano/a los niños necesitan, siempre y de forma prioritaria:

- Respeto por sus ritmos y etapas.
- Tiempo en exclusiva real.
- Escucha, comprensión y apoyo.
- Contacto físico.
- No hacer juicios ni comparaciones ni poner etiquetas.
- Acompañamiento emocional.
- Sentirse amados por lo que son y no por cómo se comportan.
- Comunicación amable, honesta y entendible.
- Empatía y amor incondicional.
- No establecer diferencias (no hay nadie mayor ni nadie pequeño, solo hermanos).
- Todos los puntos anteriores deben aplicarse a cada uno de los hijos por igual.

Es posible que en los primeros años de vida del nuevo integrante no se den estas sensaciones de retroceso y pasen más adelante. Además, en muchas ocasiones, quien está más irritable es el más pequeño, ya que se han volcado tanto en el primero para que no se sintiera apartado o mal que el que ha llegado después ha vivido, precisamente, lo que querían evitar con el mayor.

Se trata de estar siempre ahí para nuestros hijos, en equilibrio, en paz, con confianza, conexión, respeto y amor.

Peleas entre hermanos. ¿Qué hacer?

Los conflictos entre hermanos son totalmente normales. Son personas y, como tales, cada una de ellas es única, especial y diferente, y, por tanto, pueden tener distintos pareceres entre ellos. Además, son personas que se están conociendo y conviviendo y, aunque se quieran, deben seguir conociéndose. Lo importante es que sepan gestionarlos y defender sus opiniones con serenidad y respeto, algo que es imposible si los padres no ofrecen una guía serena y respetuosa ante los mismos. Si no lo hacen, el distanciamiento entre los hijos será evidente, las peleas serán diarias y la convivencia será difícil para todos.

Hay que saber distinguir lo que son conflictos reales entre hermanos de los que no lo son, teniendo siempre en cuenta que, si educamos en el respeto, apenas habrá problemas, y los que haya se sabrán acompañar tal y como aprendimos con las emociones. En muchas ocasiones, somos los adultos los que potenciamos estos conflictos y generamos más, simplemente, por no actuar de manera correcta. Hay que dejarlos que se relacionen y busquen soluciones entre ellos y saber intervenir cuando sea de verdad necesario.

Hay tres tipos de «peleas»* entre hermanos en las que es

---

* No me gusta denominar los conflictos entre hermanos así; lo he utilizado porque es la jerga que emplean las familias normalmente para hablar de estas cuestiones, para que se sientan, de este modo, más identificadas.

necesario mediar y ayudarlos a comprender lo que está pasando, sin posicionarnos para un lado o para otro, ayudando a todos a sentirse mejor:

1. *En las que hay agresión física:* En todos los enfrentamientos donde alguno de los dos (o tres o cuatro...) pegue o agreda al otro, con patadas, empujones, mordiscos, pellizcos, etc., siempre debemos estar ahí para mediar entre ellos. Recuerda lo que aprendiste en el capítulo sobre la agresividad, puede que sean demasiado pequeños y que sea su manera de comunicarse; no obstante, siempre estaremos ahí para frenar la agresión y preocuparnos por ambos. Nunca debemos distanciarnos de uno y acercarnos al otro, no tenemos que considerar al que pega «malo» y al que no, «bueno». Lo verdaderamente importante es estar con todos por igual, con el mismo cariño y el mismo acompañamiento, así como saber escuchar sus puntos de vista y ayudarles a encontrar soluciones que les convengan dejando de lado el punto de vista adulto. No hay que darle más importancia de la que tiene a un desencuentro entre hermanos, un conflicto que ha sido acompañado. Si valoramos que hay muchos últimamente, debemos aumentar nuestro acompañamiento y nuestro tiempo en exclusiva con cada uno porque puede que haya decaído y por eso estén más susceptibles, o puede que sea por algo externo social y emocionalmente, pero que también indica la necesidad de un mayor acompañamiento. Una vez que todo esté en paz, no hay que obligarlos a que se besen o abracen, o a que se pidan perdón. Nunca hay que forzar estas cosas, ya que la mejor manera de aprenderlas es teniendo a unos pa-

dres que saben guiar con calma en los momentos difíciles y que apoyan a todos por igual. Este tipo de cosas son más sociales y se adquieren con el paso del tiempo sin necesidad de que sean forzadas.

2. *En las que hay insultos:* En realidad, insultar y decir palabras feas forma parte del proceso de sacar hacia fuera la frustración. Seguramente, si en lugar de «tonto» o «imbécil» los niños dijeran palabras inventadas o «árbol», no le daríamos tanta importancia y estaríamos tranquilos. Sin embargo, cuando se dicen estas cosas, perdemos los nervios, sentimos que estamos fallando como padres y nos metemos por medio de malas maneras, fomentando la desconexión entre ellos, las emociones no expresadas y la falta de confianza. En el caso de los insultos y malas palabras, no debemos estar todo el rato diciendo «calla, no le digas eso a tu hermano», «como le vuelvas a insultar, ya verás», etc., sino que primero observaremos y valoraremos cómo se va desarrollando la situación, y después intermediaremos sin juicios, sin posicionarnos, escuchando a todas las partes, y les ayudaremos a encontrar una solución que los beneficie a ambos. Buscaremos otras palabras con las que puedan decir lo que sienten sin dañar al otro y acompañaremos las emociones que se generen durante el proceso.

3. *En las que no hay violencia ni insultos:* Hay que aprender a dejar que se relacionen, dialoguen, resuelvan sus conflictos... si educamos en el respeto. Si no lo hacemos, nunca van a poder llegar a entendimientos sin violencia ni coacciones, básicamente porque no tienen las herramientas para hacerlo. En muchas ocasiones, los hermanos tienen disputas porque uno quiere el ju-

guete del otro, porque uno quita lo que el otro tiene en las manos, etc. Es importante no inculcar a los hijos la idea de la posesión. Es decir, si educamos a nuestros hijos diciendo que en casa esto es de uno, esto es de otro, marcando diferencias, invitando a que sean claros con sus bienes..., luego no podemos exigirles que compartan. De hecho, nosotros, los adultos, no compartimos nada que esté catalogado como «nuestra posesión» con otro adulto, ni siquiera con nuestra pareja, como por ejemplo nuestro teléfono móvil, porque consideramos que es algo personal e intransferible. Pues lo mismo ocurre si etiquetamos cada uno de los juguetes de nuestros hijos; en este caso, no aprenderán a convivir con sus hermanos con tranquilidad, sabiendo que todos los juguetes pueden ser utilizados por todos, sino que creerán que cada uno tiene un dueño. Por este motivo se dan muchas «peleas», por «eso es mío, eso es tuyo»... Para evitarlas, primero deberemos reestructurar el hogar, crear un espacio con juguetes sin dueño, juguetes que puedan tener todos. Aun así, puede que uno esté jugando con algo que el otro quiere y surja el conflicto. Si sucede esto, primero observaremos, y si vemos que no salen del mismo, los ayudaremos, pero solo escuchando y buscando soluciones en conjunto. Nunca quitaremos el juguete al que ya lo tenía para dárselo al otro, porque entonces nos estaremos posicionando y estaremos enseñando que tienen que ceder todo lo que tengan, y eso no es así. Un buen acompañamiento sería que el otro aprendiera a respetar a su hermano, que, si lo tiene él y está jugando, esto hay que respetarlo. Podemos ayudarle a buscar otro juguete con el que se sienta a gusto. Otra cosa es que el que lo tiene primero quiera cederlo, entonces, perfecto, pero no le aplaudiremos el acto; simplemente, consideramos algo normal que todos jueguen con lo que hay, que vayan intercambiando las cosas y que sea natural querer unas y no poder tenerlas, y que cuenten con el acompañamiento por parte de su madre y su padre cuando se enfaden o frustren.

La situación actual de tus hijos siempre es el resultado de cómo los hayas acompañado a cada uno de manera individual y también en conjunto. Si consideras que lo has hecho de forma incorrecta, debes partir de cero y hacer un gran y profundo trabajo de autoconocimiento, de acompañamiento emocional y de reciclaje en su relación.

Nuestros hijos se aman entre ellos, solo necesitan a unos padres que los respeten, los guíen y los ayuden a apoyarse y a tenerse siempre, sin fomentar las diferencias entre ellos, sino el amor, el respeto y la comprensión.

Moraleja: Las relaciones entre hermanos son la base del resto de las relaciones sociales. Lo importante siempre es que los padres los traten a ambos con respeto, les aporten tiempo en exclusividad, amor incondicional y acompañamiento emocional. Disminuir los conflictos entre ellos es totalmente proporcional al buen acompañamiento. Si nos esforzamos en ello, las peleas se reducirán en número y en intensidad y, cuando se den, sabremos mediar correctamente desde la calma y el respeto.

La adolescencia

Durante nuestra vida, pasamos por momentos vitales, unos más relevantes que otros, que nos hacen avanzar y crecer como los seres humanos que somos, tanto a nivel físico como psicológico y emocional. No obstante, hay tres momentos trascendentales en la vida que se diferencian claramente del resto. Son el nacimiento, la adolescencia y la muerte. De hecho, tal y como indica la pediatra francesa Catherine Dolto, experta en este proceso, «la adolescencia es como un segundo nacimiento», un momento que marca un antes y un después en nuestra vida, y que deja huellas para siempre en la personalidad adulta.

Cuando nuestros hijos están pasando por este período único e irrepetible, debemos grabarnos a fuego que no son adultos. Parece que cuando están creciendo ya les colocamos el cartel de adultos y empezamos a exigirles cosas que no deberíamos exigirles por el proceso en el que se encuentran, ni es su cometido. Ser adolescente no es ser adulto. Es más, ser adolescente es encontrarse en un momento de confusión absoluta en el que se necesita más apoyo y comprensión que nunca, acompañamiento emocional, amor, respeto y tolerancia.

Es importante recalcar que no existe ningún período preadolescente. Esto forma parte, una vez más, de la concepción de la sociedad adultista y egocéntrica en la que vivimos, en la que cuando los niños no hacen lo que queremos que hagan, o no se comportan como queremos, los llamamos preadolescentes o rebeldes. Esto es injusto, por un lado, para nuestros hijos, ya que no entendemos sus ritmos y procesos ni sabemos acompañarlos, y por otro lado, con la adolescencia, ya que la estamos etiquetando, estamos hablando de ella como si fuera algo malo, un proceso difícil para los padres, en vez de centrarnos en lo que les ocurre a nuestros hijos y en lo que necesitan de nosotros. La adolescencia solo se vive en una etapa, de los doce a los dieciocho años, aproximadamente, aunque ello depende del desarrollo de cada niño, pero, en ningún caso la pasarán con ocho años. Simplemente, si los llamamos «preadolescentes», debemos trabajar con profundidad en cambiar nuestra manera de educar.

¿Qué está ocurriendo a nivel cerebral durante la adolescencia?

En el cerebro de los adolescentes se lleva a cabo una gran metamorfosis. El cerebro está eclipsado por el área hormonal. Como seres mamíferos que somos, tenemos un cometido, y este es el de perpetuar nuestra especie, y por ello estamos cerebralmente preparados para reproducirnos. Y esto sale a la luz en la etapa adolescente. Es un momento vital que no volverá a repetirse jamás.

Al tener el cerebro totalmente colapsado con este proceso hormonal, psicológico y físico, ellos se encuentran en un período de máxima debilidad y caos interior en el que no quieren de nada, pero quieren de todo, necesitan tu amor y abrazos, pero no quieren que los toques, tienen claro qué quieren ser, pero no se atreven a tomar decisiones... Y es que su área cerebral, tanto la corteza cerebral como el sistema límbico, está demasiado ocupada en efectuar la preparación para la reproducción y asegurarse el seguir desarrollándose de forma óptima.

¿Qué debemos hacer como madres y padres para aportarles un apoyo real?

Lo primero es entender la etapa, una vez integrado que nuestros hijos no hacen las cosas o dejan de hacerlas para fastidiarnos o tomarnos el pelo, simplemente, su cerebro necesita tiempo, esfuerzo, energía y comprensión.

Lo segundo es darnos cuenta de que es en la adolescencia cuando recogemos los frutos del acompañamiento realizado o no realizado durante su infancia. Es decir, si los hemos educado mediante gritos, castigos, exigencias, control, desapego, etc., ahora tendremos hijos que habrán integrado estas maneras como las formas adecuadas para relacionarse con nosotros; además, tendrán una desconfianza hacia nosotros total y absoluta, y, por mucho que queramos, ni nos van a escuchar ni se van a apoyar en nosotros. Por tanto, si queremos recuperarlos y ofrecerles un buen acompañamiento, debemos empezar desde cero, descosiendo todo lo cosido y volviendo a coserlo con el patrón que ahora sabemos que hay que utilizar.

Por otro lado, además de todo lo aprendido durante la lectura de este libro como padres, debemos:

- No catalogar este proceso como de rebeldía ni hablar con otras personas de ellos, ni estando presentes ni sin estarlo. Los primeros que debemos respetar a nuestros hijos y sus etapas somos nosotros.
- No permitir que nadie se mofe de ellos por su momento vital (burlas por su desarrollo físico, su indecisión...).
- Hay que dejarles espacio vital. No podemos ir detrás de ellos insistiendo en lo que deben o no deben hacer. Bastante tienen ellos con lo que tienen como para encima tener que estar con alguien que les dice todo lo que deben hacer —bajo su visión— y sin darles oxígeno.
- Comprender que la vida social es lo más importante en estos momentos por una cuestión cerebral. De hecho, empiezan a necesitar acostarse y levantarse más tarde. Esto es un tema totalmente cerebral, ya que el cerebro

se encarga de que la persona vaya a tener contacto con sus iguales para asegurar su desarrollo psicosocial óptimo de cara a seguir manteniendo la especie.

- Es normal ver retrocesos. Cosas que antes hacían ya no desean hacerlas. Recordemos que están en una metamorfosis vital. Los adolescentes son como una crisálida. En ella se encuentra una bella mariposa que cuando quiera decidirá salir y volar libremente, sintiéndose llena de vida. Esta misma crisálida antes ha sido una oruga y como tal aprendió a vivir, pero ahora debe dar un salto mayor y necesita un período de retiro, evolución y transformación, con todos los aprendizajes adquiridos, con la base que ya tiene, pero con una simbiosis imposible de frenar. A nadie se nos ocurriría tocar a una crisálida que está en un árbol, molestarla, abrirla, tirarla, pisarla... Deberíamos hacer lo mismo con nuestros hijos adolescentes. No deberíamos meterles prisa, exigirles cosas que nada tienen que ver con su proceso y la buena consecución de este, sino dejarles su tiempo, respetar su momento, empatizar, amar y esperar.

- Reflexionar sobre nuestra propia adolescencia, realizar un listado de cómo nos sentíamos y de qué necesitábamos. Y después valorar cómo fuimos acompañados durante la misma. Esto nos ayudará a ponernos en su lugar y a entender que respetándolos no estamos siendo permisivos, sino que estamos dándoles lo que precisan en realidad.

- Olvidarnos de las necesidades adultas. La verdad es que la mayoría de los problemas que tienen las familias con hijos adolescentes cuando se ponen en contacto conmigo siempre son los mismos: no quieren estudiar, no quieren ducharse o no ayudan en casa. Si somos padres respetuosos desde siempre, sabremos darnos cuenta de que nada de esto es lo importante en estos momentos. Es mucho mejor que estén bien alimentados, que duerman bien, que sepan que pueden confiar en nosotros siempre, que tengan tiempo para sus quehaceres sociales y cerebrales, que cualquier otra cosa. Todo se aprende, a hacer la cama, a poner la mesa, a recoger la ropa... No vale la pena tener peleas constantes con los hijos por todo esto; todo lo contrario, con ello les seguimos demostrando que no los entendemos y que solo nos importa nuestro bienestar. Como adultos, debemos asegurarnos de que nuestro hogar esté bien equilibrado a todos los niveles, sin necesidad de que sean los niños los que «ayuden» en casa porque los que deben encargarse de la misma son los padres. En muchísimas ocasiones, perdemos los nervios con ellos porque les exigimos cosas de adultos, les echamos en cara que no ayudan o que no hacen nada, y no entendemos que es todo lo contrario, que ya están haciendo mucho, que su maquinaria no da para más por una cuestión biológica y que, si los respetamos, más pronto que tarde aprenderán todas estas cuestiones que parece que de repente han olvidado. Y no es que haya sucedido tal cosa, es que, simplemente, no es lo que les toca ahora mismo.

- Darles libertad sexual sin risas ni tabúes. No hay que temer su exploración y su libido, ya que es lo normal. Sí que debemos hablar de ello sin tapujos, con respeto, y enseñando el respeto por el cuerpo tanto del hombre como de la mujer. Mucho más importante es que les dejemos tiempo en soledad para autoconocerse e investigar que el que nos ofusquemos por que haga la cama.
- Ni insultar ni adelantar acontecimientos. Expresiones

tales como «eres un vago», «eres un guarro», «no vas a ser nadie en la vida», «no sabes hacer nada», «me tienes harto», «eres un parásito», etc., deben ser desechadas: en primer lugar, porque conlleva un maltrato, y, en segundo, porque no las necesitan. Necesitan tolerancia, respeto hacia su proceso, amor, confianza, honestidad, sinceridad, tranquilidad y apoyo. Ni comparaciones ni reprimendas, sino las madres y los padres que realmente merecen.

Para nuestros hijos e hijas, la adolescencia es como un duelo en toda su intensidad y dificultad. El duelo que viven para dejar la infancia y encontrarse con la edad adulta no estando en ninguna de estas etapas, sino en el proceso que va de despedirse de una y conocer a la otra. Algo verdaderamente transformador que necesita de todo el respeto del mundo.

Lo más importante de todo para entender este período es creernos, realmente, que lo más importante es darle prioridad, por encima de todo, a nuestra relación con ellos. Cuando priorizamos nuestro vínculo por encima de todo, su presente y su futuro están asegurados de manera óptima. No temas al estar del bando de tus hijos e hijas en vez de en contra; lo estás haciendo muy bien.

Moraleja: La adolescencia es uno de los momentos vitales más fundamentales por el que pasamos las personas. Los hijos nos necesitan más que nunca, si cabe. Con respeto, empatía, equilibrio y acompañamiento emocional, amor, tolerancia, espacio, amabilidad, tiempo... Lo más importante es cuidar nuestra relación con ellos; el que recojan la ropa después de ducharse puede esperar.

PARTE FINAL

Alejandra se agachó a olisquear una flor con pétalos amarillos de su jardín. Observó cómo por encima de esta revoloteaba una mariposa de tonos anaranjados y rosáceos que parecía feliz. Respiró profundamente el olor de la flor y de repente se sintió igual de feliz que la mariposa, radiante y libre.

Los seis años que llevaba separada de Marcelo, aunque en realidad era poco tiempo, le parecían toda una vida... Sus hijos eran ya adolescentes y eran unos seres con un bello y comprensivo corazón. Pensaba en la Alejandra de antes y le parecía otra persona, como si no fuese ella misma.

El proceso había sido difícil. Primero habló con un abogado especialista en separaciones y en bienes compartidos. Quería que fuese una mujer para sentirse más acompañada y comprendida, pero por aquel entonces no encontró a ninguna y dio con un abogado emprendedor e inteligente que empatizó con su situación de manera rápida. Como tenía el restaurante a medias con Marcelo, llegaron al acuerdo de que este le diese su parte en dinero en efectivo para que ella pudiese rehacer su vida en la naturaleza con su hija y su hijo. A él le sentó muy mal, pasaron días muy complicados en los que la insultaba, la amenazaba e incluso Alejandra llegó a temer por su vida y por la de sus hijos. Suerte que Gloria, una clienta del restaurante, ya convertida en amiga, le ofreció su hogar para quedarse a vivir durante el proceso.

Marcelo dijo que no quería saber nada de ella ni de los niños, y, aunque estos le llamaban muchas veces, iban a visitarle e insistían, él ni siquiera les abría la puerta. Este duelo por parte de sus hijos, los cuales afirmaban que nunca iban a desistir (querían verle, abrazarle y tenerle en sus vidas), supuso un gran acompañamiento por parte de Alejandra.

La noche en la que Alejandra había tocado fondo y le había dicho a su hija cosas que ni tan siquiera podría volver a decir en voz alta, algo cambió en ella, un clic interior en el que supo ponerse en la piel de su hija. Se vio de niña de nuevo, sola en su habitación, llorando, triste, sin apoyo, aprendiendo sus propias estrategias para sentirse mejor, e integró que no podía suceder igual con sus hijos. Todas las personas merecen respeto, y ellos no solo lo merecían, sino que además era su derecho como niños y su responsabilidad como madre.

Empezó a leer y a investigar y, casi por casualidad, encontró a Pepa, una mujer mayor que llevaba muchos años realizando reuniones, conferencias y charlas y ofrecía su mensaje de respeto hacia los niños y adolescentes, como parte esencial para cambiar la sociedad, a todo aquel que la quisiera escuchar o que estuviera preparado para ello. Ayudó a Alejandra en el camino, ese profundo camino de dejar atrás todo lo aprendido y volver a aprender, un proceso en el que primero sientes rencor hacia tus padres, después compasión y pena y más tarde aceptación. Un camino en el que te das cuenta de que viviste una infancia llena de control, miedos, tristeza, abandono emocional, y que esto ha repercutido en el tipo de adulto que eres hoy, pero que tienes la llave para superarlo y cambiar tu vida. Y es precisamente la llave de educar a tus hijos de otra forma: una en la que el respeto sea la pieza principal y todos seamos personas igual de valoradas y amadas.

Esta transformación ayudó a Alejandra a tomar las riendas de su vida y a ser quien realmente era y siempre había estado dentro de sí.

Hacía ya cuatro años y medio que vivían en un pueblo de montaña cerca de La Mancha, con el consentimiento de Marcelo (por ser el padre de los niños y quedarse él en Madrid), quien había dicho literalmente que le daba igual, «como si se morían»...

En ese lugar eran muy felices: tenían una casita modesta en mitad del campo y los niños iban a un instituto a unos kilómetros de allí, cerca del colegio donde trabajaba Alejandra. Estaba todavía acabando la carrera universitaria, pero había encontrado trabajo en los comedores y limpiando el centro escolar, y se sentía tremendamente agradecida de lo que tenía. Entre eso y el dinero del restaurante, iban gestionándose muy bien; no necesitaban grandes caprichos ni cosas materiales; la naturaleza, su unión y los pequeños placeres como una buena paella o unas partidas al Monopoly les hacían sentirse muy afortunados.

Ese mismo día fueron a su casa a comer sus padres y Carolina, con quien había retomado la relación algún tiempo atrás. No estaba resultando sencillo. Su hermana seguía metida en drogas, pero la verdad es que cuando estaba una temporada sin consumir hablaban de todo, se abrazaban y les gustaba ver una película de domingo juntas en el sofá comiendo palomitas.

Sus padres ya estaban mayores. No les guardaba rencor y había logrado hablar con ellos de muchas cosas. Algunas las reconocían, otras no, pero, al fin y al cabo, estaban esforzándose por mejorar su relación y por establecer una buena conexión con sus nietos, y ayudaban a Carolina todo lo que podían, sin juicios y con apoyo, y a Alejandra nunca más la volvieron a juzgar ni a meterse en su vida.

Alejandra estaba ilusionada con su nueva vida, por fin sentía que tenía una misión, que era, ni más ni menos, que la de vivir siendo ella misma, afín a sus valores, creencias y motivaciones. Y así enseñaría a hacerlo a sus hijos.

«La vida son dos días —pensaba— y voy a vivir lo que me queda siendo yo.»

Carta para madres y padres

Creo firmemente que las cartas son una terapia acertada para trabajar muchas áreas de nuestra vida, una manera muy poderosa de decir lo que llevamos dentro, de reencontrarnos con algún momento de nuestro pasado e incluso de hablar con un ser querido que nos dejó para siempre.

Puedes escribirle una carta a la niña o niño que un día fuiste, comentarle cómo te sientes hoy, si has sido fiel a sus sentimientos más profundos, o cómo vas a hacerlo si todavía no lo eres. También puedes redactar una carta para tu madre o padre, y decirle todo aquello que necesites expresarle, con sinceridad, tanto lo positivo como lo no tanto, y poder hallarte, así, con tu verdad. O quizá, puedes escribirles una carta a tus hijos, para que la lean cuando sean adultos, explicándoles cómo te sientes ahora y todo lo que te apetezca que sepan una vez que hayan crecido, pero desde el momento vital en el que te encuentras hoy, que seguro que será muy distinto de tu yo futuro...

Durante mi infancia y adolescencia, me encantaba escribir cartas. Hasta cuando empezó a haber móviles, a mí me apasionaba escribirlas. A una amiga, a una prima, a mi tío ya fallecido y hasta a mí misma, para leerlas pasados unos años.

Por ello ahora he decidido escribir esta carta para ti, con el fin de expresarte todo lo que quiero transmitirte antes de despedirnos:

Querida lectora o lector, madre o padre:
Me gustaría que supieses que lo estás haciendo tremendamente bien, que tu labor educando a tus hijos e hijas está siendo increíble.

Los humanos no somos perfectos, sino todo lo contrario. Somos seres emocionales, con impulsos, sentires, subidas, bajadas, experiencias, circunstancias..., y que lo importante, siempre, es querer crecer como seres individuales, aprender, evolucionar, acercarnos cada vez más a la persona que habita en nuestro corazón, acercarnos a nuestra verdadera esencia.

Si has leído este libro es porque eras consciente de que perdías los nervios muy a menudo, de que a veces las cosas se te iban de las manos, de que querías modificar algunos aspectos para vivir más feliz junto a los tuyos. Tras la lectura, has subido, pues, el primer peldaño de la escalera. Ahora tienes que ir ascendiendo poco a poco el resto de los peldaños. Con confianza, apertura de mente, constancia, amor y paciencia. Y cuando la culpa intente llevarte por delante, no te aferres a ella, no sirve para nada, solo para hacerte sufrir. Coge los errores fuertemente, reflexiona sobre ellos y déjalos ir; avanza sin culpa, con seguridad, con la certeza de que cada vez te aproximas más al tipo de madre o padre que deseas ser y que tus hijos necesitan.

Te diría que no tengas miedo, pero, como sabes, sentirlo es lo normal. Lo que te aconsejo, eso sí, es que este no te domine, que logres zafarte del peso social, el del entorno y el de tu propio pasado, y te atrevas a vivir la vida intensamente conectando con tus hijos.

Educar respetando y sin perder los nervios, como te he ido comentando a lo largo de los capítulos, no es educar en la permisividad. Establecer una convivencia adecuada, prestando atención a sus intereses, emociones y necesidades reales, no significa que ellos vayan a ser unos seres salvajes, irrespetuosos y egoístas, sino todo lo contrario.

Recuerda que educar respetando no es la nueva moda; es el único camino, aquel que ha existido siempre y para el que, en este caso, he sido yo la que ha querido tenderte una mano.

Te deseo mucha felicidad, ahora y siempre, y, por supuesto, mucha felicidad para tus hijos e hijas.

Muchas gracias por todo.

Un gran abrazo,
Tania

Agradecimientos

Quiero agradecer a mi madre y a mis dos padres (uno biológico y el otro no) todo lo vivido y lo que nos queda por vivir. Sin ellos, no sería quien soy.

A mis hijos y a su padre, por ser la luz de mis días y de mi corazón, mi máximo apoyo y motivación.

A todas las personas a las que quiero y que me quieren, por brindarme su ayuda, cariño y escucha, por el simple hecho de brindarla.

A todos aquellos que han creído en mí y en mis conocimientos. Que me han ayudado a llegar a todos los rincones, alzando así mi voz y la de los niños y las niñas.

A los miles de familias y profesionales que han confiado y siguen confiando en mí día tras día para transformar sus vidas. Sin ellas, no estaría donde estoy hoy.

Y también a ti, por haber decidido leer este libro.

Gracias, de todo corazón.

Lecturas recomendadas

Bowlby, J., *Vínculos afectivos: formación, desarrollo y pérdida*, Ediciones Morata, Madrid, 1986.

Brown, Byron, *Alma libre de vergüenza*, Editorial Eleftheria, Barcelona, 2013.

Cyrulnik, B., *Los patitos feos. La resiliencia: una infancia infeliz no determina la vida*, Gedisa, Barcelona, 2002.

Forward, Susan, *Padres que odian. La incomprensión familiar: un problema con solución*, Grijalbo, Barcelona, 1990.

García, Tania, *Guía para madres y padres imperfectos que entienden que sus hijos también lo son*, Lectio Ediciones, Barcelona, 2017.

Greenberg, Leslie S., Rice, Laura N. y Elliott, Robert, *Facilitando el cambio emocional: el proceso terapéutico punto por punto*, Paidós Ibérica, Barcelona, 1996.

Honoré, Carl, *Bajo presión*, RBA Libros, Barcelona, 2008.

Kohn, Alfie, *Paternidad incondicional. Cómo educar con amor y razón o amar al hijo, no a su conducta*, Larousse, Barcelona, 2010.

Meirieu, Philippe, *Frankenstein Educador*, Laertes Educación, Barcelona, 2007.

Neill, A. S., *Hijos en libertad*, Gedisa, Barcelona, 2009.

Rosenberg, Marshall B., *El sorprendente propósito de la rabia. Más*

allá de la gestión de la rabia: descubrir el regalo, Acanto, Barcelona, 2014.
Sapolsky, R. M., *¿Por qué las cebras no tienen úlcera? La guía del estrés*, Alianza Editorial, Madrid, 1995.
Siegel, Bernie S., *Amor: medicina milagrosa*, Espasa Calpe, Madrid, 1996.
Spitzer, M., *Aprendizaje. Neurociencia y escuela de vida*, Omega, Barcelona, 2005.
Stenack, Richard J., *¡Deja de controlarme! Qué hacer cuando la persona a la que queremos ejerce un dominio excesivo sobre nosotros*, Desclée De Brouwer, Bilbao, 2005.
Stern, D., *La constelación maternal. La psicoterapia en las relaciones entre padres e hijos*, Paidós Ibérica, Barcelona, 1995.
Winnicott, D., *El proceso de maduración y el ambiente facilitador. Estudios para una teoría del desarrollo emocional*, Paidós Ibérica, Madrid, 1993.

Enlaces y estudios interesantes

Enlaces

«Internet es positivo para nuestros hijos, la clave está en los límites», Tania García, *El País*, 19 de mayo de 2017.
<https://elpais.com/elpais/2017/05/17/mamas_papas/1495005046_023791.html>
Vídeo para aprender rápidamente sobre la indefensión aprendida
<https://youtu.be/OtB6RTJVqPM >
Entrevista de Eduard Punset a Sonia Lupien: La receta para el estrés-neurociencia.
< https://youtu.be/tnAYhBeWAjc >
M.ª Victoria Trianes Torres, M.ª José Blanca Mena, Francisco J. Fernández Baena, Milagros Escobar Espejo, Enrique F. Maldonado Montero y Ángela M.ª Muñoz Sánchez (Universidad de Málaga), «Evaluación del estrés infantil: Inventario Infantil de Estresores Cotidianos (IIEC)», *Psicothema*, vol. 21, n.º 4, 2009, pp. 598-603.
<http://www.psicothema.es/pdf/3677.pdf >

Eduardo Agustín Reguera Nieto, «Apego, cortisol y estrés en infantes», *Revista de la Asociación Española de Neuropsiquiatría*, vol. 34, n.º 124, Madrid, 2014.
<http://scielo.isciii.es/scielo.php?script=sci_arttext&pid=S0211-57352014000400008>

Antonio F. Raya, M.ª José Pino y Javier Herruzo (Universidad de Córdoba), «La agresividad en la infancia: el estilo de crianza parental como factor relacionado», *European Journal of Education and Psychology*, vol. 2, n.º 3, 2009, pp. 211-222.
<http://www.redalyc.org/pdf/1293/129312574004.pdf>

Beverly J. Wilson, Holly Petaja, Jenna Yun, Kathleen King, Jessica Berg, Lindsey Kremmel y Diana Cook, *Parental Emotion Coaching: Associations With Self-Regulation in Aggressive/Rejected and Low Aggressive/Popular Children* [Nivel de preparación de la emoción de los padres y la relación con la autorregulación en niños agresivos/rechazados y poco agresivos/populares], 2014.
<https://www.ncbi.nlm.nih.gov/pmc/articles/PMC4111247/>

Estudios de interés

Del Barrio, M. V. y Roa, M. L., «Factores de riesgo y de protección en agresión infantil», *Acción Psicológica*, vol. 4, n.º 2, pp. 39-65, 2006.

Laurent H., «Neural correlates of hypothalamic-pituitary-adrenal regulation of mothers with their infants» [Correlación neuronal de la regulación hipotalámica-pituitaria-suprarrenal de las madres con sus bebés], *Biological Psychiatry*, 70 (9), noviembre de 2011, pp. 826-832.

Nakash-Eisikovits, O., Dutra L. y Westen, D., «Relationship between attachment patterns and personality pathology in adolescents» [Relación entre los patrones de apego y la patología de la personalidad en adolescentes], *Journal of American Academy Child and Adolescent Psychiatry*, vol. 41, n.º 9, septiembre de 2002, pp. 1111-1123.

Rodríguez, M. A., Del Barrio, V., y Carrasco, M. A., «Consistencia interparental y su relación con la agresión y la sintomatología depresiva en niños y adolescentes», *Revista de Psicopatología y Psicología Clínica*, vol. 14, n.º 1, 2009, pp. 51-60.

Iliana Noemí Palafox Luévano, Maria Claustre Jané i Billabriga, Ferrán Viñas Poch, Esther Plaza Fernández, Maite Pi, Gloria Ruiz y Edelmira Domènech, «Sintomatología ansiosa y estilos de crianza en una muestra clínica de preescolares», *Ansiedad y Estrés*, vol. 14, n.º 1, 2008, pp. 71-80.

Pons, J. y Berjano, E., «Análisis de los estilos parentales de socialización asociados al abuso de alcohol en adolescentes», *Psicothema*, 9, 1997, pp. 609-617.

Información mundial sobre la violencia y la salud, Organización Mundial de la Salud, Hipnosis, Ginebra, 2002.

Farrington D. P. y Loeber R., «Child and Adolescent Psychiatric Clinics of North America» [Clínicas psiquiátricas para niños y adolescentes de América del Norte], *Epidemiology of Juvenile Violence*, 9, 2000, pp. 733-748.

Phillips, M., Drevets W., Rauch y S., Lane, R., «Neurobiology of Emotion Perception I: The Neural Basis of Normal Emotion Perception», *Biological Psychiatry*, 54, 2003, pp. 504-514.

Hesse, E. y Main, M., «Disorganized infant, child, and adult attachment: collapse in behavioral and attentional strategies» [Ataque desorganizado de lactantes, niños y adultos: colapso en las estrategias conductuales y atencionales], *Journal of the American Psychoanalytic Association*, 48(4), 2000, pp. 1097-1127.

Elicker, J., Englund, M. y Sroufe, L. A., «Predicting peer competence and peer relationships in childhood from early parent-child realtionships» [Predicción de la competencia entre iguales y las relaciones entre pares en la infancia a partir de las relaciones tempranas entre padres e hijos], *Family-Peer relationships: Modes of Linkage*, Erlbaum, Hilldale, NJ, 1992.

Regalo para ti por tener *Educar sin perder los nervios:*
Puedes enviar una foto tuya junto al libro a la dirección de correo *foto@edurespeta.com* y obtendrás un regalo muy especial. Es otra de mis formas de agradecerte tu confianza en mí.

Recuerda que puedes encontrarme en *www.edurespeta.com*, en mis redes sociales *www.facebook.com/edurespeta* y *www.instagram.com/tania_edurespeta/* o consultarme cualquier duda que tengas a: *tania@edurespeta.com*.

Puedes seguir formándote conmigo en cualquiera de mis cursos, conferencias, formaciones, consultas individuales... Estaré encantada de ayudarte, ya sabes que este es un trabajo muy profundo.

Un beso, hasta pronto y muchas gracias,

TANIA GARCÍA

ÍNDICE

PRESENTACIÓN	7
PRIMERA PARTE	17
1. El origen de las emociones.	23
2. La importancia de no controlar emocionalmente a los hijos e hijas	69
3. El Acompañamiento Emocional®: la clave de todo	115
4. La autoestima de nuestros hijos y nuestras hijas. Cómo fomentarla a través de las emociones y de nuestro trato hacia ellos	191
5. Los niños y las niñas y sus miedos	221
6. ¿Qué hacer ante la agresividad de hijos e hijas? . .	239
7. Cómo ayudar a nuestros hijos y nuestras hijas a liberar el estrés	265
8. Consejos para madres y padres: todo empieza en ti .	283
SEGUNDA PARTE	319
PARTE FINAL.	367
Agradecimientos.	375
Lecturas recomendadas	377

«Para viajar lejos no hay mejor nave que un libro».

Emily Dickinson

Gracias por tu lectura de este libro.

En **penguinlibros.club** encontrarás las mejores recomendaciones de lectura.

Únete a nuestra comunidad y viaja con nosotros.

penguinlibros.club

 penguinlibros